AF542190

Das Buch
Die Geschichte einer Familie, die durch Träume und Vorahnungen über Generationen hinweg zu Babaji, einem Mahavatar im Himalaya, fand.

Vollgepackt mit mystischen Erfahrungen, einzigartigen Begegnungen und wertvollen Lehren. Gottlinde Tiedtke nimmt die Leser mit auf eine fantastische spirituelle Reise. Sie erzählt von unglaublichen Begebenheiten in den Wirren des Ersten und Zweiten Weltkrieges, von den außergewöhnlichen Erfahrungen einer achtjährigen Ordenszeit bei der Self-Realization Fellowship, gegründet von Paramahansa Yogananda, und von unvergesslichen Augenblicken bei Babaji, den sie mit ihrer Familie über sechs Jahre lang am Fuße des heiligen Berges Kailash in Indien besuchte.

Gottlinde Tiedtke
Geboren1940 in Dresden. Geprägt durch ihr Elternhaus wurde Gottlinde Tiedtke bereits in frühester Jugend mit christlicher Mystik, Traumdeutung und den Schriften bekannter Philosophen und indischer Meister konfrontiert. Als sie 1950 die von Paramahansa Yogananda verfasste „Autobiographie eines Yogi" las, ging sie sieben Jahre später im Alter von 17 Jahren nach Los Angeles und trat der Self-Realization Fellowship bei. Acht Jahre später änderte sich ihr Leben schlagartig. Sie heiratete und gründete eine Familie. 1979 las sie das Buch „Babaji – Botschaft aus dem Himalaya" von Dr. Maria-Gabriele Wosien und erkannte in ihm den Babaji aus Yoganandas Lehren wieder. Sie reiste nach Indien und wurde seine Schülerin.

Alexandra Thurmayr
Wurde 1967 in München geboren. Die Geschichten ihrer Großmutter Johanna und ihr Talent als Kartenlegerin haben ihr die Augen dafür geöffnet, dass sich vieles auf dieser Welt nicht mit dem Verstand erklären lässt. Als Teenager reiste sie mit ihren Eltern nach Indien und wurde stark von der Zeit in Babajis Ashram in Haidakhan geprägt. Nach dem Studium arbeitete sie als Werbetexterin für renommierte Agenturen. Seit 20 Jahren ist sie freiberuflich als Texterin, Autorin und Redakteurin für Hochglanzmagazine und international agierende Verlage tätig.

Gottlinde Tiedtke
Alexandra Thurmayr

Ein Leben in zwei Welten

Eine Zeitreise zu Babaji

93055 Regensburg
E-Mail: info@reichel-verlag.de
www.reichel-verlag.de

Cover-Gestaltung: Christian Wolf

Lektorat: Gertraud Reichel

ISBN 978-3-946959-60-1

„Ihr, die ihr Leid tragt, fürchtet nicht die Begrenzung der Zeit, denn ich werde zu euch kommen und euch lehren im Traum."

Babaji

Ich träumte, ich war in einem Haus. Es war mein Haus und doch sah es ganz anders aus, es fühlte sich vertraut an. Ich ging durch einen Gang, öffnete eine Tür. Dahinter war mein Zimmer, ich war mir ganz sicher, aber stattdessen eröffnete sich ein großer neuer Raum vor mir. Er führte zu einem anderen Haus, einem, das ich mir schon immer erträumt hatte. Eines, das nach meiner Kindheit roch, einem Versprechen von Glück und einer Liebe so groß wie der Ozean. In diesem Moment erwachte.

„Es gibt eine unsichtbare Welt, die unsere sichtbare durchdringt."
Gustav Meyrink

Familienbild v. l. n. r.: Johanna mit Bruder Helmuth, Vater Bruno, Mutter Tosca und Sohn Gerhard

Inhalt

Die Gabe

Man hatte meiner Mutter wohl die Gabe der Traumvorhersehung in die Wiege gelegt. Bereits im Alter von fünf Jahren träumte sie alltägliche und auch erschreckende Dinge voraus. Die Träume sollten es sein, die unser aller Leben über Generationen hinweg bestimmen und leiten sollten.

„Na, wie haben wir denn heute Nacht geschlafen?“, fragte mein Großvater meine Mutter, während er gemütlich auf der Ofenbank saß und in der bunten Kaffeemühle den Frühstückskaffee mahlte. Die Luft war durchtränkt vom Duft frisch gemahlenen Kaffees.

„Papa, ich habe geträumt, dass sie heute einen Toten bringen, und du musst da sein zum Unterschreiben“, erzählte meine Mutter eifrig.

Mein Großvater war Schulleiter, zweiter Bürgermeister und Kantor. Kurz nach dem Frühstück klopfte es und der Gemeindehelfer stand vor der Tür.

„Herr Kantor, wir haben einen Toten dabei, anscheinend wieder ein russischer Gefangener, der sich verirrt hat. Wir brauchen Ihre Genehmigung für die Durchfahrt nach Sebnitz.“

Mein Großvater nickte und unterschrieb.

Wir schrieben das Jahr 1914 und der Erste Weltkrieg hatte gerade begonnen. Russische Gefangene wurden zur Zwangsarbeit verpflichtet und nutzten jede Gelegenheit zur Flucht. Dann verirrten sie sich in der steinigen, kargen Landschaft der sächsischen Schweiz und starben kläglich.

Meine Mutter war unerschrocken und neugierig. Es reizte sie ungemein, den Toten genau zu studieren. In einem Augenblick, in dem sie sich unbeobachtet wähnte, zog sie leicht an dem Tuch, das sein Gesicht bedeckte.

Ihr Vater ertappte sie und fragte leise: „Ist das der Mann aus deinem Traum?“

„Ja, ich erkenne ihn wieder, genau so sah er aus."

Für meinen Großvater war dieser Vorfall nicht außergewöhnlich. Meine Mutter hatte schon oft etwas vorausgeträumt und empfand diese Fähigkeit als vollkommen normal, ja sie glaubte sogar, dass jeder über sie verfügte.

Meine Mutter war die Älteste von sechs Geschwistern, benannt nach der Heiligen Johanna von Orleans, die meine Großmutter zutiefst bewunderte. Diese war eine sehr resolute Frau, klein von Gestalt, aber mit außergewöhnlichen Fähigkeiten gesegnet.

So wie auch meine Urgroßmutter Katharina, die bereits zur damaligen Zeit viel Aufsehen auf sich zog, als sie ganz in Schwarz gekleidet mit ihrer Kutsche bei Wind und Wetter über die Kämme des Erzgebirges fegte, um das von ihren Sägemühlen erwirtschaftete Geld einzutreiben.

Meine Urgroßmutter Katharina hatte ihrem Mann das Leben gerettet, als die Franzosen ihn 1870 im Krieg erschießen wollten.

An einem schönen Sommertag sah sie die Feinde von weitem kommen und band ihn kurzerhand unter das Mühlrad, wo er unentdeckt blieb – und überlebte.

Nach zwölf Ehejahren starb mein Großvater und ließ sie mit zwölf Kindern zurück. Jedes von ihnen trug einen Namen aus einer Oper: Tristan, Isolde, Melusina, Aida, Carmen, Salome, Giovanni, Othello, Genoveva, Daphne, Carlos und Tosca.

Meine Großmutter Tosca wurde im November 1882 geboren. Sah man von einem missgestalteten Klumpfuß ab, war sie von schöner Statur. Sie hatte dunkelbraune, fast schwarze Augen, denen nichts zu entgehen schien. Ihre langen dunklen Haare trug sie immer in einem strengen Dutt. Meine Großmutter war pragmatisch, schon damals sorgte sie dafür, dass jedes ihrer Kinder eine gute Ausbildung erhielt. Das galt auch für meine Mutter, die wie sie zur Diakonissenschwester ausgebildet wurde.

Was meine Großmutter Tosca aber wirklich auszeichnete, waren ihre intuitiven Fähigkeiten. Nachdem sie viele Jahre als Krankenschwester gearbeitet hatte, entschied sie sich eines Tages, auf Bitten eines Arztes eine Stelle in der nah gelegenen Heilanstalt für psychisch kranke Menschen anzunehmen.

Meine Mutter interessierte sich brennend für die Geschichten der sogenannten „Verrückten".

Einmal erzählte meine Großmutter von einer Frau, die in jeder ihrer Schwangerschaften derart durchdrehte, dass ihr Mann sie in einem Möbelwagen anliefern musste, da sie wild um sich schlug und alles demolierte. Obwohl sie eine zarte Person war, hatte sie eine unglaubliche Kraft. Niemand traute sich an sie heran, aber meine Großmutter ging ruhig und gefasst auf sie zu, sah ihr in die Augen und sprach mit ihr. Dann wurde die Frau ganz handsam und benahm sich wie ein erschöpftes Kind.

Kurz nach der Geburt waren alle Symptome verschwunden und sie war wieder vollkommen normal.

Eine andere Frau, eine sehr vornehme Dame, die von ihrem Mann betrogen worden war und dies nicht verwinden konnte, hatte meiner Großmutter aus Apfelkernen und Haar in mühseliger und unvorstellbarer Feinarbeit einen ganzen Mantel geknüpft. Als diese Frau dann Jahre später starb, schlug die Uhr, obwohl diese sonst niemals zu dieser Stunde die Zeit verkündete.

Während der Erste Weltkrieg tobte, wurden viele Ärzte an die Front geschickt. Die Frauen traten an ihre Stelle, mussten die Kranken pflegen und manchmal sogar den Mediziner ersetzen. Meine Großmutter war pausenlos im Einsatz, denn nach ihrer Heirat hatte man sie zur Assistentin des hiesigen Landarztes erkoren. Als auch dieser einberufen wurde, war sie auf sich selbst gestellt. Dank ihrer Intuition und ihrem Wissen war sie sehr schnell im ganzen Umkreis bekannt. Sie arbeitete mit Kräutern, Homöopathie und Handauflegen.

Schließlich war Krieg und es gab kaum Medikamente.

Einmal kam ein Junge zu ihr, der sich den Griff einer Holzgabel ins Auge gerammt hatte. Der Augapfel hing weit heraus. Meine Großmutter desinfizierte kurzerhand die Augenhöhle und drückte den Augapfel wieder an seinen Platz zurück. Der Junge bekam keine Infektion und behielt sein Augenlicht.

Was Großmutter Tosca und meine Mutter Johanna verband, war eine Gabe, die sich mehr als einmal auch als Fluch erweisen sollte. Johanna war eine Seherin, sie wusste weit vor der Zeit, wenn ihre Patienten dem

Tod geweiht waren. Auch sprachen diese innerlich zu ihr, bevor sie ihre Augen schlossen, und verabschiedeten sich. Jedes Mal schlug dann die Uhr zu einer unerwarteten Zeit, ein Glas zersprang und kurz darauf erzählte sie uns, wer gegangen war.

Die Truhen und der Teufel

Oftmals rief man meine Großmutter spät in der Nacht:

Großmutter Tosca als Diakonissin mit ihrer Schwester Isolde

„Frau Kantor, können Sie bitte kommen, da ist wieder einer, der nicht sterben kann."

Es war eine Zeit voller Aberglauben und Hexerei.

Viele überlieferte Sagen rankten sich um das raue Erzgebirge. Wenn jemand nicht sterben konnte, dann glaubte man, dass er es mit dem Teufel hielt.

Meine Großmutter berichtete von vielen solchen Fällen. Oft sagte sie dann: „Ja, mit dem lieben Gott hat dieser es nicht zu tun haben wollen. Ich habe ihm Pferdedung auf den Kopf gelegt, damit er endlich die Augen schließen konnte."

Ich war nicht sonderlich erstaunt über solche Äußerungen.

Zu jener Zeit wusste jeder im Erzgebirge, dass es mehr zwischen Himmel und Erde gab. Man wusste um Schwüre, seltene Kräuter, Nixen, Feldgeister, Kobolde, Riesen, Waldteufel, die Macht der Magie.

Noch dazu wohnten meine Großeltern in einer alten Schule, in der oftmals unheimliche und unbegreifliche Dinge vor sich gingen. Man hörte seltsame Geräusche, flüsternde Stimmen, Sachen verschwanden oder bewegten sich auf unerklärliche Weise.

Oft erzählte meine Mutter von einem ganz besonderen Spuk, der sich immer auf dem alten Dachboden ereignete, wenn die „große Wäsche" gemacht wurde:

Gewaschen wurde nur alle vier Wochen im separat gelegenen Waschhaus. Jedes Mal galt es, einen riesigen Berg Wäsche zu bewältigen. Der große Kessel wurde den ganzen Tag mit Holz beheizt, um dann Bottich für Bottich befüllt zu werden. Nach dem Kochen lief die Wäsche durch eine große Presse. Bei schlechtem Wetter wurde die Wäsche auf dem alten Dachboden getrocknet.

Der Schuldachboden war ein unheimlicher Ort. Voller Spinnweben und dunkler Nischen. Man lief über knarrende, staubige Dielen.

Nur spärlich drang das Tageslicht durch die Dachsparren und es roch nach Kräutern, die meine Großmutter dort trocknete.

Jedes Mal, wenn meine Mutter dort oben die Wäsche aufhängte, vernahm sie dicht an ihrem Ohr, manchmal auch in weiter entfernter Distanz eine Stimme, die sie bei ihrem Namen rief. Jedes Mal lief sie dann die alte Holztreppe mit den ausgetretenen Stufen hinunter und fragte meine Großmutter: „Was ist, hast du mich gerufen?“

Eines Tages, als dies wieder passierte, nahm ihre Mutter sie zur Seite, strich ihr durchs Haar und sah sie mit ihrem durchdringenden Blick an: „Hör nicht hin, wenn sie dich rufen, und hab keine Angst.“

Meine Mutter versuchte ihren Rat zu beherzigen, doch nicht immer gelang ihr das. Manchmal waren die Stimmen einfach zu unheimlich und sie fühlte eine dumpfe, negative Energie. Dann sputete sie sich und rannte so schnell sie konnte davon.

Noch etwas Geheimnisvolles befand sich auf diesem Dachboden: zwei große, reich verzierte alte Holztruhen.

Es hieß, sie wären aus der Zeit, in der die Pest gewütet hätte. Jeder, der sie geöffnet hätte, wäre gestorben.

Meine Mutter war die Erstgeborene. Neben ihren Brüdern Karl, Gerhard und Helmut hatte sie zwei Schwestern namens Ruth und Gudrun.

Die Truhen übten einen ganz besonderen Reiz auf die Kinder aus. Gleich einer Mutprobe setzten sie sich darauf, baumelten mit den Beinen und warteten. Dann dauerte es nicht lange, bis sie Stimmen vernehmen konnten, die ihre Namen riefen. Manchmal flüsternd neben sich, manchmal in langsam ziehenden Tönen von überall.

In Rekordgeschwindigkeit rutschten sie dann von den Truhen und rasten in wilder Panik mit Donnergetöse die ausgetretenen knarrenden Stufen hinunter.

Oft spürten sie auch einen eisigen Luftzug oder einen kalten Hauch, der sie umhüllte – trotz des warmen Sommers.

Jahre später, als die alte Schule einer neuen weichen musste, hatte man die Truhen geöffnet.

Es seien wunderschöne, reich bestickte und verzierte Kleider darin gewesen. Dennoch hatte man sie vorsichtshalber zusammen mit den Truhen verbrannt.

Spukschule mit Glockenturm

Neben all den merkwürdigen Vorgängen, die sich auf dem Dachboden der alten Schule ereigneten, sorgte auch eine alte Glocke für Gesprächsstoff.

Der alte Wirt im Ort hatte all sein Hab und Gut verloren und war auf unerklärliche Weise zu viel Geld gekommen. Man munkelte, er würde es mit dem Teufel halten. Eines Tages erklärte dieser Gastwirt, dass er mit einem Pferdefuß begraben werden wolle, man sollte ihm diesen auf die Brust legen. Der ansässige Pfarrer gewährte ihm diesen Wunsch natürlich nicht, worauf der Alte wutschnaubend kundtat, dass zur Strafe in jedem Jahr an dem Tag, an dem sich sein Todestag jährte, die alte Glocke auf dem Schulboden ertönen würde.

Als der Gastwirt eines Nachts zur Mitternachtsstunde verstarb, verspottete jeder im Dorf den alten Kauz. Doch prompt ein Jahr später, als bereits niemand mehr an die Drohung dachte, begann die Glocke genau an seinem Todestag zu schlagen.

Erst sprach man von einem Zufall, doch dann wiederholte sich das Ereignis im nächsten und auch im kommenden Jahr.

Nun nahmen die Dorfbewohner den Glockenschlag nicht mehr so heiter hin, sie bekamen es mit der Angst zu tun.

In einem Jahr, in dem die Glocke gar nicht mehr aufhörte zu schlagen, entschied man sich, auf den Dachboden zu klettern, um diese zu stoppen, doch dies war ganz und gar unmöglich, die Glocke schlug und schlug.

Schließlich musste man sie demontieren, nur so konnte man dem Spuk ein Ende setzen.

Auch mein Großvater Bruno, der ein sehr belesener Mann mit scharfem Intellekt war, wusste gespenstische Geschichten zu erzählen. So war er in seiner Jugend mit einem Bauern auf einem Floß einen Fluss entlanggefahren. Es hatte ihn sehr verwundert, dass der Mann mehrere große leere Milchkannen mit sich führte. An den Henkel jeder Kanne war ein Seil gebunden, das in die Kanne ragte. Bald kamen sie an einem anderen Bauern vorbei, der am grasigen Ufer seine Kuh melkte. Prompt begann der Mann auf dem Floss fest an dem Seil zu ziehen, fast so, als würde er das Seil melken. Mein Vater staunte nicht schlecht, als sich die Kanne zusehends mit Milch füllte.

Der melkende Bauer am Ufer brachte in der Zwischenzeit keinen Milliliter Milch aus dem Euter seiner Kuh heraus.

Er schrie hinüber zum Floß, kam ans Ufer gelaufen, fluchte und hantierte wild mit seinen Händen in Drohgebärden. Doch der Bauer auf dem Floß lachte nur. Dieses wundersame Ereignis soll sich die ganze Fahrt über bei jedem Bauern, den sie passierten, so oft wiederholt haben, bis all die mitgeführten Milchkannen gefüllt waren. Für meinen Großvater war es pure Hexerei, nichts von all dem war mit logischem Menschenverstand erklärbar, und doch, wenn er die Geschichte erzählte, zweifelte sie niemand an.

Kommen wir zurück auf meine Großmutter. Sie wurde nicht nur für medizinischen Beistand, sondern bei nahezu jedem Problem gerufen. Ich kann mich noch genau entsinnen, wie einmal ein Bauer auf sie zukam, dessen Kühe dick aufgeblähte Euter hatten und keine Milch geben konnten. Meine Großmutter nahm Salz, streute es in jede Ecke des Stalls und betete dazu jedes Mal ein Vaterunser.

Nach einiger Zeit gaben die Kühe wieder Milch.

Doch als sie das Anwesen des Bauern verlassen wollte, um nach Hause zu gehen, kam ein anderer Bauer drohend auf sie zu: „Wenn du dich noch einmal in meine Angelegenheiten mischst, dann kannst du aber etwas erleben“, schrie er.

Da wusste sie, dass der eine Bauer den anderen verflucht hatte. In diesem Fall erwies sich die Angelegenheit auch für meine Mutter als äußerst unangenehm, denn bei dem wutentbrannten Bauern handelte es sich um den Vater ihrer Freundin Hildchen, durch die sie so manche Annehmlichkeit genoss.

Dazu muss ich vorausschicken, dass meine Großeltern sehr entlegen und einsam wohnten. Das einzige Vergnügen, das meine Mutter als Kind hatte, war der Besuch des Kinos im nächsten, einen zweistündigen Fußmarsch entfernten Ort. Das Kino war eigentlich nicht mehr als ein Zimmer mit Leinwand und dem Projektor in einem Gasthof.

Dort saß man auf roten abgewetzten Gartenstühlen und konnte einmal in der Woche einen Stummfilm in Schwarz-Weiß ansehen.

Eifrig hatten sich die Kinder die elegante Attitüde und die Gestik der damals populären Stummfilmstars abgeschaut. Hildchen verfügte seltsamerweise immer über Geld, das sie auch großzügig für meine Mutter ausgab.

Das war eine wunderbare Sache.

Sommer wie Winter saßen die beiden in diesem Kino. Mit nackten Füßen in Holzschuhen oder in kratzenden schwarzen Strümpfen und wenn möglich immer mit einer kleinen Flasche Apfelsaft bewaffnet.

Da meine Mutter kein Taschengeld bekam, lud Hildchen sie oft ins Kino ein. Ein bisschen verwunderte es sie schon, dass Hildchen immer so viel mehr Geld zur Verfügung hatte als sie, und es sollte nicht lange dauern, bis sie begriff, warum das so war.

Als die beiden wieder einmal ins Kino wollten, beobachtete meine Mutter, wie ihre Freundin die Küchenschranktür öffnete und eine Tasse herausnahm, aus der sie das Geld für die Kinokarten entnahm. Doch verwunderlicherweise wurde das Kleingeld in der Tasse nicht weniger, die Tasse blieb randvoll.

Meine Mutter muss ihre Freundin wohl derart erstaunt angesehen haben, dass diese ihr ins Ohr flüsterte: „Wir haben doch das Hänschen, das darfst du aber niemals, schwöre es bei deinem Leben, irgendjemandem sagen."

Zu Hause konnte meine Mutter natürlich nicht den Mund halten und berichtete ihrem Vater sogleich von der seltsamen Begebenheit.

Mein Großvater, der immer genau wusste, was sich im Dorf so tat, nickte nur und meinte, meine Mutter solle da mal lieber vorsichtig sein und kein Geld mehr von Hildchen nehmen. Nicht dass das „Hänschen“ auch noch im Haus der Großeltern Einzug halten würde.

Das „Hänschen“ war ein liebevoller Ausdruck für einen ausgewachsenen Dämon, der durch schwarzmagische Rituale heraufbeschworen wurde.

Die beiden besuchten dennoch weiter das Kino. Meine Mutter allerdings nicht mit den durch „Hänschen“ erworbenen finanziellen Zuwendungen – ihre Eltern zahlten fortan für sie.

Der Marsch zum Kino blieb meiner Mutter vor allem aber auch noch aufgrund anderer aufregender Begegnungen im Gedächtnis.

Einmal fuhr eine prächtige Karosse mit Fahne und Wappen an den zwei Freundinnen vorbei und bot ihnen eine Mitfahrgelegenheit an. Ein sehr gut angezogener Herr, der ihnen viele Fragen stellte, saß darin: Wie es ihnen denn so ginge und ob sie genug zum Essen hätten, wollte er wissen. Bereitwillig berichtete meine Mutter, dass sie vier Ziegen und ein paar Hühner hätten und auch ein Schwein namens Moritz. Als die Kutsche ihr Elternhaus erreichte, stand ihr erstaunt dreinblickender Vater am Fenster: „Was macht ihr denn beim König von Sachsen?“

Meine Mutter und ihre Freundin hatten natürlich keine Ahnung gehabt, dass sie sich in so nobler Gesellschaft befunden hatten.

Zu einem anderen Zeitpunkt war es ein Automobil, das für die Kinder stoppte. Damals war das eine absolute Seltenheit.

Der Chauffeur fragte die zwei, ob man sie mitnehmen dürfe. Hocherfreut, in so einem exotischen Gefährt mitfahren zu dürfen, willigten sie ein. Ein imposanter Mann saß auf dem Rücksitz. Meine Mutter war ein äußerst redseliges Kind und beantwortete all seine Fragen bereitwillig: „Kannst du denn schon lesen?“

Sie hatte ihm erzählt, dass sie eine echte Leseratte sei, sie lese alles, was ihr unter die Finger komme, am liebsten aber Indianergeschichten von Karl May.

„Soso, das freut mich aber“, habe der Mann schmunzelnd bemerkt.

Dann habe er eine große schwarze Ledertasche geöffnet, die zu seinen Füßen stand, und daraus zwei neue Bände von „Old Shatterhand“ gezogen. Er signierte sie und schenkte die Bücher meiner Mutter und

Hildchen. Karl May hatte seinen Chauffeur sogar angewiesen, die zwei in die Schule zu fahren.

Leider ist diese handsignierte Ausgabe in den Wirren des Zweiten Weltkrieges abhandengekommen.

Inzwischen erreichte der Erste Weltkrieg seinen Höhepunkt.

Mein Großvater wurde an die Front geschickt.

Meine Großmutter kümmerte sich um die vielen Verwundeten. Als Älteste war sie jetzt für fünf Geschwister, vier Ziegen, zwanzig Hühner und das Schwein Moritz verantwortlich.

Um Nahrung zu finden, musste sie weite Fußmärsche unternehmen, besonders schlimm war der Rückweg mit dem schweren Rucksack. Bald gab es weit und breit keine Vorräte mehr. Die Familie aß das, was sonst dem Schwein verfüttert wurde. Das Schwein zu schlachten war inzwischen verboten.

Trotzdem fiel der geliebte Moritz dem Hunger zum Opfer und wurde heimlich geschlachtet – das ausgerechnet an dem Tag, als eine örtliche Kontrolle des Landtages bei meinen Großeltern vorbeischaute. Tosca hatte die kleine Delegation geistesgegenwärtig im Garten abgefangen. Sie lenkte sie ab und zeigte ihr die übrig gebliebenen letzten zwei Hühner und die abgemagerten Ziegen.

„Ach, Frau Kantor, sie haben ja gar kein Schwein. Na, dann können wir ja wieder gehen“, hatte einer der Männer gesagt.

In der Küche kochte derweil in großen Töpfen die Wurstration, die alle eine ganze Weile über Wasser hielt.

Tosca war äußerst penibel und hatte einen ausgeprägten Putzwahn. Für meine Mutter Johanna bedeutete das, dass sie zwei Mal am Tag die rauen Sandsteinstufen des Schulhauses putzen musste. War das geschehen, kontrollierte Tosca ihre Arbeit mit dem Zeigefinger. In die gute Stube, das Wohnzimmer, durften Johanna und ihre Geschwister nur zu Weihnachten. Dort auf dem Biedermeiersofa saß auch Johannas wunderschöne Kugelgelenk-Porzellanpuppe Gerda. Spielen durfte sie nicht mit ihr. Sie durfte sie nur anschauen.

Als endlich das Kriegsende nahte, hatten die Kinder durch die einseitige Ernährung überall Geschwüre. Johannas Bruder Gerhard hatte die Ruhr. Er hatte Gänsedreck gegessen.

Stillleben mit Schinken v. r. n. l.: Vater Bruno, Metzger, Tosca mit Tochter Ruth, Sohn Karl und hinter der Leiter Tochter Gudrun

Mein Großvater kam heil von der Front zurück. Abgemagert und verstört durch die unglaublich schrecklichen Erlebnisse versuchte er, sich wieder in einer fast normal wirkenden Welt zurechtzufinden.

Bald darauf wurden meine Großeltern in eine andere Landschule im Erzgebirge versetzt.

Es war eine sehr arme Gegend, in der es viele Leinenweber gab. In den Küchen hing ein geräucherter Hering über dem Holztisch, an dem man seine Kartoffel rieb, damit sie ein bisschen mehr Geschmack hatte – mehr gab es nicht.

Alternativ wurde die obligatorische Pellkartoffel mit „Brächelsalz" gegessen – eine in etwas Fett angeröstete dicke Paste aus Mehl und Salz.

Das Lieblingsessen meiner Mutter war Rauchemat: Eine geriebene gekochte Kartoffel, die mit etwas Mehl vermischt, in eine gebutterte Pfanne gedrückt und dann auf einer Seite knusprig gebraten wurde.

Das Ende der Kindheit und eine fantastische Begebenheit

Die Jahre vergingen. Mein Großvater wurde wieder an eine neue Schule versetzt, meine Mutter und ihre Geschwister wurden erwachsen. In der Zwischenzeit studierte Johannas Bruder Gerhard Jura. Karl hingegen war in Alter von 14 Jahren Hals über Kopf von zu Hause fortgelaufen. Er wollte unbedingt zur See fahren.

Er hatte bereits auf einem Schiff angeheuert, als mein Großvater ihn in letzter Sekunde noch davon abhalten konnte und ihn zurück nach Hause brachte. Karl wollte die große, weite Welt sehen, doch er einigte sich mit meinem Großvater darauf, dass er erst auf die Seemannsschule gehen würde, um das Kapitänspatent zu machen.

Im Laufe dieser Zeit war er 1. Offizier auf der „Padua", einem Schwesterschiff des Viermasters „Pamir", und fuhr um Kap Horn. Dort musste er bei Windstärke 12 in unglaublicher Höhe in die Segel.

Später war er Kapitän bei der Handelsmarine, die dann kurzerhand ab 1938 zur Kriegsmarine erklärt wurde.

Jedes Mal, bevor er in See stach, besuchte er meine Mutter und bat um ihren Rat: „Hannel, wie sieht es aus, werde ich wiederkommen?"

Meine Mutter hatte keine Angst. Von ihr ging eine unglaubliche Kraft aus. Karl erzählte mir oft, dass ihn meine Mutter durch schwere Situationen in seinem Leben geleitet hatte. Wenn er in ihre Augen sah, fand er dort einen unbeirrbaren Glauben.

Auch dieses Mal sagte sie zu ihm: „Es wird alles gut, du kommst wieder."

Was kurz darauf passierte, ist so unglaublich, dass Karl immer sagte, er könne es immer noch nicht fassen, obwohl er die Geschichte bereits so oft erzählt habe

Die kommenden Ereignisse begannen damit, dass Karl das Kommando der „Wilhelm Gustloff" übernehmen sollte. Das war eigentlich nichts Außergewöhnliches, denn er hatte dieses Schiff schon viele Male als Kapitän navigiert.

Karl stand bereits an Deck, als er die Order erhielt, abzubrechen und ein anderes Schiff zu übernehmen. Er sagte, in diesem Moment habe er sich wirklich bemühen müssen, seinen Unmut über die spontane Planänderung nicht lautstark kundzutun. Er habe dann gerade noch seine Emotionen unter Kontrolle bekommen und dann schweigend das andere Schiff übernommen. Wenige Stunden später sollte er dem Schicksal unendlich dankbar sein.

Denn an diesem Tag, dem 30. Januar 1945, sank die „Wilhelm Gustloff" mit mehr als 9 000 Menschen an Bord durch einen russischen Torpedoangriff.

Karls Freund, der das Kommando für ihn übernommen hatte, starb mit vielen anderen seiner Kameraden.

Lange Zeit kämpfte Karl mit Schuldgefühlen.

Warum hatte ausgerechnet er überlebt und alle anderen mussten sterben? Doch wie viele andere in der Marine lebte er jeden Tag mit dem Tod. Immer wieder musste er über die Ostsee hinauf nach Skandinavien und Norwegen, um Munition, Kriegsgerät und Pferde in die Kriegsgebiete zu liefern.

Er berichtete immer davon, dass es erst nur ein paar Verletzte gewesen seien, die sie auf den Schiffen transportierten, später beförderten sie nichts anderes mehr als Verwundete. Schwer verletzte Menschen, die man unter entsetzlichen Bedingungen bergen musste. Es war kaum möglich, bis an die Steilufer heranzufahren, weil die Engländer ihre Schießanlagen in den Hängen angebracht hatten. Jedes Schiff, das sich näherte, wurde sofort beschossen.

Entsetzliche Szenarien spielten sich ab. Man fuhr mit Begleitschiffen im Spitfire der Alliierten.

So auch eines Tages. Karl war mit seinem Schiff gerade in ein Geschwader der Alliierten geraten. Zwei Schiffe waren bereits gesunken. Er stand auf der Brücke. Sein Steuermann war schwer verletzt. So übernahm er selbst das Ruder. Mit nur mehr einer Handvoll an Besatzung im Hagel der Geschosse. Als er wie durch ein Wunder mit dem Schiff doch noch den sicheren Hafen erreichte, bemerkte er, dass seine Jacke total durchschossen war. Überall sah man Schmauchspuren, Durchschüsse, die Ärmel waren komplett zerfetzt.

Während des Granatenhagels und der damit verbundenen Todesangst hatte er plötzlich das unglaubliche Erlebnis gehabt, über seinem eigenen Körper zu stehen. Er konnte sich genau unter sich sehen. Es sei ein fantastisches und erhebendes Gefühl gewesen, so frei zu sein, so völlig ohne Angst.

In diesem Zustand und in dieser Euphorie hatte er anscheinend das Ruder bedient. Während er sich mit dem Gottvertrauen, vom dem meine Mutter Johanna so oft sprach, der übermenschlichen Aufgabe stellte, die Situation unter Beschuss zu bewältigen, hatte er gefühlt, wie er in eine andere Realität versetzt wurde, in der er Herr der Lage wurde. Nach den zahllosen Einschüssen in seiner Jacke zu urteilen, hätte er hundertmal den Tod finden müssen.

Er hatte die Jacke behalten und sie als Erinnerung rahmen lassen, damit er nie vergessen würde, was ihm damals widerfahren war und zu welch unglaublichen Fähigkeiten der Geist in der Lage ist.

Johannas große Liebe und ein Traum

Meine Mutter hatte in der Zwischenzeit eine Gesangsausbildung absolviert. Sie hatte immer das Gefühl gehabt, in einem früheren Leben eine berühmte Sängerin gewesen zu sein. Tatsächlich hatte Johanna eine wunderschöne Stimme. Doch das Singen war nur eines ihrer vielen Talente. Sie war sehr intelligent und hatte praktisch das Jurastudium und das Seemannspatent mit ihren Brüdern gemacht. Ich bin mir sicher, dass sie die Prüfungen auch selbst hätte ablegen können. Doch obwohl die Frau seit der Jahrhundertwende endlich auch studieren durfte, war es dennoch unüblich. Das Klischee, dass die Frau an den Herd gehöre, war noch zu fest in den Köpfen verankert. Das galt auch für meine Großmutter. Johanna ging nach Bad Elster und wurde Krankenschwester. Zudem war meine Mutter äußerst kreativ, sie malte und schrieb Gedichte.

Bald hatte sie auch einen glühenden Verehrer. Er hieß Willy. Er war ein attraktiver, braungebrannter sportlicher Mann mit blondem Haar, blauen Augen und einem sympathischen Lachen.

Sein Vater war nach Südamerika ausgewandert und besaß dort eine große Plantage. Willy war nach Deutschland gekommen, um neue Farmgeräte zu kaufen. Bald verband die beiden mehr als nur Freundschaft. Willy war fest entschlossen, meine Mutter zu heiraten. Sie war die Liebe seines Lebens.

Johanna sollte mit ihm nach Südamerika gehen. Er wollte erst ein Haus für sie bauen, dann sollte sie nachkommen. In der Zwischenzeit wollten sich die beiden schreiben.

Meine Mutter wartete, bekam aber keine Post. Sie schrieb Willy, bekam aber nie eine Antwort. So ging es Tage, Monate, ein Jahr. Irgendwann gab sie unter Tränen auf. Während dieser Zeit träumte sie immer wieder von einer Frau, die ihre Briefe zerriss. Obwohl meine Mutter sonst jeden Traum zu deuten wusste, diesen einen konnte sie sich seltsamerweise nicht erklären.

Zerriss diese Frau ihre Briefe, weil sie die neue Frau an Willys Seite war? War meine Mutter ihm inzwischen gleichgültig, weil er diese andere Frau liebte?

Es schien alles drauf hinzudeuten. Sich aufzudrängen war Johanna fremd, dazu war sie viel zu stolz. Erst als sie längst verheiratet war, sollte sie Willy wiedersehen.

Sie erzählte mir und der ganzen Familie oft von ihrer enttäuschten Liebe und was Willy damals zu ihr gesagt hatte. Er habe sie gefragt, warum sie nie seine Briefe beantwortet und ihn gleich vergessen habe. Er habe so lange gehofft und gewartet.

Vollkommen außer sich hatte meine Mutter entgegnet:

„Natürlich habe ich dir geschrieben, du hast niemals geantwortet. Ich habe von dir und einer Frau geträumt, deshalb war ich mir sicher, du hättest mich vergessen. Die Frau hatte lange dunkle Haare, blaue Augen und Grübchen – und sie zerriss all meine Briefe." Willy war daraufhin leichenblass geworden und hatte geantwortet:

Johanna mit Rosen

„Die Beschreibung trifft genau auf meine Frau zu. Nachdem ich so viele Jahre vergeblich auf ein Zeichen von dir gehofft hatte, dachte ich, du hättest jemand anderen gefunden."

Willy stellte seine Frau, die damals seine Haushälterin gewesen war, zur Rede, und siehe da, sie hatte die Post meiner Mutter abgefangen und vernichtet. Sowohl Willy als auch Johanna waren inzwischen verheiratet.

Der Mann an der Seite meiner Mutter hieß Johannes – und die Geburtstage der beiden lagen genau vier Tage auseinander.

Das Lied der Liebenden

Immer wenn der Mond dunkle Täler beglänzt und der Wind silberne Pappeln bewegt, gehn die Liebenden der Welt in ihr eigenes Land.

Wandern mit lächelnd erhobenem Gesicht an blauen Weihern vorbei, wo im Gebüsch der Vogel Nacht zärtlich sein Lied verströmt.

Dann stehen sie still und atmen – süßer denn je schwillt der Duft der Dolden des Baumes, und das helle Band langer Straßen von innen tut sich hoffnungsvoll auf.

Wenn dann die Sterne im Kranz lächelnd den Liebenden leuchten, sind sie der Welt entrückt, im eigenen Land.

Johanna Tiedtke

Die Obstbäume, ein Zauberpulver und ein Geist

Johannes war Lehrer und Künstler, vor allem aber auch ein Freigeist und Pianist. Er gehörte gleich zur Familie. Da die Geschwister meiner Mutter alle frei nach Gehör Klavier spielten und jede Operette auswendig kannten, musizierten und sangen bald alle gemeinsam und erlebten wunderbare Abende.

Meine Mutter schrieb zu dieser Zeit sehr viele Gedichte. Mein Vater Johannes war so begeistert von ihrer lyrischen Ader, dass er einige davon dem Schriftsteller Gerhard Hauptmann übersandte. Dieser antwortete sogar und lobte ihr außergewöhnliches Talent. Johannes' Vater hatte nur unter einer Bedingung in sein Musikstudium eingewilligt: dass er begleitend dazu einen bodenständigen Beruf erlernen würde. Nachdem Johannes sein Lehrerexamen gemacht hatte, bekam er das Angebot, in einer Landschule in Sachsen zu arbeiten. Diese Schule zeigte sich bald in den Träumen meiner Eltern – und zwar immer mit einem Garten, auf dem 45 Obstbäume standen.

Als es dann so weit war und Johannes und Johanna den Ort das erste Mal besichtigten, konnten sie allerdings keinen einzigen Baum entdecken. Die Enttäuschung der beiden war groß. Glaubten sie doch an ihre Träume und waren fest davon überzeugt, dass es mehr auf dieser Welt gab, als der einfache Geist erfassen kann.

Als der Bürgermeister sie zu der obligatorischen Besichtigungstour begrüßte, fragte mein Vater vorsichtshalber: „Ein Garten mit Obstbäumen gehört wohl nicht zum Schulgrund?"

Der Bürgermeister lachte und öffnete eine Tür, die in einer hohen Mauer verborgen war, und meine Eltern blickten auf einen riesigen Obstgarten. Sie konnten es kaum fassen und dann zählten sie nach. Es waren exakt 45 Obstbäume.

932 – ein Jahr nachdem meine Eltern eingezogen waren, wurde meine Schwester Gabriele geboren.

Die Schule war in einem moorigen feuchten Gebiet erbaut worden. Johannes war Wünschelrutengänger und konnte Wasseradern erspüren.

Johanna mit Geschwistern Ruth und Karl im Garten mit den 45 Obstbäumen

Oft waren ihm die Bauern sehr dankbar dafür. Mit seiner Hilfe konnten sie auf ihren Weiden Brunnen für ihr Vieh bauen. Jahre später waren die Brunnen immer noch in Betrieb.

Auf diese Weise lernte er auch einen Schäfer kennen.

Dieser hatte eine Tochter, die sich anbot, Erledigungen für meine Eltern zu übernehmen. Irgendwann kam diese nicht mehr. Stutzig geworden erkundigte sich meine Mutter nach ihr. Der Schäfer erklärte daraufhin traurig, dass seine Tochter an Tuberkulose erkrankt und sehr schwach sei.

Meiner Mutter fiel gleich ein wundersames Kräuterpulver ein. Es stammte von einem ungarischen Magier, der im 18. Jahrhundert in einem sehr kalten Winter von Ungarn nach Deutschland reiste. Während eines Schneesturms brach die Achse seiner Kutsche und er blieb im Schnee stecken. Halb erfroren saß er am Straßenrand, als ihn ein vorbeifahrender Landwirt entdeckte, ihn mit nach Hause nahm und ihn gesund pflegte.

Zum Dank schenkte der Ungar ihm ein Kräuterpulver, das wahre Wunder bewirken sollte. Eingenommen wurde es mit den abnehmenden Mondphasen, ohne Wasser, es war sehr bitter und das trockene Pulver war sehr schwer zu schlucken. Vor und auch nach der Einnahme musste man mehrere Stunden fasten.

Meine Eltern hatten durch Freunde von diesem Pulver gehört und es selbst getestet. Es machte sich die Heilkraft des Wiesengamanders aus der Theiß in Ungarn zunutze. Meine Mutter hatte ein Geschwür im Kiefer, an dem sie bereits mehrfach operiert worden war. Das Mittel ersparte ihr eine erneute Operation, das Geschwür heilte ab und sie hatte zeitlebens nie wieder Probleme damit.

Johanna war also von dessen Wirkung überzeugt und gab das Pulver an den Schäfer weiter. Seine Tochter nahm es genau den Anleitungen folgend ein und in kürzester Zeit verschwand der Husten und sie wurde wieder vollkommen gesund.

Leider verschwand auch das wunderbare Pulver nach einiger Zeit wie so manch anderes Heilmittel aus dieser Zeit alsbald aus dem Handel. Irgendwann musste der Gastwirt eine Analyse machen lassen, die zu kostspielig für ihn war.

Langsam wurden meine Eltern heimisch und wieder einmal erwies sich das Schulgelände als ein Ort mit übernatürlichen Präsenzen. Es war fast schon so, als ob meine Mutter all die ruhesuchenden Geister dieser Welt magisch anziehen würde.

Es spukte wieder.

Einer der Lehrer der Schule war depressiv gewesen und hatte sich im Klassenzimmer erschossen.

Jeden Abend, Punkt 19:00 Uhr, knarrte die Küchentür und öffnete sich – wie von Zauberhand – von ganz alleine. Johanna hatte in unmittelbarer Umgebung einen geflochtenen Korbhocker mit rundem Kissen positioniert. Das Kissen senkte sich und eine unsichtbare Gestalt nahm Platz.

Jeder wollte das Phänomen sehen.

Auf diese Weise hatten meine Eltern viel Besuch, denn das Schauspiel wiederholte sich mit hoher Zuverlässigkeit jeden Abend.

Die Mutter von Johannes, eine gebürtige Ostpreußin, kam oft zu Besuch und sagte dann immer: „Herrjott, jibt der Kerl denn jar keine Ruhe."

Natürlich sprachen meine Eltern auch mit dem Geist und baten ihn, ins Licht zu gehen.

Einmal, als Johanna abends noch Stifte aus der Schulstube holen wollte, stand er plötzlich vor ihr. Im ersten Moment war sie sehr erschrocken.

Ein anderes Mal passierte dies mit Gabriele, die laut aufschrie. Sie hustete dann sehr eigenartig, als wäre sie gewürgt worden. Ab da wurde es meinen Eltern zu viel. Sie baten um Versetzung – und die kam glücklicherweise auch sehr schnell.

Der Zweite Weltkrieg begann und auf dem Lande klopften pro Tag bis zu 23 Bettler an die Tür. Man konnte nicht allen etwas geben, dennoch versuchten Johanna und Johannes das wenige, das sie hatten, zu teilen. Obwohl die Spannungen im Land zunahmen, verbrachten sie viele lustige Stunden in der Schule. Irgendwann – fast schon über Nacht – zog der Fortschritt ein. Das erste Versandhaus eröffnete in Dresden. Plötzlich konnte man alles bestellen. Kleider, extravagante Hüte, Spitzenunterwäsche.

Johannes' Kollege Kurt war bereits sehr von den Nationalsozialisten angetan. Überall gärte es.

Der Umschwung war spürbar, rasend nahm er die Gemüter in Beschlag. Jeder steckte jeden an. Es war wie eine große Welle, die alles und jeden erfasste.

Johannes vor der Schule

Mitgerissen von einem großen Versprechen nach diesem letzten Krieg, der so viel von allen gefordert hatte. Auch meine Mutter war anfangs von den neuen politischen Parolen begeistert. Liebte sie doch das Nordische: die Edda, die Runen, die ganze Mythologie, die der Nationalsozialismus geschickt eingebettet hatte.

Ein Lügengespinst nach dem anderen wurde gewoben.

Ein neues Zeitalter begann – und meine Eltern zogen um.

Endlich wohnten sie nicht mehr weit von der Stadt entfernt. Man konnte die Konzerte in Dresden besuchen, ohne lange Wegstrecken zurücklegen zu müssen.

Kulturell betrachtet war das eine Offenbarung. Meine Eltern waren sehr kontaktfreudig, knüpften schnell Freundschaften und meine Mutter war wieder schwanger. Doch plötzlich wendete sich das Blatt: Johannes wurde an die Front einberufen.

Johanna und die Vorhersehung

Endlich war es so weit. Nach langem Warten bekam mein Vater Johannes ein paar Tage Heimaturlaub. Meine Mutter ging zum Friseur. Dies war der Ort, an dem nichts geheim blieb. Alle Geschichten, die sich im Ort ereigneten. machten hier die Runde. Die Friseuse, eine hübsche Blondine, erzählte eifrig drauflos.

„Ach, wie schön für Sie. Mein Mann hat keinen einzigen Tag frei, die haben Urlaubssperre im Moment."

Doch kaum hatte sie den Satz ausgesprochen, entgegnete meine Mutter spontan: „Nein, da irren Sie sich, Ihr Mann hat Sonderurlaub. Jetzt machen Sie mal ganz schnell. Der steht schon mit einem Blumenstrauß vor Ihrer Tür."

Solche Geschichten ereigneten sich ständig. Ungläubig starrten die Frauen dann meine Mutter an. In diesem Fall musste Johanna heftig insistierten, erst dann erwog die Friseuse, meiner Mutter Glauben zu schenken, und bat ihre Chefin darum, nach Hause gehen zu dürfen.

Diese schaute zwar etwas zweifelnd, sagte dann aber: „Na ja, jetzt bin ich aber gespannt, ob das stimmt. Also lauf mal schnell nach Hause, und falls dein Mann wirklich zu Hause ist, dann kannst du dir heute freinehmen."

Als alles so passierte, wie Johanna es vorausgesagt hatte, sprach sich das wie ein Lauffeuer herum.

Das nächste Mal, als Johanna zum Friseur ging, standen da viele wissbegierige Frauen, die sie befragten, wie es ihren Männern ginge. Ob sie verletzt seien, in Gefangenschaft geraten waren und wann sie nach Hause kämen. Zu ihrem eigenen Erstaunen konnte sie all diese Fragen beantworten und sogar deren Heimkunft exakt auf die Stunde vorausprophezeien.

Mehr und mehr warfen aber auch die unangenehmen Dinge wie Krankheit und Tod ihren Schatten voraus.

Meine Schwester Gabriele war zu dieser Zeit die ganze Stütze meiner Mutter. Als sie acht Jahre alt war, wurde sie sehr krank. Scharlach mit Rückfall. Das war damals oftmals tödlich.

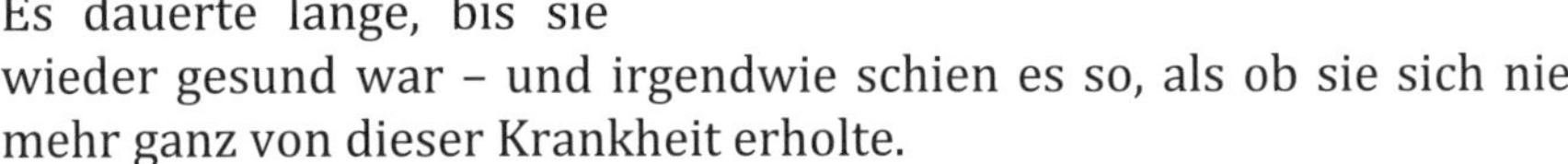

Nº 035 Telegramm

Deutsche Post Osten

835 COSWIG BEZ DRESDEN 16 7 1025 = WEITERGEL V LGPA ROEM 2

= GEFR TIEDTKE FELDPOSTNTR L 19159 WARSCHAU C1 =

LITZMANNSTADT

ARZT NUR ZWEIMAL WOCHENTLICH WEIL EINBERUFEN ATTEST SPAETER ZUSTAND ERNST HOHES FIEBER = GABRIELE +

VGL L 19159 WARSCHAU C1 2 +

Danach bekam sie Nierenversagen und Wassersucht.

Es dauerte lange, bis sie wieder gesund war – und irgendwie schien es so, als ob sie sich nie mehr ganz von dieser Krankheit erholte.

Als sie älter war, studierte Gabriele Musik, um wie ihr Vater Pianist zu werden. Der Plan war, nach Italien zu gehen und dort Klavierkonzerte zu geben, doch dann bekam sie Beschwerden mit der Sehne ihres kleinen Fingers.

Schwester Gabriele

Der Traum platzte, sie sattelte auf die Malerei um und besuchte die Zeichenschule der Meißner Porzellanmanufaktur. Nicht um Porzellanmalerin zu werden, sondern um das Zeichnen zu erlernen.

Egal auf welche Kunstschule sie später ging, immer behielt man ihre Arbeiten.

1940 – mitten in den Kriegswirren – wurde dann ich geboren. Meine Mutter ließ mich auf den in diese Zeit passenden und seltsam gottesfürchtigen Namen Gottlinde taufen. Ich sollte eine ganz besondere Bindung zu meiner Schwester Gabriele haben – lange über ihren Tod hinaus. Doch dazu komme ich noch.

An meinen Vater Johannes kann ich mich eigentlich erst ab meinem vierten Lebensjahr erinnern. Alle Erlebnisse basieren auf den Erzählungen meiner Mutter oder Schwester.

In den kurzen Zeitspannen, in denen er auf Heimaturlaub war, war es kaum möglich, eine Beziehung zu ihm aufzubauen. Ich glaube, er war sehr unglücklich darüber – irgendwie blieben wir uns immer ein bisschen fremd.

1944 hatte man Johannes todkrank nach Hause transportiert. Viele Monate verbrachte er in einem Wehrmachtslazarett, ehe man ihn als unheilbar krank entließ.

Mein Vater war bei der Luftwaffe. Dort war er für den Nachschub der Waffen nach Russland verantwortlich. Als Teil von Hitlers teuflischer Mission, dem Russlandfeldzug „Barbarossa", diente er an der „Rollbahn", der Hauptverkehrsader zwischen der weißrussischen Grenze und Moskau. Konvoi für Konvoi transportierte man dort unablässig Munition und Waffen bis nach Stalingrad.

Alle Straßen waren vermint. Der Zug fuhr in einer Kolonne.

Plötzlich ging eine Mine los und das Schicksal nahm seinen Lauf.

Nur zwei Fahrzeuge des gesamten Konvois erreichten ihren Bestimmungsort. Alle anderen waren entweder den Partisanen zum Opfer gefallen oder durch die Minen gestorben.

Johannes, der ein musischer und äußerst feinsinniger Mensch war, konnte die Schrecken des Krieges nie verwinden. Er wurde schwer magenkrank, depressiv und war zeitlebens gezeichnet. Aufgrund ihrer seherischen Fähigkeiten erlebte meine Mutter den Krieg besonders intensiv mit.

Eines Nachts, erzählte sie, sei sie schweißgebadet aufgewacht. Sie habe gefühlt, dass sich ihr Mann in großer Gefahr befand.

Sie setzte sich an den Bettrand und betete bis zum Morgengrauen unablässig. Erst nach vielen Stunden wich das Gefühl der Angst einer inneren Ruhe und Gewissheit, dass die Gefahr vorüber sei. Als mein Vater zurückkam, erzählte er, dass sein Bataillon in dieser Nacht nur knapp dem Tod entronnen war.

Er berichtete Folgendes: Wenn die Truppen nachts eine Pause einlegten, formatierten sie alle Fahrzeuge im Kreis. Auf diese Weise wollte man verhindern, ein allzu offenes Ziel für die Partisanen darzustellen, von denen es in den russischen Wäldern nur so wimmelte.

Eine Zeit lang ging alles gut, doch eines Nachts wurden sie dann doch von den Partisanen überrascht. Am nächsten Morgen fand Johannes die

Hälfte seiner Kameraden mit durchgeschnittenen Kehlen in ihren Wagen. Gerade mal zwei hatten überlebt. Von diesem Tag an ging das Kommando an einen neuen Oberbefehlshaber, der anordnete, dass die Fahrzeuge von nun an in einer anderen Formation aufgestellt werden sollten.

Daraufhin kam es in einer der darauffolgenden Nächte zu folgender Begebenheit:

Der Soldat, der Wache halten sollte, war bekannt dafür, gerne einzuschlafen. Also bot sich mein Vater freiwillig als zusätzliche Wache an.

Es war stockfinster, man konnte kaum die Hand vor Augen sehen, als er gegen Mitternacht plötzlich Stimmen vernahm. Die Zweige knackten, ringsherum brach die Hölle los. Die neu angeordnete Position erwies sich als folgenschwerer Fehler – die Fahrzeuge waren zu weit voneinander entfernt, um sich gegenseitig Schutz zu bieten.

„Wie viele sind es? Sind sie in der Übermacht?"

All diese Fragen gingen meinem Vater durch den Kopf. Er weckte den schlafenden Soldaten neben sich, der eigentlich Wache schieben sollte, und wies ihn an, sich absolut still zu verhalten. Irgendetwas sagte ihm, dass sie alle keinen Laut von sich geben durften.

Die ganze Nacht war erfüllt von dieser Stille, die einer Todesstarre glich. Keiner griff an. Von keiner Seite vernahm man einen Ton. So ging das bis zum Morgengrauen. Im Licht der Scheinwerfer brach ein neuer Tag an und der Feind war verschwunden.

Mein Vater wusste, dass er von einer höheren Macht behütet worden war. Meine Mutter wusste, dass ihre Gebete erhört worden waren.

Eines Tages kam Johannes von der Front zurück und sagte: „Hannel, Hitler wird diesen Krieg nicht gewinnen."

Er hatte gesehen, was mit den Juden gemacht wurde, wie sie deportiert wurden, um dann den Tod zu finden.

„Das ist Völkermord und die Tat eines Wahnsinnigen."

Im Krieg war Johannes spontan zum Fotografen ernannt worden und musste Fotos von den in Russland erbauten Straflagern der Deutschen anfertigen.

Anfangs waren diese Lager noch leer. Später, als die Russen einmarschierten, hat meine Mutter all die Fotos von den Straflagern drei Tage lang in unserem Kachelofen verbrannt. Man hätte Johannes sofort erschossen, hätte man diese Bilder gefunden.

Meinem Vater ging es zwischenzeitlich sehr schlecht, seine Magenprobleme wurden immer schlimmer, oft konnte er die wenige Nahrung, die er zu sich nahm, kaum bei sich behalten. Also setzte meine Mutter Himmel und Erde in Bewegung, um ihm zu helfen. Über Bekannte hatte sie einen alten Professor ausfindig gemacht. Er war Gastroenterologe in der Charité in Berlin und empfahl, dass Johannes Vulkanasche und frisch ausgepressten Kartoffelsaft zu sich nehmen sollte.

Meine Mutter presste Unmengen an Kartoffelsaft. Die Vulkanasche, die nur sehr schwer erhältlich war, sollte sich anscheinend wie ein Film über die Magenwand legen. Ich habe keine Ahnung, wie meine Mutter an dieses exotische Heilmittel herangekommen war.

Wie auch immer, der Zustand meines Vaters besserte sich von Tag zu Tag. Johannes war nun nicht mehr kriegstauglich, eine Wendung, der er bestimmt nicht nachtrauerte. Endlich konnte er stundenweise wieder Unterricht geben. Er war ein sehr einfühlsamer Lehrer. Noch Jahre später besuchten ihn seine Schüler, um sich bei ihm zu bedanken. Doch so gern Johannes seinen Beruf auch ausübte, seine wahre Passion blieb die Musik. Parallel zum Lehramt war er Kapellmeister, Dirigent und gab Konzerte.

Gottlinde und der Klabautermann

Es war im Herbst 1944.

Ich war gerade vier Jahre alt, da begleitete ich meinen Vater zu einem Militärflughafen nach Dresden. Dort sollte er seine Entlassungspapiere vom Militär abholen.

Ich war aufgeregt, die Flieger faszinierten mich. Ich beobachtete, wie sie sich gleich Wasservögeln elegant in den Himmel hoben und schwerelos hinabglitten, bis sie zum Stehen kamen. Ich war viel zu neugierig, um artig in der Baracke zu bleiben, während mein Vater sich um die notwendigen Formalitäten kümmerte und die Papiere unterschrieb. Ich fragte, ob ich draußen warten dürfe, um das Treiben zu beobachten. Bald darauf gesellte sich mein Vater zu mir. Er unterhielt sich mit seinen Kameraden und wir blieben noch einige Zeit.

Gegen 12 Uhr mittags verließen wir das Gelände. Zwei Stunden später kam ein Geschwader der Alliierten und bombardierte den Flugplatz – alle starben. Wir waren dem Tod gerade noch von der Schippe gesprungen.

Von da an wurde das Leben zunehmend gefährlicher. Meine Eltern überlegten, welcher Ort wirklich sicher war, und entschieden sich für Dresden, das bislang von den Angriffen verschont worden war.

Damals nannte man die Stadt das Florenz des Ostens. Durch einen Wohnungstausch hatten wir eine sehr schöne Altbauwohnung in einem Vorort von Dresden angeboten bekommen. Das einzige Manko war die Toilette. Es gab nur ein Plumpsklo, das sich außerhalb der Wohnung befand. Nur in den modernen Häusern waren bereits Toiletten mit Wasserspülung installiert.

Alle, die von unserem Vorhaben hörten, waren entsetzt. Wieso wir so nah an der Stadt wohnen wollten in diesen gefährlichen Zeiten? Doch meine Eltern hatten keine Angst, im Prinzip fanden die Bombenangriffe ja so gut wie überall statt.

Also zogen wir nach Radebeul – einen Vorort von Dresden. Eine der Ersten, die uns dort besuchte, war meine Nenntante Maria, eine Freundin meiner Mutter, aus Hamburg. Ihr Mann fuhr zur See und sie war Kindererzieherin.

Tante Maria zeigte sich ganz begeistert von unserer 5-Zimmer-Wohnung, die sich in einer imposanten Villa befand. Sie schwärmte von den lichten, großen Räumen mit dem vielen Stuck an den Decken und dem Fischgrätparkett. Zum Wohnzimmer führte eine Flügeltüre und in jedem Raum befand sich ein Kachelofen. Die Wohnung war so groß, dass wir ohne Probleme unseren großen Konzertflügel und auch noch das Klavier unterbringen konnten.

Die Wände des Wohnzimmers waren mit einer matten, in Rosé gehaltenen Tapete mit kleinen silbernen Pünktchen tapeziert. An einer Wand stand eine graue Biedermeiercouch mit lila Veilchen, dazu gruppiert fand man einen Tisch und die passenden Sessel. Gegenüber platziert befanden sich ein geschnitzter Bücherschrank und eine große Glasvitrine.

Im Eck thronte der große weiße Kachelofen. Rund um das Wohnzimmer verlief ein Balkon. Meine Mutter war sehr stolz auf ihre schönen Möbel, die sie von ihren Eltern als Ausstattung zur Hochzeit bekommen hatte. In diesem Wohnzimmer tanzte Tante Maria mit mir herum, sang mit mir und machte allerlei Späße.

Irgendwann erzählte sie meiner Mutter eine seltsame Geschichte, die ihrem Mann Arthur widerfahren war. Er war Maschinist auf einem Frachtschiff.

Tante Maria war eine Friesin und auch sie hatte seherische Fähigkeiten. Immer wenn ihr Mann lange auf See war, traf sie sich in ihren Träumen mit ihm. Ihre Seelen sprachen dann miteinander. Sie erzählte ihm von all den Dingen, die in seiner Abwesenheit geschehen waren, und er tat das Gleiche. So mussten sie sich niemals Briefe schreiben, sie korrespondierten jeden Tag auf einer anderen Bewusstseinsebene miteinander. Als Kind kann ich mich noch daran erinnern, dass Tante Maria immer vorher wusste, was geschehen würde.

Aussicht von der Wohnung in Radebeul

Doch nun zu der Geschichte, die ihr Mann erlebt hatte.

Eines Tages war die See sehr rau und die Maschinen setzten aus. Das Schiff schaukelte wild und unkontrolliert hin und her. Arthur hatte sprichwörtlich alle Hebel in Bewegung gesetzt, alles ausprobiert, doch er war mit seinem Latein am Ende. Er wusste sich keinen Rat mehr, wie er die Motoren wieder in Bewegung setzen sollte.

Alle umliegenden Schiffe waren bereits alarmiert worden, um Hilfe zu leisten.

Da überkam ihn ein merkwürdiges Gefühl, etwas in ihm wusste, er durfte jetzt nicht aufgeben. Also versuchte er ein letztes Mal, die Maschine in Gang zu setzen. Eine Sekunde später glaubte er, seinen Augen nicht zu trauen.

Saß da nicht ein rotes Wesen auf einer Stange? Er näherte sich ihm vorsichtig und betrachtete es genau.

Es war ein kleines Männchen mit spindeldürren Beinchen, einem langen Bart und einer roten Zipfelmütze. Es sah aus, als wäre es direkt aus einem Märchenbuch geschlüpft.

Er blinzelte, schloss die Augen und öffnete sie wieder, doch das Männlein war immer noch da. Sekunden später sah er, wie es zwischen den Stangen und Motorteilen verschwand. Er glaubte zu träumen, doch genau in diesem Moment sprang die Maschine wieder an.

Der Krieg wurde immer unbarmherziger. Doch immer noch glaubte man an den Sieg. Die Bombengeschwader griffen zahllose Städte an und auch das Elbtal, in dem wir jetzt wohnten, wurde inzwischen von zwei Seiten beschossen.

Allein Dresden blieb immer noch verschont. Jeden Tag flogen Scharen von Bombern mit Donnergetöse über uns hinweg und wir verbrachten viele Tage und Nächte im Keller. Es herrschte ein eisiges, beklemmendes Schweigen.

Ertönte der Luftschutzalarm, fand in unserem Hause jedes Mal das gleiche Ritual statt. Meine Mutter erschien gelassen als Letzte und setzte sich demonstrativ auf die notdürftig mit dünnen Brettern abgedeckte Jauchegrube.

Dort fing sie in aller Ruhe an, in einem ihrer spirituellen Bücher zu lesen. Sobald sie das tat, ging ein erleichtertes Aufatmen durch unsere

Reihen. Keiner wagte es, sich auf diese Grube zu setzen, denn falls eine Bombe eingeschlagen hätte, das wusste jeder, wäre derjenige, der dort saß, in die tiefe Grube gefallen.

Meine Mutter hatte keine Angst, sie war gläubig.

Bereits seit Ende der 1920er Jahre hatte sie sich für das Spirituelle interessiert und sie fühlte sich beschützt.

Anfangs hatten sich meine Eltern mit der christlichen Mystik nach Karl Weinfurter beschäftigt, den meine Eltern auch persönlich kannten.

Bald begeisterten sie sich auch für andere spirituelle Autoren wie den Bulgaren Surya Omraam Mikhaël Aïvanhov oder den Theosophen und Freimaurer Dr. Franz Hartmann. Auch die Geheimlehre von Helena Blavatsky und die Bücher von Gustav Meyrink beeindruckten sie. Zu Letzterem fällt mir auch gleich ein Erlebnis ein, das sich in unserer Waschküche ereignete, nachdem meine Mutter „Das grüne Gesicht" von Meyrink gelesen hatte.

In diesem Buch ging es unter anderem um „Chedir Green" – ein unheimliches magisches Wesen. In Gedanken hatte sie sich den ganzen Tag mit ihm beschäftigt und immer wieder einen Spruch aus dem Buch vor sich hingemurmelt.

Als sie den Holzdeckel des Zubers, in dem die Wäsche kochte, wegzog und in Richtung Tür blickte, sah sie in den Dampfschwaden, die den Raum füllten, Chedir Green an der Wand lehnend, sie hämisch anlächelnd.

Ihr wurde sehr unwohl zumute, und sie wusste instinktiv sofort, dass sie ihn mit ihren Gedanken und Worten herbeigerufen hatte.

Daraufhin verschwand sie sehr schnell aus dem Waschhaus.

An einem anderen Tag mitten im Krieg klopfte unverhofft ein Ortsgruppenleiter an die Tür meiner Mutter und forderte sie auf, ihren Bücherschrank zu öffnen. Er betrachtete all die esoterischen Bücher, von denen einige bereits verboten waren, und meinte, dass man diese nach dem Reichssicherheitsgesetz verbrennen müsse. Da stellte sich meine Mutter vor den Bücherschrank und sagte ihm ins Gesicht:

„Ich denke, es ist an der Zeit, dass wir toleranter werden, wir sind ja nicht mehr in den Zeiten der Weimarer Republik. Ich kann mich erinnern, damals hatte mir ein Beamter der Kommunisten einen Besuch abgestattet und hatte die gleichen Worte über meine Bücher verloren wie jetzt Sie. Jetzt möchten Sie sich tatsächlich auf die gleiche Stufe mit ihm stellen? Haben Sie denn die gleichen Werte wie die Kommunisten?“

Der Polizist runzelte die Stirn, kniff die Augen zu und sagte irritiert: „Nein, natürlich nicht. Darum geht es doch gar nicht, aber lassen wir das jetzt mal. Tun Sie mir einfach den Gefallen und stellen Sie die besagten Bücher ganz hinten in den Schrank.“

Meine Mutter nickte bereitwillig, doch nachdem er ging, blieben alle Bücher genau dort, wo sie auch vorher gestanden hatten.

Die Gefahr war unser ständiger Begleiter.

Im Obstgarten: Gottlinde, Johanna, Gabriele und Tosca

Das galt vor allem auch für uns Kinder. Selbst die alltäglichsten Dinge konnten uns das Leben kosten. So war es zum Beispiel ein äußerst gefährliches Unterfangen, wenn wir in die zwei Straßen weiter entfernte Molkerei gehen mussten, um dort Milch zu holen. Oft wurden wir auf unserem Weg von Tieffliegern überrascht und mussten vor den Scharfschützen in Deckung gehen. Geistesgegenwärtig warfen wir uns dann ins Gebüsch, den wertvollen Milchkrug dabei fest im Auge, damit ja nichts von dessen kostbarem Inhalt verloren ging. Tack, Tack, Tack knallten die Geschosse ganz dicht an uns vorbei.

Doch nicht nur der Feind, vor allem auch der Hunger trachtete uns nach dem Leben. Wir hatten Glück, denn wir hatten einen Gemüsegarten, der nicht nur uns, sondern auch vielen unserer Freunde über die schlimmste Zeit hinweghalf. Ganz gleich wie gefährlich die Lage war, meine Mutter vergaß niemals, den Garten zu gießen.

Oft verkroch sie sich während der Scharfschützenangriffe in ihren Zwiebeln und betete.

Der Untergang

Mein Onkel Gerhard, Mutters zwei Jahre jüngerer Bruder, hatte Jura studiert. Er sah zudem sehr gut aus, war blond und breitschultrig. Oft brachte er seine Tanzstunden-Partnerinnen nach Hause, immer waren es Töchter aus gutem Hause, die schnell Freundschaft mit meiner Mutter schlossen. So auch Josepha. Ihr Vater war ein Tuchfabrikant. Sie liebte schöne Kleider, teuren Schmuck und kostbare Pelze. Als einzige Tochter wohnte sie mit ihren Eltern in einer luxuriösen Villa. Es sollte nicht lange dauern und Josepha fand ihren Traummann.

Reuter war 20 Jahre älter als sie und Doktor der Philosophie, der in Kalifornien studiert hatte. Als Spezialist für den Überseefunkverkehr hatte er lange für die Amerikaner gearbeitet.

Am 14. April 1912 war er auf dem Dampfer „Amerika" stationiert und sandte von dort aus eine Warnung, die das Geschick des größten Luxusliners der Welt, „Titanic", hätte ändern können. Doch wie man später erfahren sollte, verdienten die Funker des Dampfers der Olympic-Klasse als Angestellte der Marconi-Gesellschaft ihr Geld mit den Privatnachrichten der Passagiere und mussten auch nicht direkt an die Brücke berichten. Sie ignorierten die Eisbergwarnungen – so wie auch Kapitän Edward John Smith.

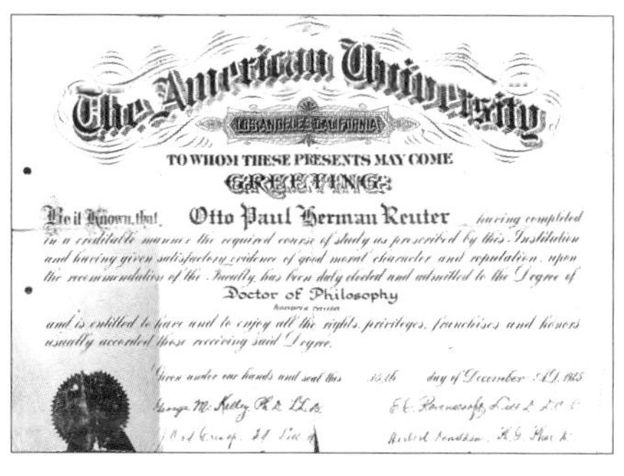

The American University

Los Angeles, California

TO WHOM THESE PRESENTS MAY COME

GREETING:

Be it Known, that Otto Paul Herman Reuter having completed in a creditable manner the required course of study as prescribed by this Institution and having given satisfactory evidence of good moral character and reputation, upon the recommendation of the Faculty, has been duly elected and admitted to the Degree of

Doctor of Philosophy

and is entitled to have and to enjoy all the rights, privileges, franchises and honors usually accorded those receiving said Degree.

Given under our hands and seal this 13th day of December A.D. 1913

Josephas Mann informierte sowohl die Küstenfunkstelle „Cape Race" als auch die Titanic selbst.

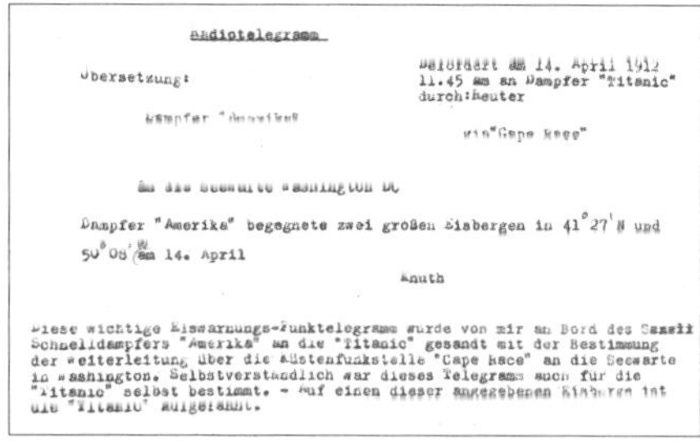

Radiotelegramm

Übersetzung:

Befördert am 14. April 1912
11.45 am an Dampfer "Titanic"
durch:Reuter

Dampfer "Amerika"

via "Cape Race"

An die Seewarte Washington DC

Dampfer "Amerika" begegnete zwei großen Eisbergen in 41°27' N und 50°08' W am 14. April

Knuth

Diese wichtige Eiswarnungs-Funktelegramm wurde von mir an Bord des Schnelldampfers "Amerika" an die "Titanic" gesandt mit der Bestimmung der Weiterleitung über die Küstenfunkstelle "Cape Race" an die Seewarte in Washington. Selbstverständlich war dieses Telegramm auch für die "Titanic" selbst bestimmt. – Auf einen dieser angegebenen Eisberge ist die "Titanic" aufgerannt.

Zwei Stunden und vierzig Minuten später sank die Titanic. In rasender Geschwindigkeit stürzte sie 4 000 Meter tief auf den Boden des Nordatlantiks. Von den 2200 Menschen an Bord überlebten lediglich 700 die Jungfernfahrt des berühmten Ozeangiganten.

Wie viele andere arbeitete Reuter später für die Nazis. Doch auf einer Mission in Griechenland machte er einen fatalen Fehler. Seine Frau liebte Schuhe, es war Krieg, es gab nichts. Er stand in einem bereits brennenden Haus und bemerkte einen Sessel, der mit rotem Leder bezogen war, das perfekt für ein paar Schuhe geeignet gewesen wäre.

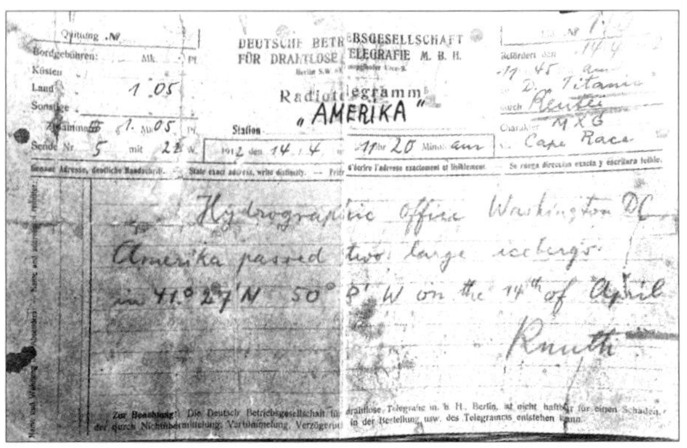

DEUTSCHE BETRIEBSGESELLSCHAFT FÜR DRAHTLOSE TELEGRAFIE M. B. H.

Radiotelegramm „AMERIKA"

Bordgebühren: Mk. Pf
Küsten
Land 1.05
Sonstige
Zusammen 1.05
Sende Nr. 5 mit 22 W.
Station
1912 den 14.4 11 Uhr 20 Min. am
D. Titanic
durch Reuter
Charakter MXG
Cape Race

Genaue Adresse, deutliche Handschrift. — State exact address, write distinctly. — Prière d'écrire l'adresse exactement et lisiblement. — Se ruega dirección exacta y escritura legible.

Hydrographic Office Washington DC
Amerika passed two large icebergs
in 41° 27' N 50° 8' W on the 14th of April
Knuth

Zur Beachtung! Die Deutsche Betriebsgesellschaft für drahtlose Telegrafie m. b. H. Berlin, ist nicht haftbar für einen Schaden, der durch Nichtübermittelung, Verstümmelung, Verzögerung in der Bestellung usw. des Telegramms entstehen kann.

In letzter Minute, ehe dieser vom Feuer verschlungen wurde, nahm er sein Taschenmesser, schnitt das rote Leder auf und riss es herunter. Ein Untergebener und ihm nicht wohlgesinnter Gefreiter beobachtete das und zeigte ihn an.

Er wurde sofort suspendiert, aller Ämter enthoben und auf die Krim gebracht. Dort saß er monatelang in Untersuchungshaft. Josepha hatte durch dieses Ereignis eine Totgeburt.

Sie machte zwei Gnadengesuche. Als beide abgelehnt wurden, verfiel sie in eine Depression.

Meine Mutter konnte das Drama bald nicht mehr mit ansehen. Sie schlug Josepha vor, dass auch sie einen Versuch starten würde. Diese entgegnete zwar, dass sie nichts von dieser Idee halte, denn wenn sie als Ehefrau schon nichts erreiche, warum solle dann eine Fremde mehr Gehör finden.

Meine Mutter schrieb an Goebbels privat. Sie legte das Foto des toten aufgebahrten Kindes bei, verfasste einen herzerweichenden Brief über einen Mann, der seiner schwangeren Frau mit einem bisschen rotem Leder für ein Paar Schuhe eine Freude bereiten wollte – in Zeiten, die so schwer für alle waren.

Kurz darauf passierte das Unvorstellbare.

Meine Mutter bekam Post – und zwar von Goebbels höchstpersönlich.

Ihr Gesuch war erhört worden. Josephas Mann bekleidete mit sofortiger Wirkung wieder alle ihm innehabenden Ämter. Vorsorglich verbrannten meine Eltern alle diesbezüglichen Unterlagen, als die Russen kamen. Reuter war meiner Mutter allerdings ewig dankbar. Leider kam er kurz darauf in russische Kriegsgefangenschaft.

Josepha hing so an ihrem Besitz. Ihr Mann hätte sich, anstatt auf sie zu hören, in den Westen absetzen sollen. Denn inzwischen war das Land vom Krieg gespalten und Sachsen zählte zur DDR.

Dort war das einstige Genie ein kleines Rädchen im Getriebe. Während im Osten niemand seine Fähigkeiten zu schätzen wusste, warteten im Westen die Angebote der Amerikaner auf ihn.

Doch nun war es zu spät.

Jahre später musste Josepha noch einmal einen hohen Preis für ihren Starrsinn bezahlen. Sie musste viele ihrer Villen an den Staat verschenken. Die Mieten in der DDR waren so niedrig, dass die Hausbesitzer sich nicht einmal die notwendigsten Renovierungsarbeiten leisten konnten.

Dann kam der 13. Februar 1945.

Mein Vater riss uns Kinder aus dem Schlaf. „Heute wird es ernst", rief er aufgeregt.

Meine Schwester und ich wurden in alle verfügbaren Kleidungsstücke gepackt.

Die Sirenen heulten, als wir auf unserem kleinen Balkon standen. Ein Geschwader überflog uns und setzte Leuchtkugeln ab. Der Himmel über uns leuchtete – es war ein einziges Funkenmeer. Für die Bomber, die dann etwas später folgten, dienten die Feuerkugeln als Positionsangabe für die Bomben, die abgeworfen werden sollten.

Über uns lag eine unheimliche Stille, kein Windhauch war zu spüren.

Für einen Moment konnte man nicht einmal den dröhnenden Hall der Motoren der Kampfflugzeuge hören.

Minuten später wurde ein unglaublicher Wind entfesselt. Dieser riss all die „Christbäume" aus loderndem Phosphor mit sich und trug sie weit fort. Wir schafften es gerade noch rechtzeitig in den Keller. Der alte Hauswirt war so schwerhörig, dass er die Sirenen nicht gehört hatte.

Er war der Einzige, der einen Schlüssel zum Luftschutzkeller hatte. Man schlug sein Fenster ein und rüttelte ihn wach. Wir saßen alle versammelt im Keller, als er laut rief:

„Schaut euch das Inferno an. Dresden brennt!"

Eine Stadt mit Tausenden von Flüchtlingen, die am Bahnhof und überall in den Straßen rastend auf die Weiterfahrt aus dem Osten warteten, ging in Flammen auf.

Am Tag danach kamen die Bomber wieder und gaben der Stadt den Rest. Alle Feuerwehren im Umkreis waren dort, um die Feuer zu löschen. Keiner kam wieder.

Es sind Bilder, die ich niemals vergessen werde. Meine Schwester und die Kinder aus unserem Haus standen an der Straße, die in das ca. 25 km entfernte Dresden führte.

Es kamen Gestalten auf uns zu, die an Horrorfilme erinnern: Zombies – schwarz vom Rauch mit zerfetzten Kleidern und versengten Haaren.

Zu Hunderten zogen sie an uns vorbei.

Die Freundin meiner Schwester Gabriele wohnte zu dieser Zeit direkt in Dresden. Sie erzählte, sie seien im Luftschutzkeller gewesen, als eine Brandbombe das Haus traf.

Ihr Vater hatte ihre Mäntel in ein Fass Wasser getaucht, das an der Treppe stand. Dann waren sie durch das Kellerfenster hinaus auf die Straße in das brennende Inferno gerannt.

Die nassen Mäntel bewahrten sie davor, selbst in Flammen aufzugehen. Die Freundin traf ein Spritzer Phosphor am Bein, der sich blitzschnell bis auf den Knochen durchbrannte. Als sie ausgebombt in unsere Nachbarschaft zog, musste man sie in einem Handwagen fahren.

Auch meine Großmutter väterlicherseits wohnte in Dresden. Es dauerte Tage, ehe die Stadt wieder passierbar war. Mein Vater machte sich auf, um nach seiner Mutter zu suchen. Der Stadtteil, in dem sie lebte, war fast komplett zerstört worden, aber das Haus, in dem Auguste wohnte, stand noch.

Als er wiederkam, roch er entsetzlich nach Rauch und verbrannten Leichen.

Die Russen und die Rettung

Die Russen rückten immer näher. Sie waren bereits auf der einen Seite des Elbufers. Auf der anderen befand sich das Regiment von General Schörner, der vorher das Afrika-Kommando unter sich hatte. Radebeul lag im Tal. So beschossen sich die Kämpfenden tagelang mit Stalinorgeln, wie wir die Geschosse nannten.

Es war der 8. Mai, der Tag der Befreiung!

Die Menschen standen auf ihren Balkons und schwenkten weiße Tücher. Ich sehe sie noch. Sie kamen die lange Straße hinunter. Die russischen Einheiten. Zuerst mongolische Reiter, dann die Panzer. Amerikanische Panzer mit vielen Geschützen.

Die Amerikaner hatten die Russen voll ausgestattet, weil diese kein Kriegsgerät mehr hatten, sagte mein Vater. Im Prinzip trugen sie nur den roten Stern anstatt der amerikanischen weißen. Die Männer hatten sich in den Weinbergen versteckt.

Die Soldaten schossen auf alles und jeden. Der aufgestaute Hass war zu groß.

Meine Schwester ging aufs Gymnasium. Man hatte die jungen Mädchen versteckt, denn Vergewaltigungen gehörten zur Tagesordnung.

Einmal war ich als Fünfjährige allein mit meiner Mutter, als Offiziere ins Haus kamen. Sie trieben alle Frauen und Kinder auf dem Rasen vor dem Haus zusammen. An den Platz, an dem immer die Wäsche gebleicht wurde. Ich saß allein im ersten Stock in der Küche mit einer Blechtasse mit Radieschen am Küchentisch.

Man hatte mich irgendwie vergessen.

Plötzlich stand ein baumlanger mongolischer Russe lautlos in der Küchentür. Das Gewehr über dem Arm. Ich versteinerte buchstäblich, aber er war freundlich. Er lächelte mich an und ging.

Unten auf der Bleiche ging es nicht so lustig zu. Alle Frauen sollten in Lastwägen verfrachtet werden und nach Sibirien gebracht werden. Das Gleiche geschah in den umliegenden Häusern.

Der Oberkommandant war ein eiskalter, gnadenloser Typ. Intuitiv wusste meine Mutter plötzlich, dass er ein russischer Jude war. Sie stellte sich neben ihn und sprach ihn leise auf Deutsch an. Er schaute sie verdutzt an, dann redete sie ihm ins Gewissen. „Wollen Sie wirklich Gleiches mit Gleichem vergelten? Ist es denn nicht genug, was Ihr Volk bereits erlitten hat? Ein Volk, das sich als auserwählt fühlt, muss doch besser sein. Es muss doch einmal genug sein mit all dem Hass."

Es war ein gewagtes Spiel.

Er solle doch ein Exempel im guten Sinne statuieren und die Frauen bei ihren Kindern lassen. Sie redete und redete, bis er ihr auf die Schulter griff, nickte und mit mürrischer Miene den Befehl gab, dass alle Frauen in ihre Häuser zurückkehren und nicht mehr auf die Straße gehen sollten.

Erst nach der Wende fand man in der Nähe von Heidenau die Massengräber mit all den Frauen, die aus ihren Häusern getrieben worden waren, um erschossen zu werden.

Jeder musste jetzt den Preis für den verlorenen Krieg zahlen. Zahllose Menschen wurden heimatlos oder enteignet. Meine Mutter hatte vorgesorgt, die Gardinen abgemacht, die Teppiche verschwinden lassen, so dass unsere Räume kahl und unwohnlich wirkten. Dazu hatten wir ja zu unserem Glück kein Spülklosett und kein Bad, sondern nur das „Örtchen" auf halber Treppe.

Das russische Oberkommando hatte Radebeul zum Hauptquartier erkoren. Wir lebten jetzt unter 220 000 Russen.

Da unsere Wohnung nicht den Ansprüchen der Besetzer genügte, durften wir sie weiterhin bewohnen. Die Russen holten ihre Familien nach. Junge Russinnen mit roten Backen und Kopftüchern. Viele wirkten wie Mamuschkas.

Auch in die Villa neben uns zog eine russische Familie ein. Die Mutter mit dicken roten Backen und kräftigen Waden. Zu ihrer Schürze trug sie Stöckelschuhe, nachmittags um drei servierte sie das Mittagessen: Makkaroni mit Hackfleischsoße – eine Delikatesse.

Die Russin mit den aufgetürmten rotblonden Locken nahm mich gleich unter ihre Fittiche. Ich durfte mitessen, mehr als einmal. Ich war ihr ewig dankbar.

Während wir die Nudeln verschlangen, flüsterte sie, dass wir ruhig sein sollen. Im Hintergrund hörte man das laute Schnarchen ihres schwer betrunkenen Mannes, der inzwischen in voller Montur im Ehebett eingeschlafen war. Wir Kinder unterhielten uns in Zeichensprache oder spielten draußen Ball.

Neben all den schrecklichen Erinnerungen, die diese Zeit mit sich brachte, fällt mir auch etwas sehr Komisches ein:

Die Russen waren begeistert von unseren Spültoiletten. Sie wuschen ihre Kartoffeln darin und spülten dann. Natürlich landeten die Kartoffeln damit zum Teil in der Kanalisation, die verstopfte. Der ratlose dazugeholte Mann schoss vor lauter Wut in die Toilette!

Solche Geschichten kursierten überall.

Auch die Besetzung forderte ihren Tribut. Nun verloren alle ihre Jobs. Unser Nachbar, ein Justizbeamter, war jetzt bei der Müllabfuhr. Auch mein Vater wurde wie viele andere seines Postens als Lehrer enthoben. Die Kommunisten übernahmen das Ruder.

Gut, dass meine Eltern in weiser Voraussicht alle bedenklichen Unterlagen verbrannt hatten.

Mein Vater verdiente zusätzliches Geld jetzt als Pianist in einer Band in einem Vergnügungslokal für die Russen. Erst um drei Uhr morgens war sein Tag zu Ende. Der Heimweg war dann aber lebensgefährlich.

Die sturzbetrunkenen Russen rissen einem die Kleidung vom Leibe, nahmen einem das bisschen Geld ab, prügelten oder erschossen einen.

Meine Mutter ging nun nachts in den Garten, um ihn zu spritzen. Tagsüber gab es kein Wasser, und wir waren auf den Garten angewiesen.

Dresden hatte bei der ersten kommunistischen Wahl der DDR am schlechtesten abgeschnitten. Dafür wollte man die Menschen vor Ort büßen lassen. Das russische Kommando strich die Lebensmittel einfach auf ein erbärmliches Minimum.

Einmal gab es Kartoffelmehl, alle stürzten sich drauf. Was viele nicht wussten, für das Mehl hatte man nur die Schalen und die giftigen Kartoffelkeime zermahlen. Die älteren Leute starben wie die Fliegen.

Mein Vater hatte auch eine Wassersuppe mit diesem Mehl gegessen. Er wurde schwer krank.

Die Nachbarin erbarmte sich. Sie hatte ein kleines Kind und bekam etwas Milch. Sie gab meinem Vater jeden Tag etwas davon ab, bis es ihm langsam besserging.

Wir Kinder bekamen dicke Bäuche. So wie die afrikanischen Kinder in den Hungergebieten. Monatelang gab es nur Suppe. Wasser mit einem kleinen bisschen Gemüse aus dem Garten.

Wir alle überlebten durch den Garten.

Meine Mutter hatte heimlich zwischen den Tomaten Tabak angebaut. Das war streng verboten. Doch sie machte es trotzdem und verkaufte den Tabak anschließend auf dem Schwarzmarkt.

Der Garten – Ein unheimliches Gefühl

Meine Erinnerung an all die Geschehnisse im Krieg reichen zurück bis zu meinem dritten Lebensjahr. Ich konnte mich auch daran entsinnen, sehr unglücklich gewesen zu sein, nicht bis zur Türklinke hinaufreichen zu können, um diese zu öffnen. Mit knapp sechs Jahren hatte ich dann mein erstes intuitives Erlebnis.

Ich verbrachte viel Zeit in unserem Garten. Eigentlich war es eine Grünfläche, die in vier einzelne Parzellen aufgeteilt war.

Mein ganzer Stolz war der Sandkasten darin. Die anderen drei Hälften teilten sich unsere Mitbewohner. Erreichbar war der Garten über ein großes Eisentor mit hohen Spitzen. Wir verschlossen es immer sorgfältig, wenn wir ihn verließen.

Es war gegen Mittag. Keine Menschenseele irgendwo. Nachdem ich aufgesperrt hatte, ging ich schnurstracks zu meinem Sandkasten, doch auf einmal überkam mich ein ganz mulmiges Gefühl. Ich nahm den Schlüssel und versperrte das Tor von innen. Das hatte ich noch nie gemacht. Dann konzentrierte ich mich wieder auf den Sandkasten, bis mein Blick erneut auf das Tor fiel.

Dort sah ich einen Russen mit einem Offiziersmantel, der sich an dem Schloss zu schaffen machte, um in den Garten zu kommen. Er versuchte sogar, über den Eisenzaun zu klettern, blieb aber mit seinem Mantel an den hohen Spitzen des Zaunes hängen. Ich spürte instinktiv, dass er nichts Gutes im Sinn hatte, und mir war klar, ganz egal wie laut ich geschrien hätte, keiner hätte mich gehört. Nach einer gefühlten Unendlichkeit gab der Mann endlich auf und verschwand.

Unser anderer Nachbar war ein Deutscher, der eine Lederbekleidungsfabrik besaß. Viele russische Offiziere fuhren in ihren Militarwagen bei ihm vor, um sich neue Ledermäntel von ihm machen zu lassen. Uns Kindern schenkten die Soldaten ab und zu Speck.

Ein Junge aus dem Haus war recht frech und warf in unserem Beisein einen Stein in die Scheibe eines Wagens. Der Fahrer schlief derweil am Steuer, während der Offizier drinnen Maß nehmen ließ. Die Scheibe zersplitterte und wir rasten um unser Leben.

Es gab einen Schuppen hinter dem Haus. Der gehörte einem Klempner. Dahinter, ein wenig abseits, lag ein weiterer. Dort stand ein alter Anhänger, in dem eine alte Plane lag, unter der wir uns verkrochen. Die Soldaten waren uns den ganzen Weg gefolgt und standen nun fluchend vor unserem Versteck. Uns blieb fast der Atem stehen. Wer weiß, was sie mit uns gemacht hätten, wir wollten es uns gar nicht vorstellen.

Wir atmeten auf, als sie nach einer Weile verschwanden.

Am darauffolgenden Tag trafen die Offiziere in aller Herrgottsfrüh ein, alle Türen des Büros des Lederfabrikanten standen offen, keiner war zu sehen.

Die Familie hatte unbemerkt alles stehen und liegen lassen und war heimlich in der Nacht mitsamt der achtzigjährigen Großmutter in den Westen geflüchtet.

Gabriele mit Nachbarskindern und dem Dienstmädchen Gudrun

Das lebensrettende Traumbüro

Ein ganz besonderes Steckenpferd meiner Mutter war die Traumdeutung und Tiefenpsychologie nach C. G. Jung.

Sie hatte alles über analytische Psychologie gelesen. Eine gute Bekannte hatte selbst bei C. G. Jung in Zürich studiert und dort auch promoviert. Meine Mutter legte Karten, aber es waren nicht die Karten, die zu ihr sprachen, sondern ihre Intuition.

Die beiden Frauen verstanden sich nicht nur ausgezeichnet, sie waren komplett auf der gleichen Wellenlänge, ergänzten sich in ihren Fähigkeiten und bildeten ein hervorragendes Team.

Frau Dr. Haack war eigentlich ganz zufällig auf meine Mutter gestoßen. Sie konnte sich ihre eigenen Träume nicht richtig deuten. Meine Mutter schon. Sie sah, dass die Ehe der anderen in Gefahr war, und half ihr, diese zu retten.

Bald machte diese Sensation die Runde.

Im „grünen Zimmer" unserer Wohnung, der Name ging auf den grünen Kachelofen darin zurück, begannen meine Mutter und Frau Dr. Haack, zusammen zu praktizieren.

Die Menschen kamen, erzählten ihre Träume und sie deuteten diese. Ich weiß nicht, wie vielen Hunderten Menschen beide weiterhalfen. Jeden Mittag, wenn ich aus der Schule kam, waren die Diele und das ganze Treppenhaus voller Leute, sie alle wollten zu den zwei Traumspezialisten in unsere Altbauwohnung. Sie alle warteten geduldig bis zum späten Abend, und das sechs Tage in der Woche.

Frau Dr. Haack und meine Mutter verlangten nie nach einer Bezahlung. Manchmal revanchierten sich die Leute und brachten ein Viertel Brot mit.

Während dieser Zeit probte mein Vater zur Freude unserer Mitbewohner in unserer guten Stube mit seinem Orchester. Dazu gab es jede Menge Gesang, denn er bildete auch eine Koloratursängerin aus.

Da das florierende Traumbüro meiner Mutter keine Zeit mehr für den Haushalt ließ, hatten wir ein Mädchen aus Schlesien aufgenommen, das alsbald zur Familie gehörte. Auch meine Großmutter Auguste aus Dresden wohnte jetzt bei uns.

Wir lebten nun in einem Mietshaus, auf jeder Etage befanden sich zwei Wohnungen. Auf unserem Stockwerk wohnte ein Tontechniker, der bei SABA gearbeitet hatte.

Der Name stand für die Schwarzwälder Apparate-Bau-Anstalt August Schwer Söhne GmbH, die Radiofunkgeräte und Tonbänder herstellte.

Dieser Mann bekleidete bei der Wehrmacht eine hohe Position im Nachrichtendienst, was natürlich keiner wusste. Seine Frau stand mit Mutter auf der Treppe, als er gegen Abend nach Hause kam: Er grüßte und sagte: „Ich hatte heute Nacht so einen blöden Traum."

„So", sagte meine Mutter.

„Dann kommen Sie gleich mal rein, ich leg Ihnen die Karten."

Plötzlich wurde sie leichenblass und sprang auf: „Packen Sie sofort eine Tasche mit dem Allernötigsten und verschwinden Sie von hier. Zögern Sie nicht, wenn Sie sich nicht sofort auf den Weg machen, holt sie der Geheimdienst. Sie müssen sofort verschwinden, verlieren Sie keine Minute. Gehen Sie nach Westberlin."

Mit diesen Worten schob sie ihn aus der Wohnung.

Es ist kaum vorstellbar, wenn man es nicht erlebt hat, aber meine Mutter war eine unglaublich starke und überzeugende Persönlichkeit. Der Mann folgte ihren Anweisungen auf der Stelle und ließ alles zurück: Einen gut bezahlten Job, seine Freunde, seine Familie, sein Zuhause.

Seine Frau half ihm, die Tasche zu packen. Zehn Minuten später war er fort.

Es war gerade mal eine Stunde vergangen, und schon stand der Geheimdienst der DDR vor der Tür, um Herrn Kurz abzuholen. Akribisch suchten sie jeden Winkel nach ihm ab.

Nachdem die Polizei gegangen war, kam seine Frau zitternd zu uns: „Ich habe gesagt, mein Mann kommt heute später. Er trifft sich noch mit Freunden."

Meine Mutter nickte verständnisvoll und gab ihr Geld. Daraufhin nahm Frau Kurz ihre zwei Kinder und schlich sich leise aus dem Haus. Sie wusste, dass sie niemals wiederkommen würde.

Als wir dann 1950 aus der DDR flüchteten, war es Familie Kurz, die uns in Westberlin aufnahm.

Das seltsame Porzellanspiel

Eine andere seltsame Begebenheit verband ich mit meiner Tante Hilde. Sie war eine Freundin einer Freundin meiner Mutter und war Zahnärztin in Dresden. Ihre Praxis stand noch.

Als die Straßenbahnen wieder fuhren, besuchte ich sie, unangemeldet – und ganz allein.

Ich war damals gerade mal acht Jahre alt und hatte natürlich nicht an das Geld für eine Fahrkarte gedacht. Ich fuhr einfach, ohne zu bezahlen. Jeder wähnte mich irgendwo zu Hause, keiner wusste, dass ich einfach auf Reisen gegangen war.

Die Fahrt war beeindruckend.

In Dresden stand nichts mehr, man fuhr durch riesige Schuttberge und sah meilenweit nur Ruinen. Es war ein morbides Szenario. Unwirklich, aber doch grausam real.

An den Wänden der zerstörten Häuser waren immer noch Tapeten zu sehen. Manchmal war da ein schmales Fußbodenstück, das noch intakt war, manchmal standen da auch ein Stuhl oder ein Bett in schwindelnder Höhe.

Überall an diesen gespenstischen Wänden hatte man Suchlisten angebracht.

Suchlisten überall.

Mit all diesen niederschmetternden Eindrücken hatte ich langsam die Motivation verloren. Ich hatte plötzlich keine Lust mehr, meine Tante zu besuchen und meine Zähne anschauen zu lassen. Als ich dann in ihrer Praxis stand, wunderte sie sich, glaube ich, sehr über mich. Vor allem, als ich mich kurz darauf wortlos und unverrichteter Dinge wieder auf den Heimweg machen wollte.

Abermals ohne einen Pfennig Geld.

Doch meine Tante schritt ein. Sie nahm mich an die Hand und sagte: „Wir gehen jetzt zu meiner Freundin, trinken Tee und essen Kuchen. Du brauchst eine Aufmunterung."

Tante Hildes Freundin war Bibliothekarin.

Sie wohnte in einem alten romantischen Winzerhaus mit einem Garten in Hanglage. Dort stand eine riesige Linde, um die man eine Bank gebaut hatte. Ihr Mann war Maler und mir gefielen seine Bilder. Ihre Tochter Ingrid war ein bisschen älter als ich, trotzdem verstand ich mich auf Anhieb gut mit ihr.

Vor allem das lichtdurchflutete Eckzimmer mit den großen Fenstern hatte es mir angetan. In unmittelbarer Nähe standen ein Bücherregal und ein Tisch mit Stühlen. Die eigentliche Attraktion in diesem Zimmer aber war ein Spiel, das mir Ingrid zeigte.

Es befand sich in einem kostbaren Holzkasten und war ganz aus Porzellan.

Ähnlich einem Puzzle bestand es aus bemalten Quadraten und Dreiecken, die mit wunderschönen, filigran gearbeiteten Blumenmotiven verziert waren.

Man konnte dieses Puzzle in allen möglichen Formen zusammensetzen, jedes Mal entstand ein neuer wunderschöner Garten. Manche Stücke waren schon etwas abgegriffen, es muss schon sehr alt gewesen sein.

Viele Jahre später erzählte mir Tante Hilde, dass meine Spielkameradin in ein Kloster gegangen sei. Sie habe das Gelübde abgelegt und sei sehr jung gestorben. Auf meinen Wunsch erkundigte sich meine Tante bei Ingrids Mutter, was denn aus dem Porzellanspiel geworden sei, ob sie es vielleicht noch hätten.

Ingrids Mutter war sehr erstaunt über diese Frage und erklärte, dass sie noch nie solch ein Spiel besessen hätten. Ich beschrieb es ihr daraufhin ganz genau. Es war alt, ich vermutete, es stammte mindestens aus dem 18. Jahrhundert, die Glasur war matt, mit kleinen Kratzern versehen und Goldverzierungen, die schon abblätterten.

So vielen Menschen hatte ich schon von diesem wunderbaren Spiel erzählt. Die gesamte Familie wurde befragt und jeder Einzelne beteuerte immer wieder, dass ein solches Spiel niemals im Hause gewesen sei. Ich fragte daraufhin sogar in Meißen nach, da ich mir ziemlich sicher war, dass das Spiel aus Meißner Porzellan gefertigt worden war.

Doch auch dort wusste man nichts von solch einem Spiel.

Gottlinde mit Freundin

Eines Nachts träumte ich von meiner Freundin Ingrid. Zusammen spielten wir mit dem Porzellanspiel, doch sie war kein Kind mehr, sondern bereits eine Nonne. Ich fragte sie, woher sie das Spiel denn hätte und sie erklärte mir, dass sie es in einer anderen Welt gefunden habe und für mich in unsere hineintransformiert hatte.

„Was für ein wundersamer Zauber", hörte ich mich noch sagen, dann wachte ich auf.

Die Weisheit der Karten

Meine Großeltern mütterlicherseits wohnten in einer alten Landschule in Mautitz, der Großvater war längst pensioniert. Wenn wir sie besuchen wollten, fuhren wir mit dem Schaufelraddampfer ein Stück die Elbe entlang. An Bord gab es immer eine heiße Gemüsebrühe in einem Keramikbecher ohne Henkel. Eigentlich schmeckte die grün-graue Suppe nur salzig, aber ich liebte sie heiß und innig. Waren wir dann endlich an der Anlegestelle angekommen, mussten wir noch sehr weit laufen.

Schon von weitem sah man die Schule. Als Begrüßungskomitee kamen immer ein paar Hühner. Auf dem Hof stand ein riesiger Birnbaum mit einer Schaukel. Die Birnen waren so groß und saftig, dass es einen Platsch-Ton tat, wenn sie herunterfielen und in Stücke zerbarsten. Auch konnte es passieren, dass einem beim Schaukeln eine dieser Birnen auf den Kopf fiel und dann zerplatzte.

Meine Schwester und ich teilten uns ein Schlafzimmer und ein Bett. Dieses war so hoch, dass ich Schwierigkeiten hatte hineinzuklettern. Hatte man das geschafft, versank man in einem Meer aus weichen Federbetten und frisch gestärkter geblümter Bettwäsche.

Im Herbst war der behäbige, große Kleiderschrank ganz von dem süßen Duft der Äpfel und Quitten erfüllt, die dort lagerten. Überall roch es so gut.

Fast immer wurde ein Huhn geschlachtet, und meine Großmutter bereitete davon eine köstliche Suppe, die man dann mit den tiefen Esslöffeln aß, die schon so alt waren, dass sie bereits ganz ausgehöhlt waren. Einer hatte sogar ein Loch in der Mitte, das war mein Lieblingslöffel. Es bereitete mir ein diebisches Vergnügen, damit zu essen, während die Brühe in einem dünnen Strich langsam zurück in den Teller lief.

Jeden Morgen wurden wir von dem krähenden Hahn geweckt. Nach einem Frühstück mit kernigem Brot und dicker Wurst rannte ich in die Laube.

Frühstück mit Hühnern

Sie erinnerte an einen sechseckigen Pavillon, der mit edlem Holz ausgekleidet war. Durch das Innere der Laube zog sich eine Bank. In unmittelbarer Nähe, mittig platziert, befand sich ein riesiger Holztisch. Bei Regenwetter machten wir dort gemeinsam Spiele.

Es war eine heile Welt.

Leider dauerte es nicht lange und das Familienidyll fand ein jähes Ende. Das neue Regime warf meine Großeltern aus ihrer Schule. Nun mussten sie zusammen mit der jüngsten Schwester meiner Mutter in eine Notwohnung ziehen. Die Wohnung war so klein, dass sie sich von all ihren schönen Möbeln trennen mussten.

In der neuen Wohnung funktionierte nicht einmal der Ofen. Für meine Großeltern brach eine Welt zusammen – und für uns Kinder auch.

Meine Mutter deutete derzeit weiterhin Träume und legte Karten. Die Freundin, mit der sie das Traumbüro führte, hatte einen Chemiker geheiratet, der seit Jahren an der Erforschung der Sulfonamide beteiligt war. Das Unternehmen Boehringer interessierte sich sehr für seine Arbeit und wollte ihn in den Westen holen.

Also bat er meine Mutter, ihm die Karten zu legen.

Er war sich sicher, dass sie den perfekten Zeitpunkt seiner Flucht voraussehen konnte. Ob er recht hatte oder nicht, weiß niemand, auf jeden Fall gelang ihm die Flucht und er fiel nicht in die Hände der Volkspolizei.

Angespornt von diesem Erfolgserlebnis entschloss sich seine Frau Leoni, ihm mit ihren zwei Töchtern nachzufolgen. Sie hatte einen Führer gefunden, der sie bis an die Grenze bringen sollte, das letzte Stück des Weges musste sie allerdings alleine mit den Kindern bewältigen.

Meine Mutter schlug folgende List vor:

„Nimm nichts mit außer einem Wäschekorb mit verknitterten Kleidungsstücken und trage den ganz entspannt über die Grenze. So, als wolltest du nur in den Nachbarort gehen. Sei mutig, glaube an ein Gelingen. Du schaffst das, es geht alles gut."

Leoni beherzigte ihren Rat, nahm ihre Mädels und machte sich auf den Weg. „Johanna hat gesagt, wir schaffen das."

Immer wieder habe sie diesen Satz wiederholt, erzählte sie mir Jahre danach. Tatsächlich geriet sie sogar in einen Trupp der Volkspolizei. Die blickten allerdings nur gelangweilt auf den Korb Wäsche und ließen sie passieren.

Unendlich erleichtert kam sie im Westen an.

Inzwischen stieg die Zahl der Menschen, die sich bei meiner Mutter Rat und Trost holten.

Es wurden immer mehr.

Eines Tages suchte auch die einstige Tanzstundenpartnerin meines Onkels Gerhard meine Mutter auf. Hildas Vater war Baumeister und ihm gehörten ganze Straßenzüge in den teuren Villenvierteln. Sie war verheiratet, doch ihr Mann war in Gefangenschaft geraten und sie hatte schon lange nichts mehr von ihm gehört.

In Hildas Haus wurde eine russische Offizierin einquartiert. Diese hatte ihr gestanden, dass sie sich nach Westberlin absetzen wolle, und bat sie um Hilfe.

Hilda erzählte das meiner Mutter. Diese legte ihr daraufhin die Karten und warnte sie eindringlich. Sie habe ein ganz schlechtes Gefühl. Die Karten stünden schlecht. Die Russin sei nicht vertrauenswürdig, sie solle die Finger davon lassen und ihr nicht bei ihren Fluchtplänen helfen. Hilda sah das anders. Sie entschloss sich, der Russin dennoch zu helfen, und gab ihr eine Kontaktadresse in Westberlin. Die Offizierin setzte sich nach West-Berlin ab und zeigte Hilda sofort an.

Kurz darauf wurde sie von der Volkspolizei festgenommen und zu sieben Jahren im KZ Buchenwald verurteilt.

Für Hilda, die eine sehr intelligente und mondäne Frau war, ein undenkbarer Schicksalsschlag. Sie überlebte das KZ, aber wurde nie wieder sie selbst.

Ihr Mann wurde wenig später aus der amerikanischen Gefangenschaft entlassen, und tatsächlich hatte er es auch geschafft, seine beiden Töchter aus der DDR in den Westen zu holen.

Viele andere, die ein ähnliches Schicksal teilten, hatten sich scheiden lassen, er nicht. Er wartete auf Hilda, obwohl er sie all die Jahre nicht ein einziges Mal sehen durfte.

Die Flucht

Eines Nachts hatte mein Vater einen seltsamen Traum, aus dem er schweißgebadet aufschreckte. Eine laute Stimme sagte zu ihm:

„Du bist krank. Wenn du hierbleibst, wirst du sterben. Du musst über die Grenze in den Westen gehen."

Er zweifelte nicht an dem Traum, deshalb ließ ihn die Idee an eine Flucht fortan nicht mehr los.

Er sprach mit seiner Frau Johanna. Sie bestätigte ihn in seinem Vorhaben und zusammen organisierten sie heimlich seine Flucht.

Nachts brachte ihn ein Schleuser bis an die Grenze. Er zeigte ihm den Weg, den er einschlagen musste, um nicht entdeckt zu werden. Auch dieser Fluchtversuch glückte. Johannas Brüder, die schon lange im westlichen Teil Deutschlands lebten, nahmen meinen Vater auf.

Als meine Mutter den Anruf aus dem Westen erhielt, blieb sie ganz ruhig. Sie hatte ja den erfolgreichen Ausgang der Mission bereits in den Karten gesehen.

Ganz anders als in der DDR wurden Lehrer in Westdeutschland dringend gesucht. Mein Vater fand sofort eine Anstellung. Nun war er froh, dass er neben seiner Musikerausbildung auch das Lehramt studiert hatte. Denn als Musiker hatte man es schwer, viele waren arbeitslos.

Dann geschah eines Tages etwas Sonderbares. Mein Onkel und seine Frau standen an ihrem Fenster und erblickten einen Mann mit einer Laterne.

Dieser ging auf meinen Vater zu, blieb neben ihm stehen und begrüßte ihn. Beide schüttelten sich die Hände und umarmten sich. Die Begegnung dauerte nur ein paar Minuten und der alte Mann, in dem mein Onkel sofort seinen eigenen Vater erkannte, verschwand so schnell, wie er gekommen war.

Als die beiden meinen Vater etwas später auf diese Begegnung ansprachen, wusste dieser von nichts. Sie waren sich jedoch sicher, Zeuge eines spirituellen Erlebnisses gewesen zu sein, denn der Vater lebte schon geraume Zeit nicht mehr, hatte sich aber niemals von Johannes, seinem Sohn, verabschieden können.

1950 arbeitete mein Vater wieder als Lehrer. Man hatte ihm eine Stelle in einem kleinen, verwunschenen Heidedorf in der Nähe von Bremen angeboten. Statt Großstadtflair fand man hier reetgedeckte Fachwerkhöfe und uralte Eichen.

Im Osten bereitete uns meine Mutter derweil auf die Flucht vor. Sie hatte überall die Geschichte erzählt, dass mein Vater jetzt Kapellmeister in Stralsund an der norddeutschen Küste in der DDR sei.

Schlau, wie sie war, hatte sie sich bereiterklärt, der Familie einer verstorbenen Nachbarin den Nachlass zu ordnen und ihn ihr zuzuschicken. So fiel es nicht auf, dass sie viele persönliche Dinge einpackte und zu ihrem Bruder Karl nach Hannover sandte. Sie verschickte auch das Radio, obwohl das verboten war. Die Kupferdrähte im Radio waren aus Buntmetall. Das war sehr waghalsig und es stand Zuchthaus darauf, wenn man erwischt wurde. Ganz ehrlich, ich hätte es nicht gewagt, aber meine Mutter war in dieser Beziehung einzigartig.

Sie fühlte sich beschützt, manch einer würde sagen, sie hatte einfach Glück. Doch wie viel Glück kann man haben? Meine Mutter hatte immer Glück, was rein logisch betrachtet auch kaum nachzuvollziehen ist. Ich würde sagen, Gott hielt seine schützende Hand über sie.

Als bereits die halbe Wohnung ausgeräumt war, klingelte an einem Abend die Volkspolizei bei uns.

Meine Mutter behielt die Nerven. Die Polizei hatte nur über jemanden eine Auskunft einholen wollen, aber uns Kindern saß der Schrecken tief in den Gliedern.

Ein paar Tage später drückte sie meiner Schwester und mir eine Tasche in die Hand und wir verließen still das Haus. Wir fuhren nach Dresden zu Tante Bertha.

Am Dresdner Hauptbahnhof angekommenen, übersah meine Mutter auch noch einen Bombentrichter und verdrehte sich den Fuß, sie konnte kaum laufen. Das erste Mal in meinem Leben sah ich Angst in ihren Augen. In dieser Nacht, wie auch in der vorangegangen, hatte sie von Plakaten und Wegweisern in kyrillischer Schrift geträumt.

„Hoffentlich schnappen sie uns nicht", meinte sie besorgt.

Weiter ging es mit dem Zug nach Ostberlin, wo uns Frau Kurz abholte. Dort gab es noch eine U-Bahn-Verbindung nach Westberlin. Es waren ein oder zwei Stationen. Wir fuhren stillschweigend.

„Macht ja nicht den Mund auf! Seid ganz still!", hatte man uns eingebläut.

Mit uns im Waggon saßen ein Kontrolleur und die Volkspolizei. Endlich nach einer halben Ewigkeit hielt die U-Bahn. Wir atmeten auf. Wir waren im Westen – und in Sicherheit.

In den ersten Tagen wohnten wir bei Familie Kurz, dort warteten wir darauf, dass mein Vater uns die Flugtickets für die Reise nach Hamburg schickte. Ich war zehn Jahre alt und sah das erste Mal eine Banane. Frau Kurz lief gleich in den Laden und kaufte sie mir.

Mit einem großen Militärflugzeug flogen wir ein paar Tage später von Berlin Tempelhof, das damals noch in amerikanischer Hand war, nach Hamburg. Der amerikanische Kapitän trug eine Bomberjacke. Als er mich sah, blieb er stehen, kniff mich in die Wange und sagte kaugummikauend: „Hi Baby!"

Zwei Worte und meine Liebe zu Amerika und zur Luftfahrt war entbrannt.

Als wir ankamen, stand mein Vater auf dem Rollfeld und strahlte – er freute sich unheimlich, uns alle wiederzusehen. Es war unser ganz persönliches Happy End.

Die Reise ging weiter. Wir fuhren mit dem Zug in den Ort in der Heide.

Die Gutshöfe waren eingerahmt von Mauern, die aus den Steinen alter Hünengräber erbaut worden waren. Als wir aus dem Zug stiegen, entdeckten wir am Bahnhof, der etwas außerhalb des Ortes lag, viele Wegweiser: alle in kyrillischer Schrift.

Meine Mutter staunte und lachte, erkannte sie die Wegweiser doch aus ihren Träumen wieder, die sie erst jetzt wirklich verstand. Insgeheim hatte sie befürchtet, dass die Wegweiser in ihren Träumen auf ein russisches Straflager hindeuten würden, in das wir deportiert worden wären, wenn sie uns auf unserer Flucht festgenommen hätten.

Doch die Wegweiser waren nur ein Symbol dafür, dass wir sicher an unserem Wunschort ankommen würden. Sie wiesen auf ein ukrainisches Flüchtlingslager hin, das nach dem Krieg für die Menschen erbaut worden war, die aus der Ukraine geflohen waren, um den Kommunisten zu entkommen.

Die Parallele war allzu deutlich.

Heidenau, ein Yogi und ein Poltergeist

Endlich konnten meine Schwester und ich wieder Kinder sein. Wir wohnten jetzt auf einem alten Gutsherrenhof, den wir uns mit mehreren Flüchtlingsfamilien teilten. Meine Mutter hatte die Puppen und unser Lieblingsspielzeug für uns gerettet. Die Kinder der hiesigen Bauern kannten kaum Spielzeug und waren hellauf begeistert. So brutzelten wir draußen unter den mächtigen Eichen auf einem kleinen Puppenherd Pfannkuchen.

Ein paar Kilometer von Heidenau entfernt lag das Dörfchen Dohren. Es grenzte an einen kleinen Wald und war nur über eine schmale Feldstraße erreichbar, die hauptsächlich von den Bauern befahren wurde.

Dieser Weg, der nach Dohren führte, war eines der Lieblingsmotive meiner Schwester Gabriele, die zu dieser Zeit gerade die Kunstakademie in Hamburg besuchte. Sie malte ihn gern und oft. Insbesondere dann, wenn die Heide blühte. In dem unberührten Waldstück wuchsen viele Pilze. An einem sonnigen Spätsommertag nahmen meine Schwester und ich unsere Fahrräder und machten uns auf, um dort Pilze zu sammeln.

Es war sehr still, kein einziger Vogel war zu hören, was uns aber zu dem Zeitpunkt nicht weiter auffiel.

Als wir tiefer in den Wald kamen und so dahinliefen, hörten wir plötzlich Schritte hinter uns. Wir drehten uns erschrocken um und blieben stehen. Im gleichen Moment stoppte das Geräusch.

Nichts rührte sich, alles war still. Wir blickten uns ratlos an.

„Du hast es doch auch gehört?“, sagte ich zu meiner Schwester. „Ja, die Schritte, als ob uns jemand verfolgen würde“, flüsterte sie.

Nach einer Weile liefen wir weiter. Wenige Minuten später wiederholte sich der Vorfall. Nur klang es jetzt so, als ob uns jemand mit schweren Stiefeln folgte. Jetzt war es uns sehr unheimlich zumute. Jedes Mal, wenn wir stehen blieben, passierte das Gleiche. Erst waren da Schritte zu hören und sobald wir uns umdrehten, verstummten die Geräusche.

Inzwischen waren wir an einer kleinen Lichtung angelangt, an der lauter Birkenpilze wuchsen. Wir stellten unsere Körbe ab, um sie zu pflücken.

Doch in dem Moment, als wir uns bückten, geschah etwas ganz und gar Unglaubliches. Quer durch die Lichtung schoss eine ca. 20 cm große Feuerkugel. Sie rollte ungefähr in einem Meter Entfernung an uns vorbei, gefolgt von weißem Rauch.

Entsetzt nahmen wir den Korb und rannten, so schnell wir konnten, davon. Panikartig verließen wir den Wald, schwangen uns auf unsere Fahrräder und rasten nach Hause.

Als wir zur Tür hereinpreschten, begegnete uns der Hausherr. Er war Geologe und auch mein Lehrer. Wir konnten ihm gar nicht schnell genug berichten, was wir gerade erlebt hatten.

Er hörte gelassen zu und erklärte uns dann, dass dieser Wald berüchtigt sei. Viele schauerliche Dinge seien dort passiert, denn während der Zeiten des 30-jährigen Krieges sei er eine Hinrichtungsstätte der Schweden gewesen. Es habe dort sogar einen Blutstein gegeben, der den Hinrichtungen gedient habe. Jeder meide diesen Ort, weil sich dort immer seltsame Dinge ereignen würden. Nun war uns klar, warum keiner die schönen Pilze wollte, die dort in unberührter Natur wuchsen.

Wir schrieben jetzt das Jahr 1952. Meine Eltern waren seit Jahren mit einem Ehepaar befreundet. Beide waren Musiker. Die Frau war sehr attraktiv, mein Vater bildete sie zu dieser Zeit zum Koloratursopran aus. Kurz nachdem die Frau ihr zweites Kind gebar, trennte sich das Paar aus heiterem Himmel. Eines Tages stand die Frau mit beiden Kindern vor unserer Tür. Der Junge war gerade mal eineinhalb Jahre alt.

Die Dame blieb ein paar Stunden und verschwand wieder, doch sie nahm nur eines ihrer Kinder mit. Das andere, der kleine Junge, blieb bei uns. Sie hatte meine Eltern gebeten, sich um ihn zu kümmern, da sie sich als Alleinerziehende mit zwei Kindern überfordert fühlte.

Ich kann mich nicht mehr genau entsinnen, wie sich alles zugetragen hatte, aber es war äußerst merkwürdig, vor allem weil sich das Paar kurz nach diesem Arrangement wiederfand und erneut heiratete.

Meine Mutter stand im engen Briefkontakt zu Dagmar, doch auch nachdem ihre Ehe wieder funktionierte, wollte sie den Jungen nicht mehr zu sich nehmen, er sollte bei uns bleiben.

Ich dachte mir damals nicht viel dabei, mir kam das gerade recht. Ich hatte den Kleinen sofort in mein Herz geschlossen – er war vom ersten Moment an mein Bruder. Seine Eltern waren zum Buddhismus konvertiert und hatten ihm den Namen Carl Ananda gegeben. Ein halbes Jahr später war er ein fester Bestandteil unserer Familie, wir hatten ihn adoptiert.

Da ein Freund meines Vaters auch ein Kind adoptiert hatte und sich der junge Mann das Leben nahm, als er erfuhr, dass er nicht das leibliche Kind seiner Eltern war, beging mein Vater einen großen Fehler. Er verbot der gesamten Familie, Ananda von der Adoption zu erzählen.

Erst nachdem Ananda selbst Vater geworden war und seinen eigenen Sohn adoptieren musste, da er nicht verheiratet war, erfuhr er von der Adoption. Mein Bruder verzieh unseren Eltern nie. Bald brach er auch den Kontakt zu mir und der gesamten Familie ab. Ich sollte ihn niemals wiedersehen.

Heute habe ich wieder Kontakt zu seinen Kindern und ich bin mir ziemlich sicher, dass mein Vater Johannes sein leiblicher Vater war und Dagmar seine Mutter. Ob Johanna das ahnte, ich weiß es nicht.

Ich hatte diese Theorie noch kurz bevor er den Kontakt abbrach mit ihm besprochen, ihn gefragt, ob er einen DNA-Test in Erwägung ziehen würde, aber das wollte er nicht. Ich glaube, er hatte zu viel Angst, dass sich herausstellen könnte, dass er doch nicht Teil unserer Familie war – und ich habe das respektiert. Er war mein Bruder – nichts hätte das geändert.

Die Geschichte sollte sich übrigens wiederholen. Auch Ananda hatte seine Geheimnisse, die er aus Angst, seine Kinder zu verlieren, nicht preisgab.

So ist das mit dem Karma. Löst man es nicht auf, kommt es immer wieder zurück.

Jahre später träumte ich von meinem Bruder. Er war bei Babaji und arbeitete für ihn als Architekt und Baumeister. Er winkte mir zu. Einen Tag später rief uns sein Sohn an und erzählte uns, dass er gestorben ist.

Doch zurück zu meinen Eltern.

Sie hatten sich gerade eingerichtet, als Tante Maria ihnen wieder mal einen Besuch abstattete. Unsere Wohnung war nun nicht mehr mit der alten zu vergleichen. Als Möbel dienten uns Orangenkisten. Unseren alten Tisch und die Stühle hatte meine Mutter in weiser Vorsehung auseinandergebaut und nach Heidenau geschickt. Wir schliefen auf Lazarett-Feldbetten und hatten nur eine Glühbirne als Lampe.

Die Toilette war draußen in einem kleinen Häuschen und das Wasser kam aus dem Brunnen. Trotzdem, obwohl wir kaum etwas besaßen, schickte meine Mutter weiter Lebensmittelpakete zu all den armen Verwandten in die DDR. Ich glaube, dass sie sich allein mit all den Paketen, die sie ihr Leben lang versandte, ihren Weg in den Himmel gepflastert hat.

Tante Maria hatte auch nicht viel, aber sie brachte ein Buch mit, das sich bald als großes Geschenk für meine Familie herausstellen sollte.

Es nannte sich „Autobiographie eines Yogi", geschrieben von einem Inder namens Paramahansa Yogananda. Meine Eltern hatten sich ja schon immer mit Esoterik befasst, aber das Buch übertraf alles. Sie waren so begeistert, dass sie sofort Mitglieder der Self-Realization Fellowship wurden und damit auch regelmäßig die Lehrbriefe von Yogananda erhielten.

Für uns Kinder bedeutete dies eine Kehrtwende in unserem Leben, da wir ab sofort jeden Tag meditieren mussten. Es wurde eine feste Uhrzeit in den frühen Abendstunden vereinbart, in der wir Yoganandas „Pranayama"-Atemübungen praktizierten.

Ich war zunächst skeptisch und las erst einmal das Buch, doch irgendwie sprach es mich an und ich beschloss, die Übungen, die Körper und Geist harmonisieren sollten, einfach mal auszuprobieren.

Anfänglich saß ich meine Zeit einfach nur ab und konnte dem ganzen Spektakel nicht viel abgewinnen, aber besser als Hausaufgaben machen war es allemal. Dann, nach ein paar Wochen, stellte ich fest, dass ich viel ruhiger und gelassener wurde. Ich begann, das zufriedene Gefühl, dass die Atemübungen in mir auslösten, zu schätzen. Nach einiger Zeit konnte ich mir einen Tag ohne Meditation gar nicht mehr vorstellen. Im Gegenteil, mir war das nicht genug – ich war neugierig, was da noch so alles hinter dieser Lehre steckte. Besonders fasziniert war ich von dem Meister dieses Inders.

In seinem Buch beschreibt Yogananda einen Mahavatar Babaji, der seit Beginn der Welt im Himalaya die Geschicke der Menschen lenkt. Immer wenn irdische Umwälzungen bevorstehen, greifen große Meister in das Schicksal der Menschheit ein, um sie zu warnen, zu schützen und ihnen zu einem höheren Bewusstseinszustand zu verhelfen.

Babaji war ein Mahavatar. Übersetzt bedeutet der Begriff „großer Avatar". Im Sanskrit symbolisiert er „das Herabsteigen der Gottheit in das Fleisch", also in einen menschlichen Körper.

Babaji soll ehrwürdige Meister wie Shankara und Kabir in den Yoga eingeweiht haben, seine bedeutendsten Schüler sind Lahiri Mahasaya, Mahendra Baba und viele mehr.

In der Hindu-Kosmologie kommt dem großen Avatar die entscheidende Rolle in dem sogenannten „wiederkehrenden Ende der Welt", dem ewigen Kreis der Wiedergeburt zu.

Sri Ramakrishna, der große Heilige des 19. Jahrhunderts, vergleicht einen großen Avatar (Mahavatar) mit den Wellen des unendlichen göttlichen Ozeans.

Wie in einem kosmischen Meer lebt die Energie in Geist und Materie. Diese unendliche Energie nimmt während einer bestimmten Zeit eine konkrete Form an, und so erscheint dieses große Wesen als Mensch.

Der Avatar bleibt immer der Gleiche. Er projiziert sich in die See des Lebens, taucht an einer bestimmten Stelle auf und wird Krishna benannt. Er taucht wieder unter und erscheint an einem anderen Platz als Christus. Der Avatar ist eins mit Gott. Er ist weder den kosmischen noch den Gesetzen der Natur unterworfen. Sein Wesen ist transzendent, sein Geist lässt sich nicht erfassen, sein Körper wirft keinen Schatten und er hinterlässt keine Fußspuren im Sand.

Seitdem Babaji Anfang des 19. Jahrhunderts in einer Höhle am Fuße des Himalaya, nahe dem Dorf Haidakhan erschienen ist, wird er als „Baba Haidakhan“ verehrt. Für Yogananda ist Babaji die große göttliche Inkarnation.

Seit Urzeiten ist Babaji als Shiva Avatar in den Himalayas bekannt. Er hat 1008 Namen, er ist der Anfang und das Ende, Licht und Schatten, Wahrheit, Einfachheit und Liebe. Seine Botschaft erreicht diejenigen, die zwischen den Zeilen lesen können:

„Ich bin nur hier, um zu geben, seid ihr bereit zu empfangen?“

Yogananda schreibt in seiner Autobiografie: „Jeder, der den Namen Babaji's ehrfürchtig ausspricht, zieht augenblicklich seinen Segen auf sich.“

Diese Worte beeindruckten mich damals schon tief.

Mein Vater hatte Fotos von Babaji und indischen Meistern wie Lahiri Mahasaya, Sri Yukteswar und Paramahansa Yogananda aufgestellt. Es zog mich magisch in den Raum, in dem diese Bilder standen, und ich verbrachte viel Zeit dort, vor allem wenn ich meine Hausaufgaben machte. Dann sprach ich oft mit Babaji. Ich teilte meine Nöte und kleinen Probleme mit ihm und hatte ein inneres Bedürfnis, mehr über ihn zu erfahren. Ich schaute lange in seine Augen, bis sich diese auf einmal bewegten, was mich wiederum erschreckte. Ich spielte mit dem Gedanken, vielleicht später, wenn ich größer wäre, in Yoganandas Ashram zu leben.

Auf der Titelseite des „Life“-Magazins hatte ich fast nackte, mit Asche bedeckte Sadhus gesehen. Die Bilder waren eindrucksvoll, ich wollte einfach alles über diese exotische Religion erfahren.

In dem Heft entdeckte ich auch ein Bild von einem wunderschönen Shiva, dem höchsten Gott der Hindus. Ich organisierte mir einen übergroßen Bogen Papier und malte ihn. Das Bild platzierte ich dann hinter all den Fotos der Meister.

Ich war so besessen von der Idee, in den Ashram nach Glendale, Los Angeles zu gehen, dass mein Vater jedes Jahr in ein Reisebüro mit mir fahren musste, damit wir uns nach den aktuellen Flugpreisen erkundigen konnten. Der Dollar war damals sehr hoch, die Preise für ein Ticket entsprechend teuer.

Mit 14 Jahren erkrankte ich an Hepatitis und hatte sehr hohes Fieber. Antibiotika gab es noch nicht, aber die Krankheit veränderte mein Leben.

Als ich krank in meinem Bett lag, erlebte ich etwas, an das ich mich auch aus frühen Kindertagen erinnern konnte. Ich stand plötzlich vor einer Höhle und ging in sie hinein. Irgendwo am Ende konnte ich ein schwaches Licht erkennen. Ein wohliges Gefühl überkam mich. Ich fühlte mich geborgen.

Doch im Gegensatz zu meinen Visionen in der Kindheit sah ich dieses Mal noch etwas anderes. Da waren unendlich viele Gesichter und ich erblickte meinen Körper unter mir – freischwebend im Raum.

Engelhafte Geschöpfe fassten nach meinen Händen und zogen mich hinauf in blaue Höhen, die lichtdurchstrahlt waren. Ich sah Christus, der mir zunickte, und Yogananda, der mich anlächelte. Wesen mit langen Gewändern flüsterten mir zu: „Wie schön, dass du jetzt kommst."

Als ich meinem Vater davon erzählte, war er beeindruckt. Schon immer wollte er so etwas erleben. Auch nach dem Fieber, als ich wieder ganz gesund war, hielten die seltsamen Visionen an. Es war, als ob ich mich auf Knopfdruck von meinem Körper lösen und in eine andere Welt gehen konnte. Einer der Räume, die ich oft betrat, glich einem riesigen Opernsaal. In der Mitte war er ganz blau. Man konnte senkrecht in diverse „Ränge" aufsteigen, in andere schwebte man einfach hinein.

Die Decke des Raumes war nicht fest, sie war eher wie eine wolkige Schicht. Diese konnte man durchstoßen und man befand sich in einem neuen, noch höheren Raum. So setzte sich das immer weiter fort, bis man sich ganz weit oben nur noch in strahlendem Licht befand.

Das Licht führte wiederum in eine neue Welt. Dort ertönte wunderbare Musik. Ich lief auf sanften grünen Wiesen. Bäche aus Licht flossen an mir vorbei. Die Welt blieb nie gleich, jedes Mal offenbarte sich mir eine neue.

Fasziniert von diesen innerlichen Erlebnissen bemühte ich mich, immer mehr in diese fantastischen Welten einzutauchen. Ich musste mich nur setzen, mich auf mein geistiges Auge konzentrieren und schon zog es mich durch meine Wirbelsäule spiralförmig hinauf. In meinem Hinterkopf angekommen, stieg ich ein paar Stufen auf einer Wendeltreppe aus weißen Knochen hinauf bis unter die Schädeldecke, schon war ich in einer anderen Dimension.

Ich hatte dort Freunde. Ich konnte mit Tieren reden oder mich auf ihnen fortbewegen. Manchmal stieg ich durch einen alten hohlen Baum abwärts, dann fand ich mich bei Gnomen und sonderbaren Tierwesen wieder.

Wie ein Fisch konnte ich unter Wasser schwimmen, ganz ohne zu atmen. Schwebte ich hinauf in die lichten Welten, dann war ich ein Ritter in schimmernder Rüstung, der mit anderen gegen das Böse kämpfte. Mal waren es Schlangen, ein anderes Mal unheimliche Missgeburten. Ich nahm diese Kämpfe keineswegs leicht, waren sie doch zu real. Ich wusste, dass ich alles geben und gewinnen musste. Oft waren es Erlebnisse, in denen ich zerstückelt wurde, bis nichts mehr von mir übrig blieb.

Irgendwie war ich dann aber doch noch da. Nur als körperloses Wesen. Ich war dann reines Bewusstsein. Ich lernte Wesen aller Art kennen, die mir Kräuter zeigten und Weisheiten verrieten. Wenn ich wieder in meinen normalen Bewusstseinszustand kam, schien mir die eigentliche Welt im Vergleich dazu oft dumpf und schwer.

Oft begegnete mir Yogananda auf einer Wiese voller sprechender, im Wind wehender Blumen, die dann in einem Singsang riefen: „Jetzt kommt sie!“

Er nickte dann nur und segnete mich.

Da war mir klar, wenn ich mehr über diese fremden Welten wissen wollte, dann gab es nur einen Weg für mich: Ich musste in Yoganandas Ashram.

Mein Vater hatte all meine Erlebnisse akribisch aufgezeichnet und diese an Frau Dr. Erba-Tissot geschickt, die damals von Yogananda beauftragt worden war, seine Botschaft in Europa zu verbreiten. Sie reiste durch die Welt und hielt Lichtbildervorträge. Den Brief meines Vaters beantwortete sie mit folgenden Worten: „Oh Gott, das Kind muss seine Jugend genießen, Kreuzworträtsel lösen und Freunde haben."

Sie konnte sich keineswegs erklären, was ich da so sah und erlebte. Sie sei mit dem Bericht, den mein Vater ihr geschickt hatte, total überfordert gewesen, gestand sie mir, als ich sie viele Jahre später einmal in Rom besuchte. Auch sei es ihr nie möglich gewesen, wirklich an die Existenz Babajis zu glauben.

Nachdem ich so einen starken innerlichen Kontakt zu Yogananda verspürte, war mein Entschluss, in den Ashram nach Mount Washington zu gehen, in Stein gemeißelt.

Ich hatte ganz klare Vorstellungen von meinem Leben, wollte etwas Sinnvolles machen, und hatte keine Lust auf so ein normales Durchschnittsleben, wie meine Mitschülerinnen es führten. Heiraten, Kinder kriegen, das sollte alles gewesen sein?

Die Hälfte meiner Klassenkameradinnen war mit 17 schon schwanger. Die Pille gab es damals noch nicht. Ich wollte etwas anderes. Ich spürte den inneren Ruf, Yoganandas Lehre weiter in die Welt hinauszutragen, und wollte etwas zum Wohle der Menschheit beitragen.

Meine Eltern waren in der Zwischenzeit wieder umgezogen. Diesmal in die Nähe von Frankfurt am Main. Das Taunusklima bekam meiner Mutter besser. Mein Vater war in diesem kleinen Ort unter anderem auch Lehrer für die evangelische Minderheit.

Seltsamerweise wohnten wir im alten katholischen Pfarrhaus, aus dem der Pfarrer ausgezogen war. Nachdem wir die erste Nacht in diesem Haus verbracht hatten und mein Vater morgens mit dem katholischen Pfarrer auf dem Schulhof zusammengetroffen war, fragte dieser sofort: „Na, wie war denn Ihre erste Nacht im Haus?"

Mein Vater sah ihn erstaunt an und erwiderte: „Ziemlich bewegt, wenn ich das so formulieren darf."

Mitten in der Nacht wurden wir nämlich von einem wahnsinnigen Gepolter geweckt. Das Geräusch kam von der Holztreppe, die vom ersten Stock hinunter zum Erdgeschoss führte.

Der Spuk passierte zwei Mal in dieser, unserer ersten Nacht. Meine Eltern sahen sich nur an und tuschelten. Von da an hörten wir das Getöse jede dritte Nacht. Meine Mutter war inzwischen routiniert mit dem Austreiben sämtlicher Geister. Sie räucherte, sprach Gebete, streute Salz. Jede Nacht, eine ganze Woche lang. Dann war Ruhe.

An einem Abend, einige Tage später, blieb ich allein zu Hause, weil ich für die Schule lernen musste. Meine Eltern waren ins Theater gegangen. Als ich so am Schreibtisch meines Vaters saß, verspürte ich plötzlich einen kalten Luftzug hinter mir, gleich einem Wirbel aus Energie. Ich drehte mich erschrocken um und schaute in eine dunkelgraue Masse, die hinter mir stand.

Ich kann nicht genau beschreiben, was ich da sah, aber es sorgte dafür, dass mir förmlich das Blut in den Adern gefror. Ich war wie erstarrt, traute mich nicht, mich zu bewegen oder umzudrehen. Die Masse fegte durch die Tür ins angrenzende Zimmer, kam wieder zurück mit eisiger Luft und tobte durch den Raum.

In meiner Verzweiflung fiel mir auf einmal ein, dass ich in einem spirituellen Buch gelesen hatte, dass die drei Worte „OM TAT SAT“ alle Geister vertreiben sollten. Wenn man zum Beispiel in alle vier Ecken des Bettes „OM TAT SAT“ mit dem Finger schreiben würde, dann könne sich kein Geist nähern.

Das Mantra würde einen schützenden Bann um einen legen. Also schrie ich in meiner Angst laut immer wieder „OM TAT SAT“.

Ich weiß nicht mehr wie viele Male. Ich traute mich weder aufzustehen noch zu fliehen. Da sah ich aus den Augenwinkeln, wie die graue Masse durch die Wand verschwand.

In meiner Panik muss ich so laut geschrien haben, dass ich nicht bemerkte, dass meine Familie zurückgekehrt war. Alle sahen mich entsetzt an und fragten, was denn los sei. Nachdem ich ihnen vollkommen aufgelöst erzählt hatte, was passiert war, meinten meine Eltern, dass es besser wäre, wenn keiner mehr allein im Hause bliebe.

Doch mit der Zeit stellten wir fest, dass das Wesen tatsächlich verschwunden war, keiner sah es jemals wieder.

Der Pfarrer hatte sich zwischenzeitlich mit meinen Eltern angefreundet. Obwohl er Katholik war, interessierte er sich sehr für Yoga und Reinkarnation. Er erzählte uns daraufhin, dass dieser Geist seit Jahren alle Pfarrer, die dort tätig waren, belästigt hatte. Der Bischof habe mehrere Male versucht, ihn mit Weihrauch und Gebeten zu vertreiben. Das war aber nicht gelungen. Aus diesem Grund habe man das neue Pfarrhaus gebaut.

Man belustige sich jetzt im Stillen, erzählte uns der Pfarrer, dass es gerade einem „evangelischen“ Lehrer gelungen sei, diesen Polterer zu vertreiben.

Meine Eltern waren davon überzeugt, dass sich manche Geister besonders wohlfühlten, wenn einem Haus eine gute Schwingung anhaftet, und es dann besonders schwer ist, sie wieder von dort zu vertreiben. Aber wie man sieht, darf man die Hoffnung nie aufgeben.

Hollywood – Das India Center

Ich war nun 16 Jahre alt, hatte gerade meinen Schulabschluss gemacht und wollte nach Amerika.

Also musste ich Geld verdienen. Eines Morgens sah ich in der Zeitung ein Jobangebot einer Filmproduktion. Ich sprach bei der Geschäftsleitung vor und wurde sofort eingestellt. Die Kopp Filmproduktion hatte sich auf Heimatfilme spezialisiert. Der Familienbetrieb hatte viele Filme unter Vertrag. Hier gaben sich nicht nur Stars die Klinke in die Hand, auch der Bruder des Münchner Firmenchefs hatte es zu einem gewissen Bekanntheitsgrad gebracht, als er mit seinem Kleinflugzeug durch die Türme der Frauenkirche hindurchgeflogen war.

Die Kopps hatten mich wie eine Tochter aufgenommen.

Ich lernte Carry Grant, James Stewart, Gina Lollobrigida, Sophia Loren und Ingrid Bergmann kennen und durfte mit Frau Kopp in ihrem pinkfarbenen Cadillac auf Reisen gehen. Einmal, kann ich mich erinnern, wollte sie Marianne Koch dazu überreden, in einem neuen Film mitzuspielen. Die Begeisterung ging sogar so weit, dass man mich als neues Schauspieltalent sah und meine Karriere fördern wollte. Doch als ich in den Bavaria Filmstudios auf all die Starlets in ihren Petticoats traf, wusste ich, dass es in dieser Welt mehr um den Schein als das Sein ging.

Die Mission war klar: sparen und dann in den Ashram.

In der Zwischenzeit ging ich mit der Unterschrift meines Vaters zum amerikanischen Generalkonsulat in Frankfurt, besorgte mir alle notwendigen Unterlagen und machte alle für die Immigrationspapiere erforderlichen Untersuchungen,

Am 11.11.1958 war es dann endlich so weit.

Zusammen mit einer Dame, die auch nach Mount Washington wollte, flog ich mit einer Propellermaschine der PANAM nach L.A.

Die Reise dauerte 32 Stunden.

Es schneite. Wir waren in New York zwischengelandet und saßen vor dem Flughafengebäude, das sich damals noch mitten in der Stadt befand, auf einer Bank. Das geschäftige Treiben der Menschen erinnerte mich an einen Weihnachtsfilm made in Hollywood.

Kaum waren wir wieder in der Luft, ereignete sich eine seltsame Geschichte.

Ich hatte einen Fensterplatz und schaute in das Wolkenmeer. Die Flughöhe war niedrig, waren das damals doch noch Propellermaschinen. Zwischen den Wolkenschwaden konnte man die Konturen der Landstriche erkennen. Ich sah genau hin und entdeckte in diesen Landschaften große indianische Zeichen: Totems, Frauen, Tiere und Krieger.

Alle waren mit einer dicken weißen Linie umrandet, als hätte man sie markiert, damit man sie ja nicht übersehen würde.

Immer wieder tauchten neue Bilder auf. Wir flogen über Oklahoma, dort sah ich besonders viele.

Ich ging zu meiner Begleiterin, die einige Sitze vor mir saß, und fragte sie erstaunt:

„Siehst du auch diese merkwürdigen indianischen Zeichen da unten?“

Sie sah mich irritiert an und schüttelte den Kopf. Das Schauspiel hielt an, bis ich in Kalifornien landete. Selbst als alles dunkel war, sah ich die Figuren und Zeichen, die weiße Umrandung brachte sie förmlich zum Leuchten.

Gottlinde mit Häuptling

Viele Jahre später, als ich an den Workshops von Michael Harner teilnahm, welcher das Buch „Der Weg des Schamanen“ geschrieben hat, wurde mir klar, warum ich all das sah.

In L.A. angekommen, atmete ich die warme, weiche Luft ein und fühlte mich sofort zu Hause.

Wir wurden von zwei freundlich lächelnden jungen Frauen abgeholt, mit denen wir in den Ashram fuhren.

Ich teilte den mir zugewiesenen Raum mit der Dame, die mich auch auf dem Flug begleitet hatte. Zur Begrüßung hatte man uns einen großen Obstkorb mit exotischen Früchten ins Zimmer gestellt.

In den ersten Tagen führte man mich herum. Ich lernte die Menschen und die tägliche Routine kennen und man wies mir einen Counselor zu. Persönliche Gespräche mit Mitbewohnern waren untersagt, man durfte nur mit dem Counselor über intime Angelegenheiten sprechen.

Jeder Tag im Ashram hatte die gleiche geordnete Struktur.

Täglich um 6:00 Uhr morgens ertönte der Gong, man zog sich an, wusch sich und begann zu meditieren. Danach begab man sich in einer Gruppe vor das Haus und machte dort Yoganandas „Recharching Exercises". Diese Übungen harmonisieren den Körper mit kosmischer Energie und helfen uns, bewusst Kontrolle über unsere Lebenskraft zu erhalten, ähnlich dem Qigong.

Anschließend ging es in die Kapelle und man stimmte sich mit Yoganandas komponierten „Cosmic Chants" auf die darauffolgende Meditation ein. Eine Stunde später erwartete uns im Speisesaal ein Frühstücksbuffet, danach wurde gearbeitet.

Ich war anfangs Postulant und im Büro beschäftigt. Dort half ich bei den deutschen Übersetzungen der Lektionen. Das waren Predigten, die Yogananda überall im Land über viele Jahre hinweg gehalten hatte.

Die Präsidentin Sri Daya Mata (Mutter des Mitgefühls) war bereits 1931 in den Ashram eingetreten. Seit frühester Jugend war sie Paramahansajis Sekretärin und hatte zusammen mit einigen anderen Schülern seine Worte aufgezeichnet. Aus diesem Schaffen heraus entstand die Grundlage für die Lektionen der SRF. Neben seinen Lehren basierten diese auf inspirierenden Gedichten von Yogananda sowie den Pranayama-Meditationstechniken.

Nachdem wir unsere Arbeit verrichtet hatten, standen abermals „Aufladeübungen“ auf dem Programm, dann ging es wieder in die Kapelle, um zu meditieren. Kurz nach 18:00 Uhr gab es Abendbrot, gegen 22:00 Uhr fand noch eine Stunde Unterricht mit dem Counselor statt.

Sri Daya Mata

Bei einer dieser Stunden ergab sich einmal in einem Gruppengespräch die Frage, ob der Meister jedem in der Meditation erscheinen kann?

Ich antwortete spontan: „Na ja, das ist doch klar, dass ihn jeder hin und wieder sieht und wahrnimmt.“

Dafür erntete ich einen unverständigen Blick und wurde sofort gerügt. Wie ich dazu käme, so etwas zu behaupten. Man könne den Meister erst sehen, wenn man einen hohen Zustand von Samadhi, also eine Form der Erleuchtung (die vollständige Ruhe des Geistes) erreicht hätte. Vorher wäre das unmöglich. Ich solle nie wieder solch eine Behauptung aufstellen.

Damit hatte ich nicht gerechnet. Ich war doch auf der Suche nach geistiger Führung, vor allem in puncto meiner inneren Erlebnisse. Jetzt war man der Meinung, dass ich ja offensichtlich gar keine Erlebnisse mit Yogananda haben konnte, weil ich ja noch kein Samadhi erreicht hatte. Eine gewisse Verwirrung machte sich in mir breit.

Wozu war ich denn hierhergekommen?

Für Gott arbeiten konnte man ja eigentlich überall. Ich war sehr verunsichert und hielt von nun an den Mund, die ersten Zweifel waren gesät.

Am Wochenende nach meiner Ankunft durften wir den Ashram in Hollywood besichtigen. Dieser nannte sich India Center und beherbergte eine kleine Kirche, in der Yogananda viele Tausende Menschen mit seinen Vorträgen inspiriert hatte.

Als besondere Attraktion verfügte das India Center über ein Restaurant. Yogananda hatte beobachtet, dass viele Menschen sich die Zeit, bis sie ihre Bestellung erhielten, mit Lesen vertrieben. Daraufhin hatte er die Eingebung, ein Restaurant zu eröffnen. Er positionierte seine spirituellen Schriften in die Mitte jedes Tisches, und siehe da, jeder las sie.

Mein alter Counselor Sri Mrinalini und Sri Durga Mata mit Hund Chutky

Viele Menschen kamen daraufhin auch zu den wöchentlichen Sonntagspredigten. Das war ein sehr intelligenter Schachzug. Auf diese Weise verkaufte er nicht nur Essen, sondern auch Spiritualität.

Nachdem wir das Restaurant eingehend inspiziert hatten, fiel mir ein Mann auf. Er hatte eine etwas dunklere Hautfarbe, war gutaussehend und mutete asiatisch an.

Acht Monate vergingen und in mir wuchs der Wunsch heran, den Ashram wieder zu verlassen. Eines meiner größten Probleme war, dass da niemand war, dem ich mich anvertrauen konnte. So freundlich mein Counselor auch sein mochte, es war mir unmöglich, einen engeren Kontakt zu ihr herzustellen.

Auch hatte ich insgeheim das Gefühl, dass die Frau, die mein Counselor war, mich nicht besonders mochte. Sie kritisierte mich oft und egal wie sehr ich mich bemühte, sie schien mein Engagement einfach nicht zur Kenntnis zu nehmen.

Ob ich da ein Einzelfall war oder es anderen auch so erging, wusste ich nicht. Darüber sprechen durfte man ja nicht. Vielleicht war es ja auch eine Lernstrategie meines Counselors. Jedenfalls funktionierte diese Haltung bei mir nicht, ich fühlte mich immer demotivierter.

SRF – Jahre der Selbstverwirklichung

Irgendwann erzählte ich meiner Zimmergenossin von meinem Vorhaben, den Ashram wieder zu verlassen.

Eines Tages verriet sie mir, dass sie Durga Mata von meinen Plänen berichtet habe und diese darum bat, mich bei ihr zu melden.

Durga Mata war eine der ersten Schülerinnen von Yogananda. Jeden Sonntagabend gab sie einen „Satsang", den ich schon ein paar Mal miterlebt hatte.

Unter einem „Satsang"' versteht man ein inspirierendes Zusammentreffen mehrerer Menschen mit einem spirituellen Lehrer. Die Begegnung fand in ihrem Appartement statt, das sich im obersten Stock des Ashrams befand.

Dort versammelte man sich, setzte sich auf den Teppichboden, sang und meditierte zusammen. Durga Mata begleitete den meditativen Gesang mit einem kleinen indischen Harmonium, auf dem sie die Cosmic Chants, die Yogananda komponiert hatte, spielte. Dieses Ritual war einzigartig, Durga Mata hat eine Ausstrahlung, die alle mitriss.

Sie war auch die Einzige, die von Yogananda die Befugnis erhalten hatte, sich um seinen großen Schüler Rajarsi Janakananda zu kümmern, einen amerikanischen Selfmade-Millionär, der von 1952 bis 1954 auch Präsident der Self-Realization Fellowship war. Yogananda hatte ihr gesagt, sie sei ein Mensch, der keine materiellen Wünsche mehr habe und sich nicht verbiegen lasse. Durch diese Ausnahmestellung genoss Durga Mata viele Privilegien.

Nachdem Rajarsi gestorben war, wohnte sie in seinem Appartement, das ganz oben im Ashram lag, fuhr seinen Wagen und durfte auch in seinem Haus in Borrego Springs leben. Das war ein moderner Bungalow mit einem wunderschönen Innenhof mitten in der Wüste im Süden Kaliforniens.

Die vielen kleinen Bevorzugungen führten aber auch zu einem gewissen Maß an Missgunst. Durga Mata gehörte dem „Board of Directors" an, aber ansonsten mied man sie. Alle Freunde, die sie hatte, gehörten nicht dem Ashram an.

Mit etwas gemischten Gefühlen machte ich mich am nächsten Tag auf den Weg zu ihr.

Sie bat mich, ihr alles zu erzählen und nichts zurückzuhalten.

Wie ich mich im Ashramleben zurechtfand, ob ich Freunde hatte und die Lehren als hilfreich empfand. Was ich mir erwartete und warum ich mich mit dem Gedanken trug, den Ashram zu verlassen.

Sie war sehr freundlich und versprach, nichts von dem, was ich ihr in unserem Gespräch erzählen würde, weiterzugeben.

Ich war ehrlich.

Ich berichtete von meinen inneren Erlebnissen und dass ich gehofft hatte, mir könnte jemand weiterhelfen, ich mich aber unverstanden fühlte und immer mehr den Eindruck gewann, am falschen Ort zu sein. Sie hörte sehr interessiert zu und erklärte mir:

„Du kannst dich Tausende von Jahren in diesen Astralwelten bewegen, aber dies wird dich nicht weiterbringen, wenn du eine Einheit mit Gott anstrebst. Um dieses Ziel zu erreichen, musst du lernen, dich auf dein Herz-Chakra und die Liebe Gottes zu konzentrieren."

Von nun an gab mir Durga Mata immer wieder Ratschläge.

Eines Tages teilte mir das „Board of Directors" mit, dass Durga Mata von nun an mein Counselling übernehmen würde. Diese Entwicklung zog einige Probleme nach sich. Viele waren verärgert. So auch mein ursprünglicher Counselor. Sehr kurz angebunden teilte sie mir mit, das Durga Mata ab jetzt für mich zuständig sei.

So perfekt diese Entscheidung für mich wahr, so saß ich nun zwischen den Stühlen. Ich war eine der wenigen Schülerinnen, die von Durga Mata unterwiesen wurde, und damit zog ich nicht unbedingt im positiven Sinne Aufmerksamkeit auf mich.

Die Zeit verging.

Die Präsidentin der SRF, Sri Daya Mata, kehrte aus Indien zurück. Sie war ein ganzes Jahr dort gewesen und hatte die Organisation der von Yogananda gegründeten Ashrams gesteuert. Als sie mit dem Schiff in Los Angeles anlegte, empfingen wir sie mit Blumen.

An einem Samstag, kurz vor Weihnachten, stand plötzlich mein alter Counselor sehr erbost in meinem Zimmer, das ich jetzt mit einer

Schweizerin teilte. Ich arbeitete immer noch in der Poststelle und sollte die Unterlagen einer Dame, die im Hause zu Besuch gewesen war, heimlich an Durga Mata weitergegeben haben. Als die Präsidentin diese nun benötigte, wären sie nicht verfügbar gewesen. Nun wurde ich zu Daya Mata gerufen, um mich zu erklären.

Ich erzählte meinem Counselor, dass ich nicht einmal wisse, dass es Korrespondenz mit dieser Dame gäbe, und wie ich diese denn dann heimlich weitergegeben haben sollte? Doch alles war aussichtslos. Sie glaubte mir nicht.

Zuversichtlich, dass mir Sri Daya Mata Glauben schenken würde, suchte ich sie auf. Sie aber begegnete mir nur mit einem kühlen Blick, sah mich lange an und sagte dann: „Du warst das also."

Ich entgegnete entrüstet: „Nein, ich war das ganz bestimmt nicht, ich weiß nicht einmal, warum ich so etwas tun sollte."

Doch sie würdigte mich keines weiteren Blickes mehr, drehte sich um und ließ mich einfach stehen. Total entsetzt ging ich hinunter in mein Zimmer, das direkt an der Holztreppe zur Küche lag. Ich dachte, ich wäre in einem falschen Film.

Meine Enttäuschung kannte keine Grenzen.

Acht Jahre hatte ich alles dafür getan, endlich in diesen Ashram zu kommen. Jetzt, da ich am Ziel meiner Träume war, fragte ich mich ernsthaft, ob es die richtige Entscheidung gewesen war, hierherzukommen.

Ich fühlte mich ungerecht behandelt und fehl am Platz. So setzte ich mich auf mein Bett und meditierte, dabei schrie ich meinen Ärger förmlich nach innen. Ich wollte das Äußere vergessen. Ich saß eine ganze Weile tief in mich gekehrt, dann bemerkte ich, wie ich in einen Strom von Frieden geriet, der sich in meinem Geist ausbreitete. Licht umhüllte mein inneres Wesen.

Wahrnehmung und Sehen sind eins. Eine Vision ist ein Bild.

Die Wahrnehmung hingegen ist lebendig, sie durchdringt dich. Du wirst eins mit ihr. Ich nahm das Licht überall wahr, vor mir, hinter mir. Tief drang es in mich ein. Ich war ein Teil dieses Lichtes.

Aus dem Licht kam eine weiche, sanfte Stimme, die leise und unendlich liebevoll zu mir sprach: „Es ist alles in Ordnung, ich bin Babaji."

Als diese Worte in mein Bewusstsein eindrangen, vergaß ich allen Schmerz, den ich empfunden hatte. Wellen von Licht begleiteten die Worte. Ich selbst empfand mich nur noch als Licht.

Lange saß ich da mit geschlossenen Augen, um das gerade Erlebte festzuhalten.

Jemand klopfte mir auf die Schulter. Es war mein alter Counselor. Sie sagte:

„Ich wollte dir nur sagen, dass sich die Sache erledigt hat. Eine Sister, eine Mitbewohnerin, hat die Akte genommen."

Dann drehte sie sich um und ging ohne jeden weiteren Kommentar.

Während der ganzen Zeit, in der ich meditierte, hatte meine Zimmernachbarin vergeblich versucht, einen Weihnachtsbaum aufzustellen.

Da sie keinen passenden „Ständer" für den Baum zur Verfügung hatte, war dieser zweimal neben meinem Bett umgestürzt, mitsamt den Kugeln, von denen zahlreiche bei diesem Sturz zerbrachen.

Ich hatte von all dem nichts mitbekommen. Ich war viel zu weit weg.

Ich erzählte niemandem von meinem Erlebnis, doch habe ich mich oft gefragt, warum es nicht Yogananda, sondern Babaji war, der mir im Licht begegnet war.

Daya Mata ging ein Jahr später wieder nach Indien. An dem Tag, als sie zurückgekommen war, passierte etwas Merkwürdiges.

Ich kam gerade zurück von einem Treffen mit Durga Mata. Als ich die Treppe langsam hinunterging, war es fast komplett dunkel, nur eine kleine Lampe warf ein spärlich grünliches Licht an die Wand. Es war extrem schwül, für Kalifornien typisches Erdbebenwetter. Als ich am untersten Treppenabsatz des dritten Stockes angelangt war, hörte ich

Stimmen in der Küche. Es waren die von Daya Mata und ihren Begleitern, die mit ihr in Indien gewesen waren.

Es war eine eigenartige Stimmung. Ich setzte mich auf die Treppenstufe, denn vor meinen Augen fing gerade ein Film an abzulaufen. Ich wusste plötzlich, dass die drei in ihrem letzten Leben Schüler von Babaji waren – und zwar im Himalaya. Als ich die Treppe hinaufsah, entdeckte ich Babaji im spärlichen Licht der Lampe. Ich konnte ihn nur einige wenige Sekunden lang sehen, aber seine Schwingung spürte ich überall. Sie breitete sich vom Treppenhaus über die Küche über alle Stockwerke aus. Es war exakt die gleiche Schwingung, die ich schon einmal wahrgenommen hatte.

Ich blieb noch eine ganze Weile dort auf der Treppe sitzen, ehe ich in mein Zimmer zurückkehrte.

Kurz darauf erzählte uns Daya Mata, dass sie in Indien ein unglaubliches Erlebnis gehabt habe, und zwar mit Babaji.

Die Jahre vergingen. Durga Mata war eine gute Lehrerin. Sie arbeitete an mir, ich konnte spüren wie ich mich innerlich veränderte. Hin und wieder fuhr sie in die Wüste. Ich durfte sie dann oft begleiten. Manchmal waren wir ein Wochenende, ein anderes Mal eine ganze Woche dort und verbrachten die Zeit schweigend und meditierend miteinander.

Ich stellte fest, dass ich in Durga Matas Gesellschaft viele bewusstseinserweiternde Erlebnisse hatte, manche waren im Rückblick geradezu kosmisch.

Hin und wieder kam auch Dr. Lewis. Er hatte die Leitung für den Ashram in Encinitas übernommen und war der Vizepräsident der SRF. Er war eine imposante und respekteinflößende Erscheinung, doch mir stand er so nah wie ein Großvater.

Dr. Lewis und Durga Mata gehörten zur alten Garde von Yogananda. Kurz nachdem Dr. Lewis gestorben war, hatte ich ein Erlebnis mit ihm, und er gab mir eine Botschaft an seine Frau.

Durga Mata hatte mir einen Brief geschenkt, den Yogananda an Dr. Lewis geschrieben hatte. Darin standen folgende Worte, die zu meinem Lebensinhalt wurden:

„Forget this dream of life
low in the chamber of imagination.
Life is already filmed and finished.
Bite more than you can,
then chew it.
So life will be sweet and death a dream“[1]

Gottlinde vor Yoganandas Eremitage in Encinitas

[1] Vergiss diesen Lebenstraum unten in den Kammern der Imagination. Das Leben wurde gefilmt und ist beendet. Nimm davon mehr, als du kannst, dann verdaue es. So wird das Leben süß sein und der Tod ein Traum.

Tausendundein Rezept für Spiritualität

Ich war in der Zwischenzeit in der Küche gelandet. Mir war das egal. Ich war nicht hierhergekommen, um Karriere zu machen oder mein Ego auszuleben. Ich war hier, um Gott zu dienen. Es gefiel mir in der Küche.

Drei farbige Frauen arbeiteten hier unter der Leitung einer älteren Dame, die wiederum die Mutter einer sehr lieben Sister war. Ich lernte kochen: zahllose Gerichte aus allen erdenklichen Ländern. Alle waren vegetarisch.

Mein alter Counselor hatte die Idee, eine ayurvedische Küche aufzubauen.

Zu Daya Mata hatte ich in der Zwischenzeit ein sehr gutes Verhältnis. Sie hatte mir die neu herausgegebene Paperback-Auflage der „Autobiographie eines Yogi" zu Weihnachten geschenkt und mir eine wunderbare Widmung geschrieben.

Inzwischen war ich voll integriert und liebte das Ashramleben. Einmal im Monat fuhren wir an den Wochenenden nach Encinitas oder in die Wüste nach Twentynine Palms. Im dritten Stock lebte auch Daya Matas Mutter Rachel. Ich besuchte sie des Öfteren, erledigte kleine Botengänge für sie oder leistete ihr einfach nur Gesellschaft.

Ich erzählte ihr einmal, dass ich sie oft in einem Mönchsgewand mit geschorenem Kopf sah. Sie lachte und sagte, dass ihr Meister ihr gesagt habe, dass sie genau das in ihrem letzten Leben gewesen sei.

Eines Tages, an einem Wochenende, bat man mich, ich möchte doch in das Restaurant im India Center fahren, um dort auszuhelfen. Gesagt, getan. Die Leiterin wies mich sofort ein: „Du gehst in die Küche und hilfst dem Koch!"

„Okay", erwiderte ich!

Dort stand der Mönch, den ich gesehen hatte, als ich das erste Mal ins India Center kam. Er trug ein breites Lachen auf dem Gesicht.

Nachdem wir uns miteinander bekannt gemacht hatten, er hieß Frederick, erzählte er mir, dass er ursprünglich aus Holland kam, wo auch seine gesamte Familie lebte. Wir arbeiteten drei Tage lang Schulter an Schulter.

Als ich zurück in der Küche von Mount Washington stand, wurde ich gleich angewiesen, auch am kommenden Wochenende im India Center zu helfen. Ich war etwas aufgeregt, hatte ich doch bemerkt, dass mir Fred nicht mehr so recht aus dem Kopf gehen wollte. Immer wieder musste ich an ihn denken. Mit der Zeit wurde es besser, aber jedes Mal, wenn ich ihm begegnete, fühlte ich mich wieder magisch von ihm angezogen.

Als er einige Monate später sein „Brahmacharya"-Gelübde ablegte, den Schwur der Enthaltsamkeit, saß ich in der kleinen Sakristei hinter der Kapelle und betete, dass er ein guter Brahmachari werden würde.

Man fand eine neue Position innerhalb des Ashrams für mich. Ich ging nach Encinitas, um dort die Küche des Restaurants zu leiten. Dieser Ashram beherbergte auch eine wunderschöne Eremitage, in der man morgens und abends meditierte. Wollte man zu ihr gelangen, musste man einen kleinen Wald mit Eukalyptusbäumen durchqueren, die zusammen mit der Brandung des Meeres rauschten. Es war ein magischer Ort.

Dieser fantastische Platz war das kostbare Geschenk von Rajarsi Janakananda an Yogananda.

Der einstige Tempel war in den 1940er Jahren über Nacht den Abhang hinuntergestürzt, da man ihn zu nah an die Steilküste gebaut hatte. Was blieb, war eine künstlich angelegte Höhle, ein Raum, der auf halber Höhe in den Hang hineingeschlagen worden war.

Die Front war ganz mit Glas verkleidet und bot einen fantastischen Panoramablick auf das Meer. Es war ein Erlebnis, dort zu meditieren und den Schreien der Möwen zu lauschen, während die Flut hereinbrach und mit Donnergetöse an die Felsen und Steine schlug.

Das Restaurant war eher ein Diner und lag direkt am Highway 101, der berüchtigten unfallträchtigen „Slaughter-Alley" – der Küstenstraße, die von Los Angeles nach Tijuana, Mexiko führt. Mit den Jahren war es etwas heruntergekommen. Ich arbeitete dort zusammen mit Louise. Sie war ein beeindruckender Mensch und eine enge Schülerin Yoganandas. Kein anderer als er hatte ihr auch das Kochen beigebracht.

Louise war sehr naturverbunden und schlief gern im Freien unter dem Sternenhimmel. Ganz nah am Hang.

Eines Nachts war sie den Steilhang hinuntergestürzt. Glücklicherweise hatte man einige Tage vorher Sträucher beschnitten und die Zweige die Felsformation hinuntergeworfen. So verfing sich ihr Schlafsack in ca. 15 Meter Höhe in diesem Gestrüpp und sie blieb frei in der Luft hängen.

Stundenlang hörte niemand ihre Schreie. Die Brandung war zu laut. Erst in den frühen Morgenstunden wurde sie von einem Jogger, der am Strand entlanglief, entdeckt. Nach dieser Erfahrung schlief Louise nicht mehr draußen.

Louise und ich ergänzten uns in der Küche und erarbeiteten ein neues Konzept für das Restaurant. Ab sofort wollten wir uns auf organisches Essen spezialisieren. Wir bauten unser eigenes Gemüse an und entschieden uns für einen Mix aus französischer und ayurvedischer Küche.

Die Arbeit machte uns viel Spaß, jeden Tag kochten wir neue Gerichte, die großen Anklang fanden. Bald sprach sich herum, dass man ausgezeichnet bei uns essen konnte. Es dauerte nicht lange und die Leute kamen von weit her.

Wir arbeiteten nun fast pausenlos und das hatte auch seine Vorteile. Man überschritt kleine Grenzen. Das Ego schrumpfte. Das ging allen so, nicht nur mir. Meine Meditationszeiten dehnten sich aus. Manchmal wollte ich gar nicht mehr aus diesem meditativen Zustand herauskommen.

Louise hatte strenge Prinzipien und war sehr gebildet. Sie hatte in Paris an der Sorbonne studiert. Ihr Vater war der größte Zigarettenfabrikant Ägyptens. Der Palast der Familie lag direkt neben dem von König Faruk. Sie hatte einen Italiener geheiratet. Der besaß Diamantenminen in Eritrea. Während des Krieges wurde er von den Engländern inhaftiert. Er befreite sich und lief zu Fuß bis nach Italien.

In der Zwischenzeit war Louise mit ihrem kleinen Sohn nach New York gereist, wo sie Yogananda begegnet war.

Die Jahre vergingen. Ich war zufrieden mit meiner Welt. Den Mönch hatte ich in der Zwischenzeit vollkommen vergessen. Außerdem war ich so eingebunden in meine Arbeit, dass ich nicht viel zum Nachdenken kam.

„Wir können keine großen Dinge vollbringen – nur kleine, aber die mit großer Liebe.“

Gottlinde auf der Terrasse der Eremitage von Yogananda

Die stärkste Macht der Welt

Eines Morgens, als ich das „Restaurant“ betrat, stand die Leiterin der Kolonie, Sister Shraddha, mit Frederick in der Tür.

„Bei allen Fragen ist sie deine Ansprechpartnerin“, hörte ich sie noch sagen, während sie auf mich deutete. Man hatte Fred nach Encinitas versetzt – als Koch für die Mönche.

In den ersten Monaten reduzierte ich den Kontakt zu ihm auf das Notwendigste, wenn immer möglich schob ich Louise vor. Im darauffolgenden Monat kam er immer öfter, fast jeden Tag, oft auch ausgerechnet dann, wenn Louise nicht da war. Wir wechselten kein einziges privates Wort, das war verboten.

Ich bat um meine Versetzung. Die wurde prompt abgelehnt. Es hieß, man hätte keinen Ersatz für mich. Also versuchte ich, Fred weiterhin zu ignorieren.

Doch das Gefühl wurde immer stärker und das auf beiden Seiten. Es dauerte nicht lange, da bat mich Fred um ein Gespräch. Ich ging darauf ein und er fragte mich, ob ich den Ashram zusammen mit ihm verlassen würde. Wir seien doch lange genug hier gewesen, hätten unsere Erfahrungen gemacht, alles, was wichtig sei, gelernt. Wir könnten doch zusammen sein und trotzdem Gott dienen. Ich bat um Bedenkzeit.

Doch dann nahm das Drama seinen Lauf. Unser Gespräch wurde zufällig belauscht. Gegen Mitternacht holte man mich aus dem Bett. Die Situation erinnerte fast an die Zeiten im Krieg, ich musste an meine Mutter und die Verhöre der Gestapo denken.

Noch in dieser Nacht brachte man mich in die Zentrale nach Mount Washington.

Fred bat darum, wenigstens noch einmal kurz mit mir sprechen zu dürfen. Doch man gab ihm keine Gelegenheit dazu.

„The little girl needs a lesson“[2], war die Antwort.

---

[2] Das kleine Mädchen braucht eine Lektion.

In Mount Washington sagte man zu mir: „Du wolltest doch schon lange mal wieder deine Familie in Deutschland besuchen?"

Das stimmte, ich hatte sie seit acht Jahren nicht mehr gesehen. Kurzerhand stellte man mir ein Ultimatum. Man würde mich für drei Monate beurlauben. Wenn ich dieses Angebot nicht annähme, wäre meine Zeit im Ashram vorbei.

Ich war nicht gerade begeistert von der Art, wie man mit mir umging. Es war fast so, als wenn die acht Jahre, die ich hier verbrachte hatte, überhaupt nicht zählten. Außerdem hatte ich mir mehr Größe erwartet. Ich hatte ja kein Verbrechen begangen, sondern nur mit einem Mönch gesprochen.

Also suchte ich Daya Mata auf. Sie war sehr freundlich, warnte mich aber eindringlich. Sie hätte gesehen, dass dieser Mann nicht sein wahres Gesicht zeigen würde. Er wäre emotional instabil, er würde nur vorgeben, dass er mich lieben und verstehen würde. In Wahrheit würde mich ein schreckliches Schicksal mit ihm erwarten.

Ich war verwirrt, wusste nicht mehr, was ich glauben sollte.

Am nächsten Tag drückte man mir das Ticket für meinen Rückflug in die Hand, der bereits ein paar Stunden später stattfand. Es blieb mir gerade noch Zeit zu packen.

Dem Mönch erklärte man nicht, was mit mir geschehen war, dafür unterbreitete man ihm das Angebot, ihn wieder in den Ashram aufzunehmen. Fred hatte dort über zwölf Jahre gelebt und fand sich so ganz auf sich allein gestellt nicht mehr im normalen Leben zurecht. Also ging er wieder zurück. Allerdings verlangte er nach einer Erklärung. Er wollte wissen, wo ich war und was passiert sei.

Mir hatte man in der Zwischenzeit hohe Auflagen gemacht. Ich sollte nie wieder mit einem Mann sprechen, ich hätte die Augen immer gesenkt zu halten, wenn ein männliches Wesen an mir vorbeiginge und sollte mich auch nicht in der Nähe des anderen Geschlechtes aufhalten. Dazu sollte ich mir in Deutschland einen Job suchen.

Man schlug mir vor, ich solle schnell Schreibmaschine lernen und dann als Sekretärin arbeiten. Offensichtlich war es allen dort entgangen, dass ich bereits seit Jahren für die SRF Sekretariatsarbeiten und Übersetzungen erledigt hatte.

Mir wurde immer bewusster, wie wenig die Menschen dort über mich wussten. Ich empfand das gesamte Verhalten als zutiefst befremdlich, fast schon als diskriminierend und frauenfeindlich. Das war nicht meine Vorstellung von Spiritualität.

Ich traf eine Entscheidung, die ich nie bereuen sollte – ich verließ den Orden.

Während ich das alles schreibe, möchte ich klarstellen, dass ich keineswegs die Autorität von Sri Daya Mata untergraben will. Sie war ein wunderbarer Mensch mit großen Fähigkeiten. Man konnte sie nur lieben. Dennoch glaube ich, dass ich bereits damals unter der Führung von Babaji stand, der mich auf diese Weise aus dem Ashram hinauskatapultierte.

Mein Weg war anders.

Er hatte mich ein großartiges Training in Yoganandas Ashram absolvieren lassen, welches mir die Stärke gab, viele Dinge in meinem Leben zu meistern.

Und, wo wären denn die beiden Kinder geblieben, die geboren werden wollten?

Sri Daya Mata war für mich das Instrument, um all die Wendungen, die vorbestimmt waren, in Bewegung zu setzen.

All die Jahre später, als mein Sohn geboren worden war, hielt sie diesen bei einem Deutschlandbesuch als Baby in den Armen und sagte zu mir: „Du bist eine Mutter geworden und siehe, was für spirituelle Kinder du geboren hast."

Als ich nach den drei Monaten Bedenkzeit, die mir die SRF gegeben hatte, nicht zurückkam, dachte Fred wohl immer noch an mich und bat Sri Daya Mata um meine Adresse. Sie hatte daraufhin ein langes Gespräch mit ihm, wie ich Jahre später erfahren sollte.

Fred verschwand einfach aus meinem Leben und ich aus seinem.

Babaji spielte seine Lila. Er ließ uns glauben, wir seien die Regisseure unseres Lebens, dabei waren wir allesamt nur Akteure.

Der Traum mit dem Tsunami, den ich in Amerika immer wieder geträumt hatte, wurde wahr.

Die Prophezeiung

In Deutschland wartete eine Welt auf mich, die mir total fremd geworden war. Auf der einen Seite war das Land so viel rückschrittlicher als Amerika, auf der anderen Seite hatte ich in der Abgeschiedenheit des Ordens gelebt und musste mich erst wieder in der „normalen" Welt zurechtfinden.

Um mich abzulenken und finanziell unabhängig zu sein, bemühte ich mich sofort um einen Job und nahm eine Position als Auslandskorrespondentin an.

Mit dem ersten Tag in der neuen Firma änderte sich mein Leben abermals schlagartig. Ich begegnete einem jungen Mann. Er hieß Walther, war groß, blond und hatte blaue Augen. Er war das komplette Gegenteil von Fred – und das in jeglicher Beziehung.

Eigentlich hatte Walther bereits gekündigt und sollte gar nicht mehr in dem Unternehmen tätig sein, in dem ich spontan einen befristeten Vertrag unterschrieben hatte. Wie das Schicksal es so wollte, hatte er die Kündigungsfrist um einen Tag verpasst – und musste nun zwei Monate länger dortbleiben.

Als ich ihn sah, erinnerte ich mich an den Traum, den ich in Encinitas hatte. Immer und immer wieder hatte ich von der riesigen Flutwelle geträumt, die mich überrollte. Dann sah ich ein kleines Mädchen. Es stand mit fragenden Augen vor mir und strecke die Arme nach mir aus.

Als ich über diesen Traum nachdachte, fiel mir auch gleich noch eine merkwürdige Begebenheit ein. An dem Wochenende bevor ich den Ashram verlassen hatte, war ich mit Sri Daya Mata zu einem Spaziergang verabredet gewesen. Während wir so gingen, blieb sie auf einmal stehen und sagte zu mir: „Ich spüre, dass eine große Veränderung auf dich zukommen wird."

Damals konnte Daya Mata definitiv noch nichts von Freds Plänen, den Ashram mit mir verlassen zu wollen, wissen.

Walther ließ keine Gelegenheit aus, mir zu begegnen. Er hielt sich ständig in meiner Nähe auf. Er erfragte meine Telefonnummer, rief mich mehrmals an, überraschte mich mit Blumen, lud mich ein. Das, obwohl er eigentlich mit der Tochter des Unternehmens, in dem ich arbeitete, verlobt war.

Irgendwie geriet ich in einen Strudel, aus dem es kein Entrinnen gab. Das Leben lief wie ein Film vor meinen Augen ab, jede Szene schien vorprogrammiert, nichts war zu ändern. Ständig passierte das Gegenteil von dem, was ich anstrebte.

Ein halbes Jahr später war ich verheiratet und schwanger.

In einer Rückblende betrachtet, denke ich oft, dass ich mich in einem Zustand totaler Verwirrung befunden haben muss.

Ich war gerade ein Jahr verheiratet, da erfuhr ich durch einen Zufall, dass Fred mir die ganze Zeit über geschrieben hatte und eigentlich vorgehabt hatte, nach Deutschland zu kommen.

Die Briefe hatten mich nie erreicht, da meine Mutter sie einfach hatte verschwinden lassen. Sie hatte ihm sogar zurückgeschrieben, dass er mich vergessen solle, da ich inzwischen einen anderen Mann kennengelernt hätte und diesen heiraten würde.

Seltsam, wie sich die Dinge immer wieder wiederholen. Hatte man nicht das Gleiche mit ihr gemacht, als man die Briefe an ihre große Liebe Willy abfing – und hatte sie aus all dem doch gar nichts gelernt?

Im Nachhinein denke ich, dass man manchmal vom Schicksal manipuliert wird, damit man den vorgezeichneten Weg weitergeht. Die Situation wirkt dann so attraktiv, dass sie richtig erscheint und man sich ihr nicht mehr entziehen kann.

Manchmal gibt es kein Entrinnen aus diesem karmischen Netz. Es hält dich so lange gefangen, bis das Schuldenkonto ausgeglichen ist oder man seine Lektion gelernt hat. Erst dann ist man frei.

Die Familie hatte entschieden, meine Herzensangelegenheiten für mich zu lösen. Ganz ohne mein Wissen, einfach aus dem Glauben heraus, es besser zu wissen.

Meine Mutter hatte geträumt, dass die Sache mit dem Mönch unter keinem guten Stern stand. Sie fokussierte damit ihre gesamte Aufmerksamkeit auf Walther. Sie glaubte, dass er meine Bestimmung war – und ich folgte ihrem Rat. Hatte ich mich nicht so oft mit eigenen Augen davon überzeugen können, dass ihre Prophezeiungen immer eintrafen?

Am Anfang waren Walther und ich sehr glücklich.

Er kam aus einer angesehenen Familie, die sehr katholisch war. Sein Vater Theodor zählte zu den Nachfahren von Johannes Aventinus – ein deutscher Historiker, Erzieher der bayerischen Königskinder und Wegbereiter der klassischen Philologie.

Als großer Mäzen der Kirche war Theodor mit vielen Kardinälen befreundet, besuchte den Papst viele Male und füllte den Opferstock zuverlässig. Alles, was er seinen Kindern zukommen ließ, gab er zu gleichen Teilen der Kirche.

Dass Walther eine Protestantin geheiratet hatte, war ein schwerer Schlag für ihn. Wir mussten ihm versichern, unsere Kinder katholisch zu erziehen. Obwohl unsere Glaubensvorstellungen Lichtjahre auseinanderlagen, verstand ich mich in kürzester Zeit ausgezeichnet mit ihm. Mir wurde schnell klar, dass Theo ein Übervater war, er stellte hohe Anforderungen an seinen Sohn – und dieser fehlte in seinen Augen. Nie war es genug, nie wurde er ihnen gerecht.

In Wahrheit hatten Walthers Eltern das Potenzial meines Mannes nie erkannt. Walther war sehr intellektuell, ein Freidenker, rational und gleichzeitig kreativ, er hatte eine unglaubliche Allgemeinbildung und war ein wahrer Menschenfreund. Er machte seinen Weg aus dem Nichts, ohne die Hilfe seiner Familie.

Ich bin mir sicher, dass er ein schweres Karma mit seinem Vater teilte, beide waren Asthmatiker. Theo hatte allerdings gelernt, mit seiner Krankheit umzugehen.

Er erzählte mir einmal, dass er im Krieg in Gefangenschaft geraten war und die Russen ihm sein mit Ephedrin gefülltes Asthma-Aerosol, eine braune medizinische Glaskugel, die mit einer roten Gummipumpe versehen war, weggenommen und zertreten hatten. Theo wusste daraufhin, er musste sein Asthma beherrschen oder er würde sterben.

Er betete inständig um Hilfe und hatte schlagartig keine Atemprobleme mehr, nicht nur die ganze Gefangenschaft über, sondern sein ganzes Leben lang.

Walther betete nicht und er war auch nicht sehr gläubig, obwohl er so erzogen worden war. Man hatte versäumt, ihm das Wichtigste zu geben: Liebe.

Genau das sollte unseren Kindern nicht passieren.

Theodor im Vatikan

Als ich mein erstes Kind gebar, erkannte ich in ihm das kleine Mädchen aus meinen Träumen.

Die ersten zwei Jahre gingen wie im Flug vorbei, bis eines Tages die Seifenblase zerplatzte. Als mir endgültig klar wurde, dass ich einen Choleriker und Soziopaten geheiratet hatte, war ich bereits mit meinem zweiten Kind schwanger – einem Jungen.

In der Schwangerschaft träumte ich, dass ein junger Swami vor meiner Tür stand und mir verkündete, dass sein Meister erst in sechs Wochen kommen würde.

Ich erzählte den Traum meiner Mutter, die daraufhin sofort sagte: „Das Kind kommt erst in sechs Wochen."

Genau so war es auch. Man hatte die Geburt sechs Mal künstlich eingeleitet. Am Tag, an dem der Kaiserschnitt geplant war, kam das Kind per Sturzgeburt, die Nabelschnur um den Hals. Man musste es wieder zurückschieben, damit es nicht erstickte.

Als mein Sohn geboren wurde, war seine Körperfarbe ganz blau. Die Hebammen erzählten mir, dass ich geschrien hätte: „Mein Gott, das Kind ist ganz blau."

Ich hatte gedacht, die seltsame Farbe wäre dem nahen Erstickungstod durch die Nabelschnur verschuldet. Aber die Schwestern sahen mich erstaunt an und meinten, sie wüssten nicht, was ich hätte, das Kind hätte eine ganz normale Hautfarbe. Nur in einem stimmten sie mir zu:

Mein Sohn sah aus wie ein alter Mann. Er hatte langes schwarzes Haar, lange Fingernägel und eine Hakennase. Zum Glück änderte sich das bald. Das dunkle Haar fiel aus, es wurde weißblond und aus der langen, krummen Nase wurde ein Stupsnäschen.

Langsam veränderte sich mein Leben komplett. Vorher war alles nach innen gerichtet, jetzt richtete sich alles nach außen. Tatsächlich bemerkte ich, dass ich mich jetzt viel weniger wichtig nahm, weil ich mich mehr um andere kümmerte, anstatt nur um mich selbst.

Ich stellte fest, dass ich nicht unbedingt in einen Ashram gehen musste, um mich selbst zu finden, sondern mich nur nach meinem Inneren richten musste. Alles, was ich benötigte, war bereits vorhanden – in mir. Ich musste nur den Zugang finden und mein Leben zur Meditation machen. Das war nicht immer einfach. In Wahrheit war diese Aufgabe viel anspruchsvoller, als nur allein irgendwo zu sitzen und der Welt zu entsagen. Sein Ego zu verlieren bedeutete, den Gott in sich selbst zu finden, indem man ihn in anderen Menschen sucht.

Ich fühlte, dass ich lernen musste, auch in der realen Welt das Innere mit dem Äußeren in einen Gleichklang zu bringen. Es ist wichtig, die spirituelle Abgeschiedenheit in einem Ashram zu erfahren, langfristig betrachtet ist die Isolation aber auch etwas für Feiglinge. Im Leben zu stehen, statt ihm zu entfliehen, sich mit seinen Ängsten und Wünschen auseinanderzusetzen, sie zu akzeptieren, aus ihnen zu lernen und anderen zu helfen.

All das erfordert so viel mehr Mut, Geduld, Wahrheit und Liebe. Wenn man an einem Punkt angelangt ist, an dem man innerlich gefestigt ist, spielt es keine Rolle, wo man ist. Man muss dann nur noch an den richtigen Hebeln ansetzen, denn man trägt seinen eigenen Ashram bereits in sich.

Wie hatte Yogananda so schön gesagt: „Be in the world, but not of the world.“[3]

Ich spürte, dass ich genau das praktizierte. Ich hatte mein Gleichgewicht gefunden. Trotz eines hektischen Alltags mit Beruf, Kindern und einem Mann, der von fürchterlichen Schreiattacken heimgesucht wurde. In einem Augenblick war er ausgeglichen, nett, freundlich und ungeheuer hilfsbereit, im nächsten wie von einem Dämon besessen.

---

[3] In der Welt sein, aber nicht von der Welt sein.

Einmal sagte er zu mir: „Ich habe zu allen möglichen Leuten eine Verbindung, nur mit euch kann ich nichts anfangen, ihr seid meine Familie, aber ihr seid mir fremd."

Kurz darauf träumte ich, dass ich mit meiner Tochter vor einem alten Schloss in England oder auch Schottland stand, das lichterloh brannte. Dort in einem Raum, von den Flammen eingeschlossen, saß in einem Rollstuhl ein älterer Mann mit einer karierten Wolldecke über den Beinen. Wir liefen nicht hinein, um ihn zu retten. Wir überließen ihn dem Feuer.

Ich wusste, dass der alte Mann mein Mann Walther war. Als ich den Traum meiner Tochter erzählte, meinte sie nur: „Ja, wahrscheinlich hat er uns schon damals schlecht behandelt, sonst hätten wir ihn bestimmt nicht zurückgelassen."

Die Kinder waren zwiegespalten. Auf der einen Seite hatten sie Angst vor ihrem Vater, auf der anderen Seite liebten sie ihn. Als es wieder einmal besonders schlimm war und er wie ein Wahnsinniger herumtobte und brüllte, träumte ich in der Nacht von meinem ersten Counselor. Sie stand in einem leeren Raum und hatte einen Hexenbesen zwischen den Beinen.

„Los, hoch mit dir!", sagte sie zu mir.

Ich blickte an mir hinunter und merkte, dass ich auch auf einem Besen saß.

„Fliegen musst du lernen!", schrie sie.

Dabei zischte sie wild auf ihrem Besen im Zimmer herum.

Treffender hätte ich diese Beziehung mit all den spontanen 180-Grad-Wendungen nicht beschreiben können.

Obwohl mir die Idee einer Scheidung oft durch den Kopf ging, kam eine Trennung zum derzeitigen Zeitpunkt nicht für mich in Frage. Ich hatte das Gefühl, dass ich die Situation meistern musste und nicht einfach weglaufen konnte.

Walther hatte natürlich nicht nur Schwächen, sondern auch Stärken. Eine ganz besondere war seine Selbstlosigkeit und Hilfsbereitschaft. Benötigte man seine Unterstützung, dann half er bedingungslos. Er hätte sprichwörtlich das letzte Hemd für seine Familie gegeben. Das war eine sehr rare Eigenschaft und in meinen Augen hatte sie auch sehr viel mit Spiritualität zu tun.

Walther praktizierte das Gebot „Liebe deinen Nächsten wie dich selbst" wie kaum ein anderer. Meine Familie erkannte das und schätzte ihn sehr dafür.

Sie wollten ihm unbedingt eine Chance geben und schlugen vor, gemeinsam in ein Haus umzuziehen. Auf dieses Weise müsste sich Walther mehr beherrschen, er würde positiv beeinflusst und außerdem wäre es doch schön, auf dem Land zu wohnen – vor allem für die Kinder.

Eines Morgens wachte ich mit einer folgenschweren Erkenntnis auf: Ich erinnerte mich daran, wie Daya Mata zu mir gesagt hatte, dass Fred nicht der Richtige sei, dass er zwei Gesichter hätte und ich viel unter ihm zu leiden hätte. Mir war auf einmal klar, dass sie nicht ihn, sondern Walther gesehen hatte.

War das Zufall oder Karma?

Das Gesetz von Ursache und Wirkung, dessen wahre Natur sich mir erst viel später erschließen sollte.

Es dauerte viele Jahre, bis ich akzeptieren konnte, dass es Dinge gab, die ich nicht ändern konnte, und verstand, dass das Karma, mit dem man konfrontiert wird, dennoch kein Schicksal ist.

Wir fanden also ein Haus und bauten es von Grund auf um. Aus Monaten wurden Jahre. Wir arbeiteten, sparten, stritten. Fünf Jahre später war das Haus fertig und meine Ehe am Ende.

Walthers Unvermögen, seine Emotionen zu beherrschen, erstickte alle Gefühle und ließ andere, verloren geglaubte, wiedererwachen. Ich beschloss, mein Leben selbst in die Hand zu nehmen und endlich nach Antworten zu suchen.

Ich schrieb einen Brief an Fred und fragte ihn, warum er nicht zu mir gehalten hatte, mir nie geantwortet und uns nie eine Chance gegeben habe. Dieses Mal erhielt ich daraufhin tatsächlich einen Brief von ihm. Fred war fassungslos. Er erklärte mir, dass er mir unentwegt geschrieben habe – und ich daraufhin die Verlobung gelöst hätte. Doch das alles wäre ihm letztendlich egal. Wenn ich mich heute für ihn entscheiden würde, wäre er der glücklichste Mann der Welt.

Eine Bindung, die im Himmel gemacht worden sei, könne man auf Erden nicht lösen. Wir hätten von Anfang an zusammengehört. Ich solle die Kinder nehmen und zu ihm nach Amerika kommen.

Diese Wendung hatte ich nicht kommen sehen und sie machte mich frei und glücklich. Ich sehnte mich nach einem anderen Leben, hatte keine Lust mehr auf die Schreitiraden, das Drama, die Beleidigungen, die Vorwürfe, die von einer auf die andere Sekunde vollkommen grundlos über mich und die Kinder hereinbrachen. Ganz zu schweigen von der Angst vor den Züchtigungen, die Walther den Kindern nun oftmals nicht nur androhte.

Chandra und Dabhu beim Umzug

Ich hatte ihm unendlich viele Chancen gegeben, aber er hatte keine einzige wahrgenommen, alle verspielt.

Als die Situation wieder einmal eskalierte, sagte ich ihm, dass ich die Scheidung wolle. Er reagierte vollkommen hysterisch. Lieber würde er uns und sich umbringen, ehe er mich gehen ließe. Er bettelte mich auf Knien an zu bleiben. Er drehte dermaßen durch, dass ich tatsächlich Angst um unser Leben hatte, wusste ich doch, wie unbeherrscht er war.

Er war Offizier in der Bundeswehr gewesen. Seine Pistole lag immer in der Nachttischschublade. Als er wieder mal auf Dienstreise war, haben meine Schwester und ich sie stillschweigend in einem See entsorgt.

Ich blieb in Briefkontakt mit Fred.

Als sich die Lage weiter zuspitzte, reiste dieser heimlich nach München. Nach sechs Jahren begegneten wir uns wieder.

Ich war in der Zwischenzeit 32 und er 46 Jahre alt.

Ich erfuhr, dass Daya Mata nicht nur mir, sondern auch ihm gesagt hatte, dass unsere Beziehung zum Scheitern verurteilt wäre und wir nicht zusammen sein sollten. Der feine Unterschied war: Ich hatte Daya Mata geglaubt. Er nicht.

Im Gegenteil. Fred erzählte mir, dass er sofort gewusst habe, dass ich die Richtige für ihn sei.

Er habe damals am Fenster gestanden, als ich das erste Mal das India Center besuchte und mich auf dem Parkplatz gesehen. In diesem Moment sei es um ihn geschehen gewesen.

Doch damals habe dies eine tiefe Sinnkrise in ihm ausgelöst, schließlich hatte er sein Leben der SRF weihen und der Welt entsagen wollen.

Als wir uns dann öfter begegneten, wusste er, dass er seine Entscheidung korrigieren würde und sein Leben mit mir verbringen wollte.

Nachdem wir lange in München zusammen gesprochen hatten, war ich überzeugt davon, dass ich Walther trotz seiner Drohungen verlassen musste.

Wie sollte denn so ein Zusammenleben, das auf purer Erpressung basierte, für mich und die Kinder aussehen? Dies war mit Sicherheit nicht der richtige Weg.

Gottlinde und Chandra im Disneyland

Als Fred wieder abgereist war, begann ich still und heimlich meinen Umzug nach Amerika zu planen. Ich erklärte Walther, dass ich mir das mit der Scheidung durch den Kopf gehen lassen wolle und Abstand brauchte, deshalb würde ich für ein paar Wochen nach Kalifornien gehen – ich würde die Kinder mitnehmen, damit er sich um nichts kümmern musste.

Walther willigte ein.

Doch bald verstand ich, warum er so kompromissbereit gewesen war. Ich durfte nur meine Tochter mitnehmen. Er bestand darauf, dass unser Sohn bei ihm blieb. Meine Mutter und Schwester wohnten ja im Haus und die könnten sich so lange um ihn kümmern.

Ich besprach mich mit meiner Familie und entschied, dass ich dieses Problem auch später lösen könnte. Diese erste Reise war erst einmal dazu gedacht, mir ein Bild davon zu machen, wie eine Zukunft in Amerika aussehen würde.

Ob ich Arbeit finden und ob ein Zusammenleben mit Fred und den Kindern überhaupt funktionieren würde.

Im Juli 1971 verließ ich mit meiner Tochter das Land. Fred holte uns in Los Angeles am Flughafen ab und alles funktionierte reibungslos. Ich fand einen Job und ein schönes Appartement mit Pool. Meine Tochter besuchte die Schule, wir verbrachten viel Zeit am Meer und kamen blendend miteinander aus. Doch das Glück war nicht komplett – mein Sohn fehlte mir entsetzlich.

Kecap und viel Herzblut

Fred war in einer großen Familie aufgewachsen. Sein Vater war als jüngstes von drei Kindern in Java aufgewachsen. Er hatte in den Niederlanden studiert und war dann nach Indonesien zurückgekehrt, um dort Brücken zu bauen. Seine Frau war nicht nur sehr schön, sondern auch sehr intelligent. Um die Finanzen der Familie aufzustocken, hatte sie einen Food-to-go-Service gegründet. Sie kochte und die Kinder verpackten das Essen. Geliefert wurde per Rikscha. Sie war berühmt für ihre Kecap-Soja-Saucen, die sie bald in ganz Indonesien verkaufte. Sie war damit derart erfolgreich, dass sie all ihren Kindern Häuser schenkte und sie in Holland studieren lassen konnte.

Freds Vater war nicht nur Bauingenieur und Pflanzer, er war auch ein Kämpfer. Aufgeben war ein Fremdwort für ihn. Gleich mehrere Male hatte er seine Zuckerrohr- und Palmöl-Plantagen verloren.

Das erste Mal im Ersten Weltkrieg, als die Japaner das Land besetzten. Ein weiteres Mal zu Zeiten des indonesischen Unabhängigkeitskrieges. Da Fred damals erst 16 Jahre alt war, entging er der Internierung – im Gegensatz zu seinem eineinhalb Jahre älteren Bruder.

Fred erzählte mir einmal eine unglaubliche Geschichte über dessen Gefängnisaufenthalt. Er war zusammen mit zwei indonesischen Schamanen und seinem Cousin inhaftiert worden.

In den Gefängnissen hungerte man, es gab nichts zu essen. Den zwei Schamanen schien das nichts auszumachen.

Als Freds Bruder sie fragte, warum sie nie hungrig seien, erklärten die beiden ihm, dass sie jeden Abend ihren Körper verließen, um bei ihren Familien zu essen. Allerdings durften sie ihre Körper nicht zu lange verlassen, sonst würden sie sterben.

Am Anfang konnte keiner der Insassen die Geschichte glauben. Doch als die beiden Gefangenen jeden Morgen all die Neuigkeiten verrieten, die sich zwischenzeitlich außerhalb der Gefängniswände ereignet hatten, kamen ihnen Zweifel. Schließlich berichteten sie von Dingen, die sie unmöglich wissen konnten.

Nach dem Studium in Holland ging Fred nach Kalifornien, um dort als Chemiker für die Zuckerindustrie zu arbeiten. Jahre später gab er das weltliche Leben auf und trat der SRF bei.

Er zeigt mir sein Haus und wir überlegten, ob ich bei ihm einziehen sollte, denn es schien, als ob wir uns perfekt ergänzten.

Aber nach ca. drei Monaten kam ein Anruf meiner Familie. Walther drohte damit, dass er mir das Sorgerecht entziehen würde, wenn ich nicht nach Hause käme.

Zusammen beschlossen wir, dass ich zurückgehen sollte und wir abwarten würden, bis sich ein besserer Zeitpunkt ergäbe. Wir führten nun eine heimliche Brief- und Telefonbeziehung. Jeder wartete, jeder litt still für sich.

Nach meiner Rückkehr nach Deutschland pendelte sich langsam wieder der Alltag ein und ich begann, die Situation realistisch zu sehen.

Fred war ein Einzelgänger. All die Jahre war er allein gewesen – ohne Familie. Ich war mir nicht sicher, ob er wirklich mit einer Familie glücklich wäre, noch dazu mit zwei fremden Kindern von einem anderen Mann.

Auch hatten wir ja bis auf diese wenigen Monate noch nie wirklich für einen längeren Zeitraum zusammengelebt. Auch wenn er sagte, er wünsche sich eine Familie, hatte ich bemerkt, dass er in jeder freien Minute meditierte. Er brauchte so viel Zeit für sich, da blieb kaum Zeit für andere.

Die Kinder waren klein, sie brauchten sehr viel Aufmerksamkeit. Dann dachte ich an die Pubertät und ihn als Mönch. Würde er die Kinder verstehen? Dazu wurde mir klar, dass die Kinder auf viel würden verzichten müssen. Sie hatten dort keine Familie, keinen leiblichen Vater, keine Kindergartenfreunde und eigentlich auch keine Mutter. Denn ich wäre dazu gezwungen, den ganzen Tag zu arbeiten, und würde die Kinder erst abends sehen.

Weder Fred noch ich verdienten zu diesem Zeitpunkt gut genug. Er arbeitete jetzt bei der SRF in der Druckerei und hatte seit zwölf Jahren nicht mehr in seinem ursprünglichen Job als Chemiker gearbeitet. Später war er dort einer der bestbezahlten Männer, doch leider nicht zu dem Zeitpunkt, zu dem es für uns erforderlich gewesen wäre. Umso mehr ich über die Trennung nachdachte, desto mehr wurde mir klar:

Ich konnte diese Situation nicht auf den Schultern meiner Kinder austragen.

Es sprach so viel mehr dafür, dass ich beim Vater der Kinder blieb. Unter anderem auch, weil er genug verdiente, so dass ich nur halbtags oder gar nicht arbeiten musste und mich um die Kinder kümmern konnte.

Kurz darauf wurde mir die Entscheidung abgenommen. Meine Schwester wurde schwer krank: Gebärmutterhalskrebs im Endstadium. Ein paar Tage nachdem wir die Diagnose hatten, sagte sie zu mir: „Ich träumte, ich gehe durch dieses Haus und spreche mit euch. Aber keiner hört mich."

In ihren letzten Tagen schien sie bereits auf einer anderen Ebene zu sein. Sie begrüßte alte Freunde, und wenn man sie fragte, mit wem sie denn spreche, meinte sie nur: „Das sind Freunde aus einem anderen Leben. Die kennst du nicht."

Ein anderes Mal berichtete sie mir strahlend, sie habe von einem kleinen Mädchen geträumt, das freudestrahlend mit ausgebreiteten Armen auf sie zulief: „Dieses Kind, das ist mein Kind, das wartet auf mich", sagte sie dann zu mir.

Meine Schwester hatte keine Kinder. Hans, ihr Mann, war in jungen Jahren an Mumps erkrankt und war zeugungsunfähig.

In dem Jahr der Krankheit ging meine Schwester durch die Hölle und wir mit ihr. Die Krebsforschung stand noch in den Kinderschuhen, es gab keine hoch entwickelte Chemo- und Strahlentherapie wie heute. Meine Schwester starb nur ein halbes Jahr später im Alter von 38 Jahren.

Nachdem sie gestorben war, nahm mein Vater Gabrieles Seele zuerst wahr. Er stand im Garten an einem Beet mit Dahlien. Sie selbst hatte die Blumen gepflanzt und dabei gesagt. „Wenn die blühen, werde ich nicht mehr da sein."

Mein Vater hatte gespürt, wie ein Luftstrom auf ihn herabkam. Er hatte seine Arme ausgebreitet, Gabrieles Gegenwart gefühlt und war augenblicklich beruhigt und glücklich gewesen.

Auch ich hatte versucht, Kontakt mit ihr aufzunehmen. Es gelang mir erst nach 10 Tagen.

Vor meinem inneren Auge sah ich sie in einem Pavillon auf einem Ruhebett liegen. Sie erwachte und streckte ihre Arme aus, um den Wind zu spüren, der durch die offenen Säulen wehte. Ich war nur Beobachter. Von da ab sah ich sie öfter. Sie würde wieder malen. Das hatte sie auch schon gesagt, als sie sich gar nicht mehr bewegen konnte.

Sie zeigte mir, wo. Sie würde Kirchen restaurieren und große Gebäude in unglaublicher Höhe bemalen.

Als ich sie kurze Zeit später noch einmal sah, sagte sie zu mir: „Das war das letzte Mal, dass wir uns getroffen haben, ich muss jetzt weitergehen."

Ab und zu träumte ich noch von ihr. Ebenso die Familie und natürlich mein Schwager Hans, um den wir uns jetzt kümmerten.

Fred wartete inzwischen weiter. Jedes Mal, wenn wir telefonierten, hieß es: „Wann kommst du?"

Doch die Chancen standen schlechter als je zuvor. Ich war nun nicht mehr nur Mutter, sondern auch der Ersatz für meine Schwester. Meine Eltern wurden älter und verlangten immer mehr nach meiner Unterstützung.

Fred und ich beschlossen, uns mehr voneinander zu distanzieren, damit jeder sein Leben leben konnte. Das ständige Warten war zu zermürbend.

Also übergab ich die ganze Angelegenheit Yogananda und Babaji mit der Bitte, alles so zu regeln, wie es sein sollte. Ich wusste, mein Freund konnte ohne mich leben. Die Kinder aber nicht.

Da waren wir einer Meinung. Wir sprachen immer seltener miteinander – bis wir irgendwann den Kontakt verloren.

Mein Vater wurde sehr gebrechlich. Ich ging immer noch halbtags ins Auslandsfernmeldeamt. Da dies meinem Schwiegervater als oberstem Chef unterstand, hatte ich dort eine Art Sonderstellung.

Über die Zeit wuchsen wir als Familie immer mehr zusammen. Mein Schwager Hans, meine Eltern, mein Bruder Ananda, die Kinder, ich und sogar Walther.

„Ein Mensch kann nur dann zu einem heiligen Ort gelangen, wenn es eine günstige Konstellation der Planeten in seinem Leben gibt,

wenn sein Leben an einem Wendepunkt angelangt ist. Und das Gesetz von Ursache und Wirkung nachzulassen beginnt.

Dann fühlt er sich ganz von selbst von diesem heiligen Ort angezogen."

Babaji

Hans und der Sinn des Seins

Auch mein Schwager Hans hatte sich schon früh für Spiritualität interessiert. Das war umso erstaunlicher, wenn man um seine Kindheit wusste, die vom Nationalsozialismus geprägt war. Sein Vater war Richter im Dritten Reich. Hans wuchs im Luxus auf, ihm mangelte es an nichts, er lebte in einer Paradieswelt. Im Krieg wurde sein Vater Offizier der Wehrmacht.

Hans mit Vater

Einmal erhielt dieser den Befehl, einen Juden in den Wald zu führen, um ihn dort zu erschießen. Er ließ ihn laufen.

Kurz darauf kam er in Kriegsgefangenschaft. Als er wieder frei war, musste er beim Nürnberger Prozess aussagen und wurde freigesprochen.

Was Hans mit meiner Schwester verband, war der Glaube an ein göttliches Wesen, das über allen Religionen steht. Er hatte eine Mediationsgruppe der SRF in Frankfurt besucht, die meine Schwester leitete, und sich sofort in sie verliebt. Die beiden waren das perfekte Ehepaar, sie stritten so gut wie nie, verstanden sich wortlos.

Nach dem Tod meiner Schwester kümmerte sich meine Mutter um ihn. Sie bekochte ihn nicht nur, sie wurde sein Lebenspartner und Ratgeber. Jeden Tag verbrachten die beiden viele Stunden miteinander. Nie schien es ihnen an Gesprächsstoff zu mangeln.

Hans war sowohl Tiefbauingenieur als auch Geologe und arbeitete beim Wasserwirtschaftsamt in München, wo er später die Position eines Regierungsdirektors bekleidete.

Als führender Hydrologe war er unter anderem auch für Brunnenbohrungen verantwortlich. Heikel an dieser Aufgabe war, dass die Gemeinden die Bohrkosten anfänglich fast immer selber tragen mussten. Erst wenn man auf Wasser traf, konnte man mit den ersehnten staatlichen

Fördergeldern rechnen. Viele Bürgermeister verwünschten ihn deshalb, wenn man bei solch einer Bohrung nicht schnell genug auf Wasser stieß.

In solchen Situationen sprach Hans dann oft mit meiner Mutter. „Schau doch mal, ob da Wasser kommt“, war so eine typische Bitte.

Fast immer wusste meine Mutter genau, was zu tun war. Sie legte ihm die Karten und formulierte daraufhin ganz klare Empfehlungen wie: „Mach eine Schrägbohrung oder brich diese Bohrung ab.“

Oft zeigte sie ihm auch genau die Position, an der er erneut bohren sollte. Fast immer stieß er dann auf Wasser.

Für Hans war der Kampf zwischen Spiritualität und Rationalität ein ewiger Schlüsselkonflikt. So veröffentlichte er nicht nur mehr als 170 geologische Abhandlungen, sondern widmete sich nach dem Tod meiner Schwester auch intensiv der empirischen Beweisführung für ein Leben nach dem Tod.

Er korrespondierte mit allen Größen auf diesem Gebiet, häufte eine Unmenge an Literatur an und verfasste selbst Abhandlungen darüber, die auch publiziert wurden.

In seiner metatheoretischen Analyse „Die Frage des Fortlebens“, die 1990 als Sonderdruck im Resch-Verlag erschien, kam er zu folgender Schlussfolgerung:

„Logische Voraussetzung für eine Fortexistenz der Persönlichkeit ist der ontologische Dualismus[4], der durch die Psychokinese bzw. Telekinese stark gestützt wird.

Empirische Voraussetzung dafür ist die Fortleben-Hypothese, die über ihre gegebene instrumentale Richtigkeit hinaus auf ihre realistische

[4] Dr. Hans Wirth. Grenzgebiete der Wissenschaft, GW 39, 1990, Seite 296: Der klassische ontologische Dualismus, straff formuliert von Descartes, heute vor allem von J. Eccles vertreten, sieht im mentalen einen ontologisch eigenständigen Bereich. Für die früher nicht erklärbare Wechselwirkung zwischen Geist und Körper, bzw. Gehirn entwickelt Eccles aus der Neurologie eine dualistische Interaktionstherorie. Danach kann sich der seiner selbst bewusste Geist die Module des Liaisonhirns in die neuronale Maschinerie eingreifen und damit Handlungen veranlassen.

Wahrheit zu prüfen wäre. Dies erfordert eine empirische Interpretation des theoretischen Terms einer postmortalen Entität durch ein Modell. Insgesamt lässt sich im Rahmen dieser schematischen Untersuchung feststellen, dass es gewichtige Argumente für die Fortlebens-Hypothese gibt. Die ziemlich einhellige Ablehnung dieser These durch die heutige Parapsychologie lässt sich metatheoretisch nicht bestätigen. Die Fortleben-Behauptung, dass die Persönlichkeit den biologischen Körpertod überlebt, dürfte somit im naturwissenschaftlich-realistischen Sinne grundsätzlich eine wahre Aussage sein.

Die Frage des Bewusstseins und damit das Fortleben-Problem sind durch einen philosophischen oder psychologischen Monismus[5] nicht zu erklären. Der Animismus[6] ist so weit zu vertreten, als er verifizierbar ist. Eine Super-ASW (ESP)[7], mit dem alles erklärbar wird, ist wissenschaftlich nicht haltbar. In diesem nicht erklärbaren Bereich ist die spiritistische Hypothese als eine Erklärungsmöglichkeit zu akzeptieren. Somit kann die Frage des Fortlebens durch einen ontologischen Dualismus positiv beantwortet werden.“

Für die Kinder war Hans bald wie ein zweiter Vater. Jeder verstand sich mit ihm – auch Walther. Er wurde sein engster Freund. Walther hatte Respekt vor ihm und riss sich in seiner Nähe zusammen.

Eines Nachts hatte ich einen Traum: Ich war ca. zehn Jahre alt und stand mit meinem kleinen Bruder in einem Schloss. Im Nachbarzimmer sah ich meinen Vater. Er schrie und brüllte genauso, wie Walther das meist tat. Er trug ein golddurchwirktes Gewand und ein Wams. Die Beine waren mit Binden umwickelt.

Ich erwachte praktisch von seinem Geschrei. Der König hatte nur einen Sohn und den liebte er über alles.

---

[5] Dorsch, F. (1976). Dorsch Psychologisches Wörterbuch. Bern: Verlag Hans Huber. Stangl, W. (2020). Stichwort: ‚Monismus'. Online Lexikon für Psychologie und Pädagogik. Monismus: Annahme einer Einheit, eines Prinzips, als Grundlage allen Seins.

[6] Stangl, W. (2020). Animismus bezeichnet in der Psychologie die Denkweise, bei der Menschen annehmen, dass unbelebte Dinge lebendig sind und, diesen menschliche Eigenschafen oder typische Merkmale von Lebewesen zuzuschreiben.

[7] Super-ASW: Super außersinnliche Wahrnehmung

Seltsamerweise sprach Hans meinen Mann nie mit seinem Namen, sondern immer mit Papi an, obwohl Hans viel jünger war als er.

Walther war ein Machtmensch, aber auch ein Kulturliebhaber. Er nahm Fechtunterricht, liebte klassische Musik, kannte alle Operntexte auswendig, schrieb Poesie. Er war ein Intrigant und Stratege – und er fürchtete nichts und niemanden. Auch die umwickelten Beine des Mannes in meinem Traum erinnerten mich ein bisschen an Walther, der eine Anomalie der Venenklappen hatte. Stundenlang hatte man ihn daran operiert.

Mit der Zeit wurde mein Mann immer mehr zu einem Despoten und Choleriker. Ich floh oft zu meiner Mutter, die oben im Dachgeschoß wohnte. Sie sagte mir, ich müsse durchhalten. Aufgeben und aus dieser Ehe auszubrechen wäre keine Lösung.

Sie hatte das Gefühl, dass ich eine karmische Verbindung mit meinem Mann hatte, vor der ich nicht davonlaufen konnte. Ich müsste Gutes säen, Harmonie verbreiten, mit positiven Affirmationen arbeiten und an Gott appellieren, damit er mir die Kraft gäbe, den Herausforderungen gewachsen zu sein.

Mein Selbstwertgefühl und auch das der Kinder litt in dieser Zeit erheblich.

Aber Walthers Leben sollte sich durch Babaji, dem Meister aus dem Himalaya, grundlegend verändern.

Babaji stellt die Weichen

Mein Schwager Hans hatte einen Traum.

Ananda Moy Ma, „die Mutter der Glückseligkeit“, die bekannteste Heilige Indiens, wurde 84 Jahre alt und hatte ihn höchstpersönlich zu ihrem Geburtstag eingeladen. Er solle unbedingt kommen. Hans nahm den Traum sehr ernst.

Nachdem er ihn am darauffolgenden Morgen der ganzen Familie unterbreitet hatte, stand er ratlos vor uns und fragte: „Was soll ich denn jetzt tun?“

Die Antwort meiner Mutter kam, wie aus der Pistole geschossen: „Na, was wohl? Sie hat es dir doch gesagt, du sollst nach Indien kommen!“

„Nach Indien, du machst wohl Witze! Ich weiß gar nicht, ob ich jetzt so spontan Urlaub bekomme, außerdem ist das so weit weg, jenseits der Zivilisation. Dort ist es heiß und dreckig, das Wasser ist verseucht und mein Englisch ist schlecht. Ich kann zwar schreiben und lesen, aber wenn ich den Mund aufmache, versteht mich kaum einer, das weißt du doch.“

„Ja, aber das ist ja jetzt wirklich kein Problem, sprang ich ein. Dafür hast du mich, ich kann ja mitkommen.“

„Und ich auch. Ich wollte schon immer mal nach Indien“, stimmte mein Bruder Ananda mit ein.

Hans war inzwischen ein begeisterter Anhänger Yoganandas, und dieser hatte Ananda Moy Ma in seiner „Autobiographie eines Yogi“ sogar ein ganzes Kapitel gewidmet. Die Aussicht, diese große Heilige zu sehen, faszinierte uns alle.

Im Mai 1978 machten wir uns auf den Weg zu ihrem Ashram in Dehradun im Himalaya. Es war der heißeste Mai seit den meteorologischen Aufzeichnungen Indiens. Alles strömte in den kühleren Norden Indiens.

Obwohl es äußerst schwierig war, eine Zugfahrkarte zu bekommen, hatten wir Glück. Wir ergatterten drei Plätze in einem total überfüllten Zug. Die Menschen saßen auf dem Dach, zwischen den Waggons, auf den Puffern und blockierten die Gänge. Wir mussten zuerst nach Hardwar – eine der sieben Pilgerstädte Indiens im Staate Uttarakhand.

Nach mehreren Stunden kamen wir vollkommen durchgeschwitzt dort an. Wir buchten zwei Zimmer im einzigen Hotel der Stadt, das tatsächlich Airconditioning haben sollte. Das Gerät befand sich unmittelbar neben dem Bett und hing direkt zum Fenster hinaus. Es war unsere Rettung. Mein Schwager Hans stand bereits kurz vor einem Kreislaufkollaps. Er wollte das Zimmer nicht mehr verlassen.

Es gab nur eine einfache „Hocktoilette“. Ich fragte den Hotelbesitzer, ob er Toilettenpapier habe.

„Ja“, sagte er stolz und öffnete einen alten Holzschrank, der sich in meinem Hotelzimmer befand. Dieser war bis unter die Decke mit Papier befüllt. Es waren sorgfältig zusammengetragene Seiten aus alten englischen Zeitungen aus dem Jahr 1910, die mit Bindfaden zu kleinen Paketen gebunden waren. Die Seiten waren ganz vergilbt und brüchig.

Das Hotel blieb mir für immer in Erinnerung – auch weil ich dort den besten Curry meines Lebens aß.

In Hardwar treffen nicht nur die Flüsse Alaknanda und Bhagirathi aufeinander, um sich dort mit dem Ganges zu vereinigen, alle 12 Jahre findet dort auch die größte spirituelle Veranstaltung der Welt statt: die Kumbh Mela.

Die Stadt gehört dann den Sadhus. Asketen in orangefarbenen Tüchern mit langen verfilzten Haaren und dicken Mala-Ketten aus Rudrakshakernen. Die Haut vollkommen bedeckt mit heiliger Vibhuti-Asche, die Stirn mit roter Farbe und Chandan bemalt.

An die vier bis fünf Millionen Sadhus soll es heute in Indien und Nepal geben. Heilige Männer, die auf der Suche nach Erleuchtung der Welt und ihren irdischen Gütern entsagt haben.

Hans war nach einer Ruhepause und Stärkung wieder auf den Beinen.

Am nächsten Tag fuhren wir in den frühen Morgenstunden zu der heiligen Stelle, an der sich die drei Flüsse trafen. Ein weites Gebiet aus Sand erstreckte sich zwischen den Flussarmen.

Ein Sadhu saß am Ufer. Vor sich hatte er wunderschöne Papierbilder von Shiva, Krishna und anderen Aspekten Gottes am Boden ausgebreitet. Ich kaufte ihm fast alles ab. Noch heute hängen die Bilder gerahmt in unserem Haus.

Am darauffolgenden Tag ging die Reise weiter nach Dehradun. Der Ashram dort war prächtig geschmückt, überall wuchsen Palmen, exotische Blumen und Bodhi-Bäume. Unter den vielen Hundert Menschen befanden sich auch viele westliche Schüler von Ananda Moy Ma. Wir bezogen ein Zimmer in einem Gästehaus. Dann kam der große Moment. Wir begegneten Ananda Moy Ma.

Sie saß auf einem erhöhten Sitz im Garten. Vor ihr am Boden befanden sich in Reih und Glied und sorgfältig in zwei Seiten nach Geschlecht getrennt ihre Schüler.

Sie schien in einem anderen Bewusstseinszustand zu sein, vollkommen entrückt. Sie hob zwar ihre Hand in segnender Haltung, aber sonst war keine Resonanz sichtbar. Das hieß natürlich nicht, dass sie nicht alles wahrnahm, was um sie herum geschah. Ich hatte gehört, dass sie in diesem Zustand oft Ratschläge erteilte oder wichtige Fragen beantwortete.

Als der Darshan, wie man das Zusammentreffen von Meister und Schüler im Sanskrit bezeichnet, vorüber war, trugen sie zwei Mönche ins nahe gelegene Haus. Dort verblieb sie regungslos, wie eine Statue, eine lebendige Murti.

Lange danach saßen wir noch im Ashram und unterhielten uns mit anderen westlichen Schülern, die regelmäßig nach Indien kamen.

Am darauffolgenden Tag sollten die Festlichkeiten vorbei sein und Ananda Moy Ma abreisen.

Hans und mein Bruder meinten, es wäre am besten, wenn wir aufbrechen würden, eh sich die ganze Schar auf den Bahnhof begeben würde. Also fuhren wir frühzeitig zurück nach Hardwar. Dort gelang es uns unter großen Mühen, drei Tickets nach Delhi zu bekommen. Es hieß sogar anfangs, der Andrang sei so groß, dass wir wahrscheinlich eine ganze Woche lang auf die Fahrkarten warten müssten.

Als wir am Gleis standen, hatten wir eine eigenartige Begegnung. Der Bahnsteig war ein Meer aus pilgernden Sadhus. Wir hatten ein ganzes Bündel an Geldscheinen bei uns, die wir den einzelnen Sadhus gaben. Als mir gerade wieder einer entgegenkam, gab ich ihm zwei Rupien. Er hatte einen Stab mit einem Bündel daran und trug eine zusammengefaltete Decke über der Schulter. Er nahm das Geld mit gesenktem Kopf und in leicht gebückter Haltung entgegen.

Plötzlich richtete er sich auf. Er war von schlanker, großer Statur, sein Haar und sein Bart waren schneeweiß. Er sah jeden von uns an, und als wir in seine leuchtenden Augen blickten, spürte jeder von uns das Gleiche. Seine Augen trafen uns wie ein Blitz, sie waren wie lodernde Flammen.

Er nahm die Rupien und vollführte damit kreisende Bewegungen vor unseren Gesichtern, gleich denen beim Aarti, einem hinduistischen Ritual, bei dem einer Gottheit Licht dargeboten wird, segnete uns laut und berührte mit seiner Hand unsere Köpfe.

Dann sagte er in perfektem Englisch: „Euer Zug fährt auf Gleis 18. Geht über die Brücke, sonst bekommt ihr ihn nicht mehr. Macht schnell!"

Wir waren total entgeistert.

Sekunden später war der alte Mann verschwunden. Mein Bruder hatte sich noch einmal umgedreht und gespürt, wie dieser ihn im Vorübergehen gerade noch gestreift hatte.

Doch der Sadhu war nicht mehr zu sehen. Die zwei Männer liefen noch ein Stück den Bahnsteig entlang, weil sie nicht glauben konnten, wie er sich so plötzlich in Luft aufgelöst haben konnte, aber der Mönch war verschwunden.

Dann kamen uns seine Worte in den Sinn und wir beeilten uns, das Gleis 18 zu erreichen. Wir hetzten über eine Überführung. Treppe rauf, Treppe runter – und da stand er tatsächlich – der Zug nach Delhi. Der Schaffner winkte, wir sollten schnell noch einsteigen und schon schloss sich die Tür hinter uns und der Zug fuhr los.

Als wir unsere Plätze einnahmen, sprachen wir immer noch über die unglaubliche Begegnung. Mein Bruder und mein Schwager bemühten sich, das Geschehene rational zu erklären. Doch es gelang ihnen nicht.

Diese leuchtenden Augen, ich sehe sie noch vor mir. Es war so beeindruckend, dass man es nicht vergessen konnte. Der große, alte, junge Mann.

Zurück in Delhi stand vor allem das Red Fort auf unserer Liste der wichtigsten Sehenswürdigkeiten. Die imposante Palastanlage wurde im 16. Jahrhundert in der Epoche des Mogulreichs von Shah Jahan erbaut. Als wir uns in die Diwan-i-Khas, die private Audienzhalle des

Shahs begaben, in der einstmals auch der berühmte Pfauenthron stand, blickten wir auf den berühmten Vers des Poeten Amir Khusrav:

> *„If there be a paradise on earth, it is this, it is this, it is this."*[8]

Fast im gleichen Moment fiel unser Blick auf ein paar alte Männer in prächtigen Gewändern mit Turbanen und Schnabelschuhen. Sie saßen rauchend am Boden und unterhielten sich.

Als sie meinen Bruder sahen, verstummten sie und winkten ihn zu sich heran.

Ananda war ein begnadeter Mensch. Er konnte fantastisch Klavier spielen, studierte Mathematik, Physik und Astronomie. Zudem führte er ein sehr bewusstes Leben. Er praktizierte Yoga und war gegen das System. Gegen den offensiven Kapitalismus, die Gier, den Neid, die Unwissenheit. Dies spiegelte sich unter anderem auch in seiner Kleidung wider.

Als Ananda klein war, hatte er eine bestimmte Gabe, die auch bei den Tibetern als Meditationsübung angewandt wird. Wenn er jemanden nicht mochte oder eine Situation als unangenehm empfand, kniff er die Augen zu, wurde ganz still und sagte dann: „So, und jetzt habe ich dich ganz klein gemacht, jetzt kannst du schauen, wie du wieder groß wirst."

An diesem Tag sah der blonde junge Mann, zumindest was die Kleidung betraf, fast wie ein Inder aus. Er trug ein lockeres Hemd und eine weite Hose. Spontan setzte er sich zu den alten Männern und sprach mit ihnen.

Nicht nur für einen Augenblick, sondern mindestens eine Stunde lang. Wir machten ihn mehrfach darauf aufmerksam, dass uns, wenn er nicht bald ein Ende finden würde, wahrscheinlich der Hitzetod ereilen würde.

Ananda sagte hinterher, die Zeit sei ihm so kurz vorgekommen. Die Männer seien ihm wie lang bekannte Freunde vorgekommen. Sie hätten über die Geschichte Indiens, über Physik, Reinkarnation und das All geplaudert – jeder von ihnen sei unglaublich gebildet gewesen, sie hätten seinen Professoren an Wissen in nichts nachgestanden.

---

[8] Wenn es ein Paradies auf Erden gibt, dann ist es hier.

Jahre später, nachdem Ananda Vater geworden war, träumte ich, dass sein Sohn einer dieser alten weisen Männer war, der sich dort bei ihm neu inkarniert hatte.

Mein Bruder blieb noch einige Wochen länger als wir in Indien. Er traf dort einen Wissenschaftler nach dem anderen, wurde praktisch weitergereicht, durfte überall kostenlos wohnen und Essen. Als er zurückkam, erzählte er uns fassungslos, was er dort gesehen und erlebt habe, sei unglaublich gewesen.

Babaji – die erste Begegnung

„Erzähl mir etwas von Mahavatar Babaji."

Diese Worte sagte ich zu Dr. Tewari, als ich Babaji das erste Mal begegnen durfte. Er schaute mich lächelnd an, zögerte eine Weile und sagte dann: „Über welchen Babaji willst du etwas wissen? Über deinen Babaji oder über meinen?"

Es war Februar. Mein Schwager Hans hatte ein kleines Buch aus der Buchhandlung mitgebracht: „Babaji – Botschaft aus dem Himalaya".

Darin schrieb die Autorin Maria-Gabriele Wosien, dass sich der große Mahavatar Babaji wieder inkarniert habe.

Man sagt, Babaji könne sich in 108 verschiedenen Formen gleichzeitig materialisieren. Er ist allgegenwärtig. Selbst wenn er nicht mehr sichtbar in einem menschlichen Körper weilt, bleibt er immer erreichbar und seine Form auf einer subtilen Ebene immer bestehen.

Er ist der „Samba Sadha Shiva", von dem bereits in den Veden berichtet wird. Der Gott Shiva, der für das unendliche Bewusstsein steht und mit Shakti, der ewigen kosmischen Energie, das Prinzip universeller Einheit darstellt. Shiva ist Transformation. Er ist der Eine, der alles beendet, damit etwas Neues beginnen kann.

1970 inkarnierte sich Babaji erneut als Jüngling in einer Höhle am Fuß des legendären Berges Kailash im Kumaon-Himalaya, der seit Urzeiten als der Sitz des Gottes Shiva gilt.

Er bestieg den Berg und meditierte oben am Gipfel im Beisein eines alten Schülers 45 Tage lang ohne Schlaf, ohne zu essen, ohne zu trinken. Dann begann er seine Botschaft zu verbreiten und rief seine alten Schüler aus früheren Leben zu sich.

Er weilte 14 Jahre unter den Menschen und ist gekommen, um die Einheit jenseits aller Dualität zu lehren. In einer Rede vom 18. April 1980 formulierte er das so:

„Ich meine nicht die Einheit, von der man in der Politik spricht, sondern eine dem Menschen noch unbekannte Einheit, die nur durch tiefe Einsicht zu gewinnen ist: ohne Waffen, ohne Gewalt.

Was ich für Euch möchte, ist Einheit: die Erkenntnis, dass alle gleich sind."

Dies ist die Geschichte meiner Familie, die Mahavatar Babaji in den Jahren von 1978 bis 1984 zu sich rief. All die Lehren und Prophezeiungen Babajis sind längst berichtet und aufgezeichnet worden. Es sind ganz persönliche Erzählungen und Erlebnisse, und alle stellen nur einen kleinen Aspekt von Babaji dar, den er uns mit unserem begrenzten Verstand zu begreifen erlaubt hat.

Eine der wichtigsten Botschaften, die uns zuteilwurde, war die, dass Babaji gekommen ist, um uns auf die Zeit der großen Umwälzungen vorzubereiten. Eine neue Ära werde dem dunklen Kali-Yuga weichen und es würden sich Dinge ereignen, wie sie die Welt so noch nie erlebt habe.

Der große Mahavatar, über den Yogananda in seiner Autobiografie sprach – konnte es wirklich sein, dass er sich wieder inkarniert hatte? Dieses göttliche Wesen, das seit Anbeginn aller Zeit über die Menschen wacht und sie im Verborgenen leitet?

All das ging mir durch den Kopf, als ich das erste Mal das Buch von Maria-Gabriele Wosien las. War es möglich, dass der Babaji, zu dem ich innerlich bereits als Kind gesprochen hatte, hier in einem Körper irgendwo auf der Welt weilte und ich ihm eventuell begegnen konnte? Was heißt hier irgendwo? Maria-Gabriele Wosien hatte eine Adresse. Es gab also einen Ort, den man nur aufsuchen musste, und das Unvorstellbare würde wahr.

Ich schrieb an diese Adresse im Himalaya mit der Bitte, ob wir kommen dürften. Ein paar Wochen vergingen, dann kam die Antwort. Mit zittrigen Fingern öffnete ich den Brief. Es stand nur ein Wort darin: „Come!“

Ich hatte für mich und meinen Schwager angefragt und Hans hatte bereits alles akribisch geplant.

Wir würden für zehn Tage nach Indien fliegen. Erst nach Delhi, dann nach Vrindavan. Unser Ziel war ein Tempel, den Babaji sechs Tage besuchen sollte. Hans hatte bereits Kontakt mit einem Anhänger Babajis in Indien aufgenommen. Dieser würde uns in seinem Haus erwarten und dann gemeinsam mit uns nach Vrindavan reisen.

Mein Schwager war ein Mensch, der nichts dem Zufall überließ, immer war er auf alle Eventualitäten vorbereitet. Für die Reise hatte er sich mit allen erdenklichen Medikamenten ausgerüstet, inklusive Wasseraufbereitungstabletten. Er schätzte die Bequemlichkeiten der Zivilisation und war kein Fan von spontanen Abenteuern oder Survival-Szenarien.

So hatte er bereits ein gutes Hotel gebucht. Er hatte keine Lust, auf Strom, fließendes Wasser, ein weiches Bett und gutes Essen zu verzichten. Eben all die Dinge, die es in diesem Ashram im Himalaya-Gebirge laut Erzählungen nicht zu geben schien.

Deshalb hatte er auch genau die Zeitspanne, in der sich Babaji in Vrindavan befinden sollte, für unseren Aufenthalt gewählt.

Am 14. Februar 1979 war der große Tag. Wir flogen mit Air India nach Delhi. Bereits während des Fluges liefen immer wieder Bilder von Babaji vor meinem inneren Auge ab. Einmal öffnete sich ein goldenes, tibetisch anmutendes Tor. Ich sah ihn in einem schimmernden Gewand. Lachend winkte er mir zu.

Die Bilder wechselten vor meinem Auge, als wäre eine unsichtbare Kamera im Hintergrund installiert, die sein Gesicht immer wieder neu in verschiedenen Perspektiven und Formen zeigte.

12 Stunden später sollte die Maschine in Delhi ankommen, doch wir hatten so starken Bodennebel, dass wir erst in Mumbai landen konnten. Von dort aus flogen wir dann wieder zurück nach Delhi, was zur Folge hatte, dass wir einige Stunden später ankamen.

Als wir endlich bei Dr. Tewari, einem Biologen und Baba-Schüler ankamen, war dieser bereits aufgebrochen. Er bat uns nachzukommen. Wir nahmen ein Taxi und machten uns auf den Weg. Zwischen schwer beladenen Lastern, Zuckerrohr transportierenden Eselskarren, Rikschas, Kühen und Hunderten von Fußgängern kamen wir nur mühsam voran. Und es dauerte Stunden, bis wir das imposante Hotelgebäude erreichten.

Während wir zum Essen gingen, hatte ich meinen Koffer mit offenem Deckel auf dem Bett liegen gelassen. Nicht ahnend, dass in dem kleinen angrenzenden Zimmer ein Fenster geöffnet war. Als ich das Zimmer am Spätnachmittag betrat, hatten die Affen, die überall auf den prächtigen Bäumen vor dem Fenster gastierten, mir bereits die Arbeit des Auspackens abgenommen. Praktisch die Hälfte meines Kofferinhaltes befand sich hoch oben in den Baumwipfeln und wurde mit lautem Geschnatter begutachtet. Obwohl mir zum Heulen zumute war, war die Komik der Situation nicht zu verleugnen.

Ein Affe trug meine Bluse, ein anderer posierte stolz mit meiner Hose auf dem Kopf, ein weiterer hatte meinen BH für sich entdeckt. Es war ein fantastisches Schauspiel.

Als ich am nächsten Morgen erwachte, sah ich einen Affen, der sich mit meiner Bürste kämmte, ein anderer sprühte Deo, ein dritter war gerade dabei, meine Zahnpasta zu verspeisen.

Nachdem auch wir gefrühstückt hatten, nahmen wir eine Rikscha und fuhren zum Tempel. Ich sagte mir immer wieder: „Wenn es der echte Mahavatar Babaji ist, dann wird er dich auch erkennen." Schließlich hatte ich ja bereits zwei Begegnungen mit ihm in Yoganandas Ashram in Mount Washington gehabt.

Im Innenhof des Tempels saßen bereits viele Menschen dicht aneinandergedrängt am Boden. Wir bemühten uns, irgendwo noch ein kleines Plätzchen zu ergattern. Mit fortschreitender Stunde kamen immer mehr Leute. Man machte Aarti. Es war die gleiche Lichtzeremonie, die der Mönch bei unserem letzten Indienbesuch mit den Rupien-Scheinen vor uns zelebriert hatte. Dazu sang man heilige Lieder, die von Trommelmusik begleitet wurden.

Auf einmal wurde es still. An der rechten Seite des viereckigen Innenhofes des Tempels erschien mit beschwingten Schritten ein Mann. Er hatte welliges schwarzes Haar und war ganz in Weiß gekleidet. Er ließ sich ca. 15 Meter von uns entfernt auf einer etwas erhöhten Sitzgelegenheit direkt vor uns nieder. Mein Blick kämpfte sich durch Köpfe und Schultern, doch ich konnte nur Fragmente erspähen. Die Menschenmenge begrüßte Babaji lautstark mit „Bhole Baba Ki Jai" und fing an, Bhajans zu singen.

„Wenn man nur ein bisschen mehr sehen könnte", dachte ich. Leute knieten vor ihm nieder und behängten ihn mit Blumengirlanden. Sie machten Pranam vor Ihm, den ehrerbietigen Gruß, den man einem Heiligen entgegenbringt, und berührten seine Füße.

Er legte segnend die Hand auf ihre Köpfe.

Währenddessen sprach er zu dem jungen Mann an seiner Seite. Sodann balancierte dieser durch die Menge, blieb direkt vor uns stehen und signalisierte uns, mitzukommen.

Wir wurden durch die vielen Menschen nach vorne geschoben, bis wir uns vor Babaji verbeugen konnten. Dort knieten wir nieder und er schaute uns mit tiefbraunen, wundervoll strahlenden Augen an. Man hatte das Gefühl, dass er tief in einen hineinsah.

Er nickte und fragte uns, woher wir kämen.

„Aus Deutschland", sagte Hans.

Babaji lächelte und entgegnete: „Wenn die Zeit im Tempel vorbei ist, dann kommt ihr mit mir nach Haidakhan."

Hans blickte ihn irritiert an und meinte: „Aber wir haben doch nur noch vier Tage, dann fliegen wir zurück."

Babaji sagte daraufhin ganz gelassen: „Die Zeit wird reichen."

Als er sprach, wusste ich instinktiv, dass ich diese Stimme schon einmal gehört hatte. Es war genau dieselbe sanfte Stimme, die in Mount Washington zu mir gesprochen hatte. Ich sah ihn an und alle Zweifel, ob er der „richtige" Babaji sei, lösten sich in Luft auf.

Er gab uns eine Süßigkeit, segnete uns und meinte, wir sollten uns in die erste Reihe setzen.

Ich blickte mich in der Menge um. Es war eine bunte Mischung aus Indern und Menschen aller Nationen. Während ich mit geschlossenen Augen dasaß, schoss plötzlich ein Lichtstrahl direkt von Babaji zu mir.

Ich sah ihn mit einem Paket in der Hand vor mir stehen. Um ihn herum platziert waren noch viel mehr Pakete. Er fing an, diese systematisch aufeinanderzustapeln. Während er dies tat, hatte ich das Gefühl, dass er etwas in mir ordnete.

Seine Gegenwart hatte etwas unglaublich Strahlendes. Er war erfüllt von Güte und Liebe. Er widmete sich jedem Einzelnen, der zu ihm kam, hörte zu, gab Rat. In seiner Nähe schlugen die Emotionen hoch, viele Menschen mussten weinen. Es war, als würde er etwas tief in ihrem Inneren freisetzen.

Auch Hans war tief berührt. Er hatte keine seherischen Fähigkeiten und auch keine spirituellen Erlebnisse. Zeitlebens bedauerte er das

Rikschafahrt durch Vrindaban

und wartete darauf, etwas zu erfahren, was mit dem rationalen Geist nicht erklärbar ist. Dabei war seine Spiritualität einfach von einer anderen Natur, statt zu sehen, konnte er fühlen. Er spürte, wenn etwas einzigartig und nicht mit dem Verstand zu ergründen war. So wie in diesem Moment.

Er sagte zu mir: „Das ist etwas ganz Großartiges, an dem wir hier teilhaben dürfen. Etwas, dessen Ausmaß wir gar nicht begreifen können." Am Ende dieser einzigartigen Begegnung brachte uns eine Rikscha zurück ins Hotel.

Im Gegensatz zu unserem letzten Indienaufenthalt, während dessen wir eine Rekordhitze erlebt hatten, war es in dieser Nacht bitterkalt – es hieß, es sei der kälteste Februar seit Menschengedenken. Zahllose Menschen waren bereits erfroren. Ich musste unweigerlich an die Affen in den Bäumen vor meinem Hotelzimmer denken, die meine Kleiderspende jetzt bestimmt zu schätzen wussten.

Am nächsten Morgen fuhren wir wieder zum Tempel.

Der Weg dorthin war unbeschreiblich. Vrindavan, die Stadt Krishnas und der Gopis im frühen Morgen. Unendlich viele Tempel reihten sich wie eine Perlenschnur aneinander. Glockengeläut in allen Tonlagen. Die Luft war erfüllt mit Schwaden von Kohle und Weihrauch. So viel Weihrauch! Überall vernahm man Gebete und Gesang. Der Weg zum Tempel war weiß Gott eine Himmelsstraße.

Heute noch erinnert mich der Duft von Weihrauch an Vrindavan. Dieses Mal waren nicht ganz so viele Menschen im Tempel anwesend wie am Abend zuvor.

Babaji erschien, setzte sich und schwieg.

Jeder ging ehrfürchtig zu ihm und kam mit entspannten Gesichtszügen zurück. Es schien, als ob er all die Sorgen und Nöte der Menschen in sich aufnahm. Seinen Augen entging nichts.

Scheinbar planlos warf er Süßigkeiten und Früchte in die Menge, doch jeder erzählte im Anschluss, dass er in dem Moment, als ihn die Gabe zielsicher traf, einem ganz bestimmten Gedankengang gefolgt war.

Es wurde Mittag. Babaji unterhielt sich am Boden sitzend mit ein paar Männern. Wenn man ihn genau beobachtete, stellte man fest, dass er sich auf die gleiche Ebene mit ihnen begab, fast wie einer von ihnen wirkte. Das schien er mit allen so zu machen. Er vermittelte uns das Gefühl, dass wir alle gleich seien.

Auf einmal wandte er sich mir zu und bat mich, von mir zu erzählen. Nicht ohne einen gewissen Stolz gab ich preis, dass ich eine Schülerin Yoganandas sei, acht Jahre in dessen Ashram gelebt hätte und seit meinem 14. Lebensjahr Kriya Yoga praktizieren würde.

Innerlich kam mir der Gedanke, dass ihm das bestimmt gefallen würde. Ein bisschen kam ich mir wie ein „Insider" vor. Die SRF hatte uns ja immer in dem Glauben bestätigt, dass wir etwas Besonderes seien, weil wir die Botschaft des Kriya Yoga verbreiten würden. Außerdem kannte ich ja die Lehren und Schriften Yoganandas in- und auswendig.

Babaji lächelte mich an und sagte: „Kein Kriya Yoga mehr. Om Namah Shivay!"

Dabei bohrte er seinen Daumen fest zwischen meine Augenbrauen. „Warum meditierst du noch? Du musst nur eines tun: Das Mantra Om Namah Shivay rezitieren."

Ich blieb etwas verwirrt und sehr nachdenklich sitzen.

Nach einer Weile stand er mit den geschmeidigen Bewegungen einer Wildkatze auf.

Ich sah ihm nach und begriff, dass er mit allem verbunden ist, alles weiß. Alles, was gerade ist, und alles, was sein wird. Ich wusste tief in mir, dass er unbegrenztes und allgegenwärtiges kosmisches Bewusstsein ist.

Er kommunizierte ohne Worte mit meiner Seele. Er kannte mich besser als ich mich selbst. Er sah meine Schattenseiten, meine Fehler, aber auch das Gute und all die vielen verschiedenen Facetten meiner Persönlichkeit, die mir selbst verborgen waren.

Babajis Wesen kam mir wie ein kosmischer Nebel vor, ähnlich den wasserdurchtränkten Luftschichten, die sich um die majestätischen Bergriesen des Himalaya legten und die alles, was real war, verschleierten, als wäre es gar nicht existent.

Nur in den Augenblicken, wenn der Nebel das Dach der Welt freigibt, gelangt man zu einer anderen, höheren Einsicht. Mir wurde klar, dass man dieses überirdische Wesen nur so weit verstehen können wird, wie es der jeweilige Grad der eigenen Entwicklung zulässt.

Babajis Botschaft ließ sich auf wenige Worte reduzieren: „Wahrheit, Einfachheit und Liebe."

Er war gekommen, um uns einen Plan für die kommende Zeit, die so viele Herausforderungen mit sich bringen würde, zu geben.

Er gab uns eine mächtige Waffe. Ein Gebet für jeden und alle. Eines, das man unabhängig von Zeit und Ort beten kann: das Mantra „Om Namah Shivay". „Om Namah Shivay" bedeutet so viel wie „Herr, Dein Wille geschehe". Ich übergebe mich Dir.

Er sagte:

Widmet eure Arbeit Gott. Seid selbstlos und macht euch das Rezitieren dieses Mantras zu eurer zweiten Natur.

Der Name Gottes ist wie göttlicher Nektar, wiederholt ihn immerfort. In diesem dunklen Zeitalter des Kali-Yuga ist der Geist des Menschen von Geburt an schwach und ruhelos. Deshalb ist niemand fähig, wirklich zu meditieren, aber jeder kann beten und den Namen des Herrn wiederholen, egal welchen Namen ihn seine Religion lehrt.

Aus der Schwingung dieses Mantras ist die Welt erschaffen worden. Es ist ein Maha Mantra, eine machtvollere Version des Mantras, das den Mittelpunkt aller vier Veden bildet, und ein Kern-Mantra. Je kleiner und konzentrierter das Objekt, umso kraftvoller wirkt es. Ein Kern enthält die geballte Kraft in sich, um einen mächtigen Baum zu erschaffen, und so ist es im Vergleich viel machtvoller als ein Baum.

„Dieses Mantra ist stärker als Atom- und Wasserstoffbomben", sagt Babaji.

Indische Physiker und Mathematiker haben die Mahabharata wie die uralten Schriften indischer Gelehrter und Rishis untersucht und leiten daraus ab, dass die Welt zu Zeiten der Mahabharata vor ca. 6 000 Jahren technisch weiterentwickelter war als heute. Man war in der Lage, mit Mantren todbringende Waffen herzustellen.

Babaji erklärte mir, dass ich kein Kriya Yoga praktizieren müsse, denn alles sei Kriya.

„Jedes Handeln in dieser Welt einschließlich Essen und Trinken ist Kriya Yoga. Der Verdauungsvorgang in deinem Körper ist Kriya. Der Prozess der Vereinigung von zwei oder mehreren jedweder Dinge ist Kriya Yoga. Alles, was Friede, Glück und Nutzen für die Menschheit bringt, ist Kriya. Ihr müsst den Menschen dienen. Das ist wahres Kriya Yoga. Das ist es, wonach die Welt in dieser schwierigen Zeit verlangt."

Neben dem Mantra enthüllte er ein weiteres Geheimnis, mit dem man in schnellster Zeit den Zustand der Vollkommenheit erreicht: Karma Yoga.

„Nur durch selbstlose Arbeit in Verbindung mit dem Mantra Om Namah Shivay könnt ihr Vervollkommnung in dieser Zeit erreichen. Jedes materielle Bedürfnis kann durch Karma Yoga erfüllt werden. Karma Yoga ist die höchste Stufe des Yoga und es ist die einzige Form des Yoga, die ein sofortiges Ergebnis zur Folge hat. Rama und Krishna lehrten und praktizierten es.

Die Samen, die am Morgen gesät werden, sprießen am Abend. Der Farmer erntet den Erfolg seines Karma Yoga nach sechs Monaten. Jeder macht Karma Yoga auf natürliche Art, niemand kann ohne es existieren. Wir müssen unsere Handlungen nicht nur zum Wohle des Einzelnen, sondern zum Wohle aller ausführen. Karma Yoga gilt für die ganze Schöpfung.

Es ist sinnlos, Millionen Schafe zu gebären. Ein hart arbeitender Mensch ist genug, um die Welt zu retten. Wir müssen uns alle darin üben, dem anderen zu dienen, und dies die kommenden Generationen lehren.

Alle anderen Formen von Yoga sind zweitrangig, denn die Welt wird nur durch Karma Yoga geheilt.

Praktiziert es und schreitet als Beispiel voran. Die Menschen sind feige. Wer ausschließlich damit beschäftigt ist, Gutes zu tun, und daran arbeitet, positiv zu denken, hat einen guten Schlaf und keine schlechten Gedanken. Es ist die Inaktivität, die den Geist dazu bewegt, Kritik und negative Schwingungen zu produzieren.

Karma Yoga ist die höchste religiöse Übung, es wird euch befreien – das sagen auch die alten Schriften.

Nur durch Karma Yoga wird es möglich sein, dieses Zeitalter zu ändern und eine neue Ära einzuleiten.

Die Früchte des Karma Yoga werden in großartigen neuen wissenschaftlichen Entwicklungen deutlich werden."

Während Baba dies alles erzählte, durchzog ein köstlicher Duft den Tempel. Er hatte für uns kochen lassen. Das Essen wurde am Boden auf Bananenblättern serviert: Reis mit Gemüse, Dal, Chapatis.

Nach dem Mahl hatte jeder Zeit zu seiner freien Verfügung. Hans fotografierte alles im Tempel. Durch einen unglücklichen Zufall fiel die Kamera auf den Boden und der Auslöser funktionierte nicht mehr. Als wir abends in der langen Schlange standen, um Babajis Segen zu empfangen, drückte mir Hans die Kamera in die Hand: „Gib sie ihm doch mal. Vielleicht geht sie dann wieder."

Baba nahm die Kamera, schaute Hans an, nickte, drehte sie einige Male hin und her und gab sie ihm wieder zurück. Als Hans sie vor dem Tempel ausprobierte, klemmte der Auslöser nicht mehr.

An diesem Tag erfuhren wir auch etwas über den alten Haidakhan Baba, der sich zu Beginn des 19. Jahrhunderts auf der Spitze des Berges Kailash, in der Kumaon-Gegend, den Vorgebirgen des indischen Himalaya, materialisierte. Es wird erzählt, dass sich Babaji als strahlendes Licht über dem Kailash zeigte. Dieses Licht kam und ging ganz spontan. Als die Dorfbewohner des Ortes Haidakhan es wahrnahmen, versammelten sie sich und beteten.

Am dritten Tag formierte sich das Licht. Es wurde zu einer strahlenden Kugel, aus der ein Wesen erschien: Babaji.

Bis 1922 wurde er von vielen Menschen an den verschiedensten Orten gesehen. Er zeigte sich in Träumen, Visionen, in seiner Lichtgestalt oder auch körperlich und half in Zeiten der Not.

Er erschien einzelnen Menschen, aber auch ganzen Familien. Er verweilte nirgendwo lange, verschwand, tauchte woanders wieder auf. Es war kaum möglich, ihm einfach so zu begegnen.

In der Kumaon-Gegend wurde Babaji als Haidakhan Baba verehrt und war für zahlreiche Heilungen und Totenerweckungen bekannt. Im August 1922 löste er sich vor den Augen seiner Begleiter in Licht auf. Dies passierte genau an der Stelle, an der sich die beiden Flüsse Kali und Gauri treffen. Zuvor hatte er versprochen, zum Segen der Welt wiederzukommen.

Alter Haidakhan Baba

In der Zeit zwischen 1922 und 1970 segnete Babaji weiterhin Menschen in Träumen oder Visionen und kündigte seine Wiederkehr an.

1970 fand man ihn in einer Tausende von Jahren alten Höhle am Fuße des Kumaon-Kailash-Gebirges. Den Dorfbewohnern zeigte er sich an verschiedenen Orten gleichzeitig als alter Haidakhan Baba und als Jüngling ohne Geburt und Herkunft. Auch wir hatten diese Transformation erfahren, war uns Babaji doch damals in Form eines jungen, alten Mannes begegnet.

Von Vrindavan nach Haidakhan

An unserem dritten Tag in Vrindavan ließ mich Babaji aus der Menge herausholen. Er wies mich an, den Tempel sofort zu verlassen und in mein Hotelzimmer zu gehen.

„Go quickly!“[9], rief er.

Nachdem ich ein paar Sekunden mit mir gerungen hatte, sprang ich auf und folgte seinen Anweisungen. Als ich den Gang zu meinem Zimmer entlanglief, stand ein Sadhu vor meiner Tür.

„Ich habe hier gewartet“, sagte er. „Ihr geht doch zu diesem Haidakhan Baba.“ Ich nickte und schaute ihn fragend an. Dann begann er zu erzählen. Er habe sein ganzes Leben lang eisern Yoga praktiziert. Alle möglichen Praktiken und Pranayama-Übungen habe er gemacht, aber nichts davon habe zu einem spirituellen Durchbruch geführt. Er fühlte sich innerlich wie ein ausgetrockneter See. Er war ein Schriftgelehrter, er sprach sehr gut Englisch. Er sah mich zweifelnd an und sagte:

„Du hast den ganzen Weg aus dem Westen hierher gemacht, um diesen Meister zu sehen. Meinst du, er könnte auch mir spirituell weiterhelfen?“ Ich blickte ihn an, als ob ein Schaf vom Himmel gefallen wäre, und erzählte ihm, dass mich Babaji gerade in diesem Moment hierher in mein Hotelzimmer geschickt habe, und der Grund war für mich klar.

Ich sollte ihm begegnen und ihm versichern, dass Babaji ihm helfen könne. Berührt machte der alte Sadhu Pranam und tatsächlich sah ich ihn drei Stunden später im Innenhof des Tempels am Boden mit Babaji sitzen, tief in ein Gespräch verstrickt.

Einige Tage später begann unsere Reise nach Haidakhan. Von Mathura sollten wir den Nachtzug nach Haldwani nehmen und uns bei einem Schüler Babajis in Haldwani einfinden. Der Zug war wie immer total überfüllt. Nur durch inständiges Bitten gaben die Inder, die mit ihren riesigen Familien unterwegs waren, eine Bank für uns frei.

---

[9] Beeil dich.

Mit uns reiste eine Schülerin Babajis, die sich einen Magen-Darm-Infekt eingehandelt hatte. Kaum hatte sie sich hingesetzt, musste sie sich auch schon übergeben.

Es war ekelerregend. Sie erbrach sich über uns, über die Koffer und die gut gekleideten Inder auf der gegenüberliegenden Bank. Der Zug stand noch. Durch die Wärme entwickelte sich bald ein widerlicher Geruch, der schnelles Handeln gebot. Hans hatte natürlich die entsprechende Notausrüstung im Gepäck.

Mit Papiertaschentüchern und einer Flasche Wasser bewaffnet machten wir uns ans Werk. Nach den Reinigungsarbeiten warf ich die stinkenden Tücher mit bloßen Händen aus den vergitterten Fenstern hinaus ins Freie.

Dort hatten sich bereits zahllose Bettler eingefunden, die ihre von der Lepra verstümmelten Arme durch die Gitter gestreckt hatten, um Almosen von uns zu empfangen. Wir hatten ihnen bereits Geldscheine gegeben, aber sie wollten mehr. Doch als sie merkten, was wir jetzt aus dem Fenster warfen, verschwanden sie in Windeseile.

Ich verbrachte die Nacht auf meinem Koffer. An Schlaf war nicht zu denken. Jedes Mal, wenn ich gerade einnicken wollte, sah ich Babajis Gesicht vor mir.

Am nächsten Vormittag hatten wir endlich das Haus des Schülers erreicht. Es hatten sich bereits einige Menschen dort eingefunden. Sie saßen alle an der Hauswand in einer Reihe und aßen.

Wenig später kam Babaji und die Gruppe setzte sich in Bewegung. Mit einem Laster fuhren wir bis zur Damsite, der letzten Station der Zivilisation. Vor uns lag ein wunderschönes Tal, durch das sich ein friedlich plätschernder Fluss schlängelte. Vor längerer Zeit hatte man geplant, dort einen Staudamm zu bauen. Man hatte sogar mit den Bauarbeiten begonnen, doch dann war das Vorhaben wohl in irgendeiner Schublade der Behörde beerdigt worden. Für die wunderschöne unberührte Natur war das ein echter Glücksfall – und auch für den Ort, an dem Babajis Ashram stand.

Ab hier bewegten wir uns in Richtung Wildnis. Auf der Karte war das Gebiet sogar noch als weiße Fläche eingezeichnet. Vor uns lag ein Dschungel mit Tigern, Leoparden, Affen, Schlangen und giftigen Insekten.

Wir mussten sehr seltsam ausgesehen haben, als wir mit unseren Koffern von dem kleinen Laster kletterten, der uns zu diesem entlegenen Flussbett brachte. Dort standen bereits Pferde und Maultiere bereit, die uns befördern sollten.

Wie sich schnell herausstellte, waren es genau zwei Pferde und zwei Träger zu wenig. So ordnete Babaji an, dass Hans und ich unsere Koffer bis nach Haidakhan selber tragen sollten. Hans, von dem ich eigentlich eine etwas andere Reaktion erwartet hatte, schaute mich an und meinte: „Aha, jetzt dürfen wir schon mal Karma Yoga machen."

Der Weg zog sich ewig hin. Wir liefen immer am Flussbett entlang. Als wir den Fluss durchquerten, rutschte ich auf den schlüpfrigen Steinen aus und verlor meinen Schuh.

Babaji ritt gerade an mir vorbei, als das passierte, und warf mir einen prüfenden Blick zu.

Seit meiner Kindheit waren die Füße mein empfindlichster Körperteil. Andere Kinder konnten mühelos barfuß laufen. Ich nicht. Zu meinem Entsetzen hatte ich auch kein weiteres Paar Turnschuhe in meinem Gepäck.

Der Fluss trug noch viel Wasser. Er sprudelte über Steine, glasklar, die Wellen gurgelten und hüpften. Mein Koffer tauchte ein paar Mal unter und mein Sari war in der Zwischenzeit klitschnass.

Da ich barfuß nicht mit der Gruppe schritthalten konnte, vergrößerte sich der Abstand zu ihr zunehmend. Hans und ein junger Inder begleiteten mich.

Der Inder war ein Fernsehtechniker aus Mumbai. Babaji hatte ihm ein Schweigegelübde auferlegt. Dann hatte er ihm einen mit Silber verzierten Stock in die Hand gedrückt und ihm den Auftrag gegeben, bei uns zu bleiben.

Nach geraumer Zeit machte sich der Schlafmangel der vergangenen

Gottlinde und Hans auf dem Weg nach Haidakhan

Nacht bemerkbar. Jedes Mal, wenn ich zurückgefallen war, erzählte mir Hans später, habe der Inder symbolisch mit dem Stock geschlagen und ich sei daraufhin wie durch ein kleines Wunder wieder ganz energetisch weitergelaufen. Wir überquerten den Fluss sieben Mal und kamen erst bei Dunkelheit an.

Im Zwielicht konnte man erkennen, dass Babajis Ashram auf einem Hügel oberhalb des Flusses lag. Es war ein Anwesen mit rosaroten, weißen und pfirsichfarbenen Häusern. Davor erstreckten sich terrassenförmige Bananenhaine und exotische Blumenbeete. Ein bisschen erinnerte der Ort, der die rauschende Gautama Ganga überblickte, an ein Märchen aus Tausendundeiner Nacht. Die bunte Kuppel eines oktogonalen Tempels überragte die Bäume, die sich im Wind bewegten. Ein rotes, von Wind und Regen verwaschenes Fähnchen flatterte an der Tempelspitze.

Eine lange Treppe mit 108 Stufen führte hinauf zum Ashram.

Auf der obersten Stufe stand Babaji, der uns bereits erwartete.

„Es gibt nur eine Religion, das ist die Menschlichkeit.
Seid menschlich!
Dienst an der Menschheit ist Gottesdienst.“
Babaji

Nachdem wir unser Quartier bezogen und das Wichtigste ausgepackt hatten, war Zeit für die Andacht. Es war einzigartig. Ein kalter Wind fegte durch die von flackernden Lichtern erhellte Dunkelheit. Glocken wurden geläutet.

Ihr Klang wurde weit hinab ins Tal getragen. Laut ertönte der dumpfe Ton einer Muschel. Weihrauchschwaden zogen an uns vorbei und Gesänge durchdrangen die sternenklare Nacht.

Wir saßen am Boden in der Kirtanhalle. Ich war voll innerem Enthusiasmus, auch wenn ich körperlich ausgelaugt war.

Babaji schaute zu uns herüber und sagte zu mir:

„Go slow!“

Bei der SRF hatte ich immer gehört: „Do more and better."[10] Ganz egal, wie man sich gefühlt hatte.

Nach ca. einer Stunde suchten Hans und ich unseren Schlafraum auf, den wir uns mit sechs Männern teilten. Wir alle schliefen auf dem blanken Beton, ich war die einzige Frau. Gora, eine italienische Schülerin, die bereits längere Zeit bei Babaji lebte, brachte Hans und mir noch eine kratzige Wolldecke. Wir waren sehr dankbar dafür. Da wir den Ashrambesuch im Himalaya ja nicht geplant hatten, fehlte es uns an allem. An warmer Kleidung, an Isomatten und Schlafsäcken.

Am nächsten Morgen erfuhr ich, dass ich auch bei den Frauen, die im Ashram weilten, schlafen könnte.

In Yoganandas Ashram hatte ich seit der Sache mit Fred immer ein Gefühl des Versagens gehabt. War mein Ashramleben doch abrupt an einem Mönch gescheitert. Hier konfrontierte mich Babaji gleich mit sechs Männern, die in einem Raum mit mir zusammen schliefen. Ein undenkbarer Zustand bei der SRF. Es kam mir so vor, als hätte er mit dieser Handlung die negativen Muster aus meinem Unterbewusstsein ausradiert und mich wieder ins Gleichgewicht gebracht. Er hatte mir gezeigt, dass Gott keine Unterschiede macht. Nicht zwischen Mann und Frau, nicht in Bezug auf die Kultur, den Glauben oder die Konfession.

Und noch eine Lehre zog ich daraus: Jede noch so scheinbar unbedeutende Handlung, die Babaji ausübte, hatte einen tieferen Sinn.

Hans träumte in dieser Nacht, er wäre in einem Turm gefangen. Er nahm seine Faust und schlug gegen die Steinwände. Seine Hand hatte so viel Kraft, dass er sie zerschlagen konnte. Sie zerfiel und er flog mit großen Schwingen eines Adlers hinaus in die Freiheit, weit hinaus bis ins All!

Die Nacht war kurz, bereits um vier Uhr morgens ging es hinunter zum Fluss für das Bad in der Gautama Ganga. Ein unglaublich klarer Sternenhimmel leuchtete über uns. Es war Februar, es wehten kalte Winde von den Bergen herab. Das Wasser war trotzdem wärmer als die Luft.

---

[10] Mach mehr und mach es noch besser.

Diese rituelle Reinigung am Morgen und Abend reinigt Körper und Geist zugleich.

„Kein Vogel kann ohne meine Erlaubnis fliegen.
Ich bin überall, in jedem deiner Atemzüge.
Ich bin gekommen, damit du die Einheit jenseits der Vielfalt erkennst.
Ich werde dir eine nie erahnte Freiheit zeigen.
Erkenne, dass alles eins ist.
Suche Harmonie in allem, was du tust.
Ich bin Harmonie."

Nach dem Aarti und Babajis Darshan war ein emsiges Treiben im Ashram. Jeder hatte etwas zu tun. Babaji kam, nahm mich an die Hand und stieg mit mir auf das flache Dach eines der Ashramgebäude. Er trug ein orangefarbiges Gewand aus Hemd und Lungi-Tuch, das die Beine verhüllte.

Wir saßen oben auf dem Dach bei strahlendem Sonnenschein, hinter ihm der Kailash. Ich bedankte mich noch einmal, dass er uns die Ehre zuteilwerden ließ, uns in seinen Ashram mitzunehmen, und fragte ihn, ob ich ein Foto von ihm machen dürfe.

Er nickte.

Innerlich war ich so berührt von ihm, seiner Sanftmut, dieser unglaublichen Schwingung, die er ausstrahlte, die göttliche Schönheit, die er verkörperte. Ich konnte nur einen Gedanken denken, so sagte ich zu ihm: „I want to serve you.“[11]

Er hob beide Arme in abwehrender Haltung, sprang auf und ich saß allein auf dem Dach. Es hatte einige Zeit gedauert, bis ich begriffen hatte, warum er sich so verhalten hatte. Er wollte mir zeigen, dass ich mich nicht an seinen Körper haften sollte.

Eine seiner Lehren war:

„Lerne die richtige Distanz. Komme nicht zu nah, sonst verbrennst du dich, bleibe nicht zu weit weg, sonst kannst du meine Wärme nicht spüren.“

Ich hatte das Gefühl, dass er mir genau das sagen wollte. Später am Tag ließ er Hans und mich holen. Er zeigte uns das Dhuni, eine vedische Feuerstelle. Babaji erzählte uns, dass hier bereits die alten Rishis das heilige Feuer vor Tausenden von Jahren gehütet hatten. Dann nahm er meine Hand und fragte mich: „You come here, stay with me?“[12]

Ehe ich antworten konnte, wiederholte er die Frage noch einmal. Ich war in diesem Moment überglücklich, aber auch geschockt. Ich hatte nie erwartet, dass er mich fragen würde, ob ich bleiben wollte. Spontan erwiderte ich: „Yes, Baba, yes, I stay with you.“[13]

Später erzählte ich es Hans und auch, was ich geantwortet hatte. Hans meinte: „Er weiß, was er tut. Es wird so kommen, wie es sein soll.“

---

[11] Ich möchte dir dienen.

[12] Du bist hergekommen, bleibe bei mir.

[13] Ja, Baba, ich bleibe bei dir.

Am nächsten Tag fragte mich Babaji wieder, ob ich bei ihm bleiben würde. Ich antwortete dieses Mal: „Baba, mach, was immer du für richtig hältst."

Er schaute mich liebevoll an und entgegnete: „Yes, you are mine!"[14]

Auch das wiederholte er. Dann forderte er Hans und mich auf, ihm zu folgen, und zeigte uns den Ashram. Nicht die Gebäude, sondern das Gelände unten am Fluss. Wir gingen über kleine Brücken aus zusammengetragenen Steinen zur anderen Flussseite. Dort waren viele Arbeiter aus der Umgebung damit beschäftigt, einen Hang abzubauen. Man versuchte, eine Ebene zu gewinnen, um dort weitere Tempel zu bauen.

Die Arbeiter hatten nur Schaufeln und ein paar Schubkarren.

Immer wieder ertönte das Mantra „Om Namah Shivay".

Zwei Tempel waren bereits im Bau.

Dann ging Baba mit uns zu der Höhle, in der er sich als Jüngling aus Licht materialisiert hatte. Es war wie in meinen Fieberträumen als Kind. Ich erkannte den engen Eingang, der durch ein Licht im Hintergrund erhellt wurde. Ich kannte dieses Bild. Ich hatte es als Kind mehrmals gesehen.

Prem Baba, ein alter Yogi, der lange Jahre im Ashram lebte, hatte ein paar Kerzen für uns in der Höhle angezündet. Babaji sagte, dass wir uns setzen sollten, und ließ sich neben mir nieder. Er nahm meine Hand und rieb sie leicht. Dann zog er mich hoch und stand vor mir. Er legte seine Hand auf den Scheitel meines Kopfes und atmete mit geschlossenem Mund tief ein, dann atmete er tief aus. Ich fühlte, wie er in mich hineinatmete, spürte seinen Atem meine Wirbelsäule hinunterströmen. Ein Energiestrom floss durch meinen ganzen Körper bis hinunter in die Zehenspitzen. Chöre aus Musik waren ganz laut in mir zu hören.

---

[14] Ja, du bist mein.

Wellen von Licht durchfluteten mich. Dann drückte er mit einer Geste meine Schulter hinunter, ich solle mich wieder setzen.

Jetzt saß er an meiner rechten Seite. Er sagte zu Hans, er solle mit seinen Armen den Abstand bis zur Höhlendecke anzeigen. Während Hans dieser Aufgabe nachging, legte er seinen Arm um meine Schulter, zog mich fest an sich und rieb seine Wange an meine. Jedes Mal, wenn Hans die Deckenhöhe an einer anderen Stelle ausmaß, spürte ich, wie Babaji seine Wange an meiner rieb. Wieder und wieder berührten seine Lippen ganz leicht meine Wange. Er hielt mich ganz fest und flüsterte mir einige Worte in Hindi zu, die ich natürlich nicht verstand.

Prem Baba und Gottlinde

Hans bekam von alldem nichts mit. Wir saßen noch einen Moment ganz still, bis wir die Höhle verließen.

Baba wandte sich an Hans und ging mit ihm hinunter zum Fluss. Als ich aus der Höhle heraustrat, war ich wie in Trance. Abschnitte früherer Leben, in denen ich hier an diesem Ort zusammen mit Babaji gewesen war, zogen in meinem Geist an mir vorbei. Szenen, in denen ich für ihn und seine Anhänger kochte, Feuer machte, seine Kleidung wusch.

Ein unglaubliches Gefühl von innerer Freiheit überkam mich. Ich blieb noch lange vor der Höhle sitzen.

Prem Baba kam und wischte mir mit seinem Ärmel die Tränen von der Wange und umarmte mich liebevoll.

Bald war es Zeit für das Bad und das Aarti. Als wir uns dort Babajis Segen holten, teilte er uns mit, dass wir morgen früh um 3:00 Uhr zum Chandan kommen sollten, der ersten morgendlichen Feuerzeremonie.

Nach dem Bad am Fluss durften wir durch eine kleine Tür, die Babajis Raum vom restlichen Ashram trennte, die Treppe hinunter in Babajis kleinen Raum gehen. Neben dem kleinen Gebäude stand ein riesiger Bodhi-Baum. Wir betraten sein kleines Zimmer.

Babaji saß auf seinem Bett. Ein einfaches Holzgestell diente als Bett. Die Matratze war dünn, darauf lag ein buntes Laken. Die Einrichtung war spärlich: Ein kleiner Schrank und ein Regal. Neben dem Bett befand sich eine kleine Feuergrube.

Babaji hielt eine Schale mit der für das Chandan typischen gelben Sandelholzpaste in der Hand. Mit dieser Paste zog er drei gelbe Streifen quer über die Stirn. Das tat er bei jedem Schüler, der an dieser Feuerzeremonie teilnahm.

Dann drückte er mir segnend mit der roten Paste aus der Kumkum-Pflanze einen Punkt zwischen die Augenbrauen. Still legte er mir das Tuch, das er am Tag vorher getragen hatte, in den Schoß. Hans bekam das Hemd. Dem Tuch entströmte ein fantastischer Duft aus Moschus, Patchouli und anderen undefinierbaren Ingredienzien. Nun begaben sich die Anwesenden auf eine kleine vorgelagerte Terrasse. Dort setzte man sich im Kreis um eine quadratische, mit rotem Lehm ausgekleidete Feuergrube. Dann begann Babaji mit dem Feuerritual, das die Götter speist.

Auf einer flachen Schale reichte man ihm die Opfergaben: zuerst Holz, dann Früchte, Kokosnüsse, Reis und Sesam. Zwischendurch goss er einen Löffel flüssiges Ghee (indische Butter) in das Feuer. Funken sprühten, Flammen schlugen hoch. Shastriji, ein großer indischer Schriftgelehrter, zitierte begleitend dazu uralte vedische Mantren, die mit dem Segensruf Svaha beendet wurden. „Svaha“[15] steht für die Gabe an Gott, es kennzeichnet das Ende eines Mantras und bittet darum, dass seine Kraft segensreich sei.

Das Feuer sprühte, loderte hell, während Babajis Augen über den Himmel streiften und sich seine Lippen unentwegt bewegten. Es schien, als würde er mit Wesen und Welten kommunizieren, die wir nicht sehen konnten.

Die Himmel schienen alle geöffnet zu sein. Ein kalter Wind berührte uns, der klare Himmel, die funkelnden Sterne über uns. Wir saßen da, entrückt in eine andere Realität – Teil des großen Ganzen.

---

[15] Ich opfere, ich übergebe

Babaji, Shastriji und Muniraj bei einer Feuerzeremonie

„Ich bin niemand und nichts.
Dieser Körper ist nur hier,
um allen Wesen zu dienen.
Mein Name ist Mahaprabhuji,
der große Herr."

Nach dem Chandan wurde es langsam hell und der Morgen brach herein. Jeder ging den bereits gewohnten Weg zum Aarti. Babaji kam und gab allen seinen Darshan. Wir machten uns auf den Weg und überquerten den Fluss.

Am Erdboden lagen dicke Lagen spitzer, zerschlagener, abgesplitterter Steine. Da man in Indien in der Gegenwart eines Heiligen keine Schuhe trägt, war es sehr schmerzvoll, barfuß über die abgesplitterten Steine zu laufen. Obwohl es schmerzte, kann ich mich an keine einzige Verletzung erinnern.

Babaji setzte sich auf einen liegenden Baumstamm. Der Platz war geglättet worden und mündetet in einer steilen Böschung, dort sollte wohl eine Treppe gebaut werden. Die Arbeiter hatten bereits damit angefangen.

Babaji sagte mir, ich solle mich neben ihn setzen. Immer wieder rief er einzelne Arbeiter zu sich und gab ihnen eine Rupie. Nach wenigen Minuten kam es mir vor, als ob wir unter einem „Energiezelt" saßen.

Die Energie wurde immer dichter, bis sie sich von oben nach unten entlud. Nach unten über den Hang und die Arbeiter. Wir saßen mittendrin. Diese feinstoffliche Energie wirkte wie ein kräftiger Regen aus Licht. Das Licht war grau und weiß. Man konnte es auch hören.

Die Energie platschte auf den Boden in Form von Tausenden von Tropfen, die Erde spritzte hoch. Neben uns bewegten die Arbeiter rollend große Steine.

Manche waren größer als sie selbst und sie bewegten sie einfach mit dem Mantra „Om Namah Shivay" auf den Lippen.

Das Mantra dirigierte das Geschehen. Ich fühlte mich wie in einen Science-Fiction-Film. Alles war surreal. Babaji griff nach der kleinen Tasche, die ich bei mir trug. Er öffnete sie und nahm den Anhänger mit seinem Bild heraus. Ich hatte ihn in Vrindavan erstanden. Er rieb mit den Fingern segnend darüber. Das Gleiche tat er mit den zwei Kupferarmreifen, die sich in der Tasche befanden. Dann legte er mir die Tasche in den Schoß. Den Anhänger habe ich heute noch. Nach diesem Ritual gab er mir den Namen: Tura Ganthi.

Wir saßen lange dort. Ich betete zu ihm. Oh bitte, lass alles, was ich hier mit dir erleben darf, für immer in meinem Bewusstsein sein.

Unterdessen gab er den Arbeitern immer wieder Anweisungen, Geld oder Hilfestellungen. Er rief ihnen zu, wie sie etwas zu tun hatten. Dabei blieb er die ganze Zeit neben mir sitzen unter diesem Zelt von Energie. Alles war eine Einheit: Babaji, die Arbeiter und ich.

Ein Amerikaner kam dann später, um sich von ihm zu verabschieden, und nahm meinen Platz ein. In Dankbarkeit berührte ich Babas Füße und ging zurück auf die andere Seite des Flusses. Ich weiß nicht, auch später bei anderen Besuchen in Haidakhan kam mir immer wieder ein kleines Gedicht von Yogananda in den Sinn. Ich wiederholte es oft mental in Babas Beisein. Er lächelte dann und nickte jedes Mal bestätigend.

„Oh my Lord, I bow to your feet in front and behind, to the left and to the right, above and beneath, I bow to you everywhere, for you are everywhere."[16]

Meine ganze Hingabe lag in diesen Worten.

Er hatte Hans gesagt, er müsse die tiefe Traurigkeit über den Tod seiner Frau, meiner Schwester, loslassen, und gab ihm den Namen Tara Singh und ein spezielles Mantra, das er immer wiederholen solle.

Es wurde Nachmittag. Es war unser letzter Tag hier in diesem Paradies und, ich dachte mit Wehmut daran, diesen Platz wieder verlassen zu müssen.

Ich hatte Babaji ein Foto von Walther gezeigt. Er nickte und sagte: „Husband very good!"[17]

Hm, dachte ich, das kann jetzt doch wohl nicht sein Ernst sein. Doch wenn ich so nachdachte, zum Abbau meines eigenen Egos war er bestimmt ganz hervorragend geeignet. Unsere Beziehung war nicht die beste, obwohl sich jeder auf seine Art bemühte. Wir waren wie zwei Steine, die sich gegenseitig schliffen.

---

[16] Oh, Herr, ich verbeuge mich vor, hinter, links und rechts, oben und unten deinen Füßen. Ich verneige mich überall vor dir, denn du bist überall.

[17] Ehemann sehr gut.

An diesem Nachmittag rief mich Babaji noch einmal zu sich. Wir liefen gemeinsam ein Stück flussaufwärts. Er hielt meine Hand fest in seiner, in der anderen hatte er ein Taschentuch aus samtigem Material. Er ließ es fallen. Ich hob es auf und wollte es ihm wiedergeben. Mit einer Geste zeigte er mir, dass ich es behalten solle. Er sah mich eindringlich an und sagte:

> *„When you are happy, I am happy. When you are unhappy, I am unhappy. Be happy by the grace of Bhole Baba."*[18]

Dann löste er seine Hand aus meiner und lief etwas schneller vor mir her. Alles lief zeitverzögert vor mir ab. Baba schien in Zeitlupe zu laufen. Ich hatte das Gefühl, außerhalb von Zeit und Raum zu sein. Es herrschte eine „tonlose" Stille. Ich sah ihn laufen, aber seine Füße berührten nicht mehr den Boden.

Um ihn herum sah ich Licht in vielen Farben.

Er vervielfältigte sich. Ich sah ihn ein paar Meter vor ihm nochmals laufen, ohne den Boden zu berühren, einige Sekunden, Minuten? Ich hatte keine Ahnung wie lang – ich hatte kein Zeitgefühl. Dann vereinigten sich langsam die zwei Körper von ihm wieder in einen.

In diesem erweiterten Bewusstsein vermittelte mir Babaji ein tiefes Glücksgefühl. Ich wusste, dass er bei mir sein würde. Immer. Nie mehr würde ich von ihm getrennt sein. Er war allgegenwärtig, sein Bewusstsein und das meine waren ineinander verschmolzen.

Es gab nichts anderes als seine Gegenwart, und die war überall. In der Zwischenzeit berührte Baba wieder den Boden und ich sah, dass Shastriji in einiger Entfernung auf ihn zukam. Während Babaji und Shastriji weiterliefen, blieb ich zurück mit diesem fantastischen Erlebnis.

Eine ältere Dame aus dem Schwarzwald, mit der ich Jahre später in Rieferath, Babajis deutschem Ashram, ins Gespräch kam, erzählte mir, dass sie etwas Ähnliches mit ihm erlebt hatte.

Hans und ich fragten ihn, ob er uns als seine Schüler annehmen würde und ob wir wiederkommen dürften. Er schaute belustigt. Ich frage mich

---

[18] Bist du glücklich, bin ich es auch. Bist du unglücklich, bin ich es auch. Sei glücklich durch Bhole Babas Segen.

heute, wie viele Male wir ihm wohl schon diese Frage gestellt haben mögen im Laufe der vergangenen Leben.

„Ja, im Herbst“, sagte er. „Kommt im Herbst.“

„Lernt es, keine Pläne für die Zukunft zu machen
oder euch auszumalen, wie sie sein wird.
Vergesst eure Vergangenheit
und eure Gewohnheiten.
Lernt, euren Geist auf das Göttliche zu konzentrieren.
Alles ist Geist
und alles wird durch ihn erschaffen.
Die Kontrolle über den Geist
ist die wichtigste Übung.“

Delhi und ein Lebenstraum

Als wir nach Deutschland zurückkehrten, drehte sich alles nur noch um Babaji. Wir schlossen Freundschaften mit Schülern von ihm, lernten viele neue Menschen kennen, unsere Gedanken kreisten nur um ihn.

Meine Mutter war hochinteressiert, sie wollte unbedingt mit uns zusammen nach Indien reisen.

Im Herbst sollte er eine ganze Woche lang in Delhi sein. Das war ideal, denn für meine inzwischen 73 Jahre alte, gehbehinderte Mutter wäre die Reise nach Haidakhan nicht möglich gewesen.

Ein paar Tage bevor wir nach Delhi flogen, fand ich meinen kleinen Sohn weinend im Bett. Er wolle auch mit zu Babaji. Er erzählte meinem Schwager eine Geschichte über Babaji, die wir gar nicht kannten. Darin hatte Babaji einen Toten erweckt. Wir hatten zwar viel über ihn gesprochen und mein Sohn hatte bestimmt einiges mitbekommen, aber ganz bestimmt hatten wir ihm nicht solch eine Geschichte erzählt.

Wir fragten ihn erstaunt, woher er das denn wüsste? Die Antwort kam prompt: „Ich kann mich daran erinnern, ich war dabei."

Ich vertröstete meinen Sohn auf den Sommer. „In den großen Ferien nehmen wir dich und deine Schwester mit. Jetzt kannst du nicht mitkommen, es ist doch Schule", erklärte ihm Hans.

Mein Sohn war gerade neun Jahre alt. Ich kann mich an Folgendes erinnern. Als er fünf war, sagte er zu mir: „Mami, ich habe dich furchtbar lieb, aber den lieben Gott habe ich tausend Mal lieber."

Im Herbst flogen meine Mutter, Hans und ich nach Indien.

Die Flugroute führte über Teheran. Die Maschine war eine 001, sie flog von San Francisco aus einmal um die ganze Welt. Als wir aufgetankt hatten und wieder in der Luft waren, kam die Durchsage des Kapitäns, dass das Flugzeug nicht weiter steigen konnte und wir deshalb nur noch auf niedriger Flughöhe weiterfliegen konnten. Inzwischen war es eiskalt im Flieger geworden. Es brannte nur noch eine Notbeleuchtung. Es sah gespenstisch aus. Die Leute saßen frierend und verschreckt in ihre Mäntel gehüllt. Unter uns sahen wir die Kuppen der Berge. Sie endeten förmlich unter dem Bauch des Fliegers. Manchmal kam es einem vor, als würden wir direkt zwischen zwei Bergspitzen hinfliegen. So nah wollten wir dem Himalaya nun doch nicht kommen. Dennoch landeten wir sicher in Delhi. Als wir die Maschine verließen, stand der Kapitän an der Tür und sagte, dass der Treibstoff gerade noch gereicht habe, denn sie mussten die Tanks leeren, damit die Maschine an Gewicht verlor.

Ziemlich geschockt fuhren wir in unser Hotel. Das YMCA – ein preiswertes, aber gutes Hotel mit Trinkwasser. Nachdem wir im Speisesaal gegessen hatten, gingen wir zu Bett. Unter unserem Fenster war ein Mordsspektakel. An Schlaf war nicht zu denken. Die Inder feierten Guru Nanaks Geburtstag. Ein großer Heiliger, der sowohl von Hindus als auch Moslems verehrt wird. Zu seinen Ehren veranstaltete man ein Feuerwerk. Der ganze Qualm zog hoch bis zu uns durch die Fenster. Das Spektakel dauerte bis um drei Uhr morgens. Erst dann schliefen wir ein.

Ich erwachte durch einen Traum von Babaji. Er war so real, dass ich das Gefühl hatte, er hätte in Wirklichkeit an meinem Bettrand gesessen. Er hatte mich gerade wissen lassen, dass er nicht heute, sondern erst morgen nach Delhi kommen würde.

„Naja, dann machen wir heute Sightseeing", sagte Hans, nachdem ich ihm von meinem Traum erzählt hatte.

Wir waren gerade beim Frühstück, als Dr. Tewari uns die Neuigkeit mitteilte, dass man Babaji erst morgen erwarte.

Hans entgegnete: „Das wissen wir schon, Baba hat es uns im Traum gesagt."

Dr. Tewari lachte, schüttelte den Kopf, machte Pranam und ging. Vorher hatte er uns noch erklärt, wo und wann wir uns am nächsten Tag einfinden sollten.

Also sahen wir uns Neu-Delhi an. Meine Mutter und ich saßen im Taxi, während Hans ausgestiegen war, um ein paar Gebäude zu fotografieren. Meine Mutter sprach kein Wort Englisch. Doch der Umstand, dass wir uns den ganzen Tag in dieser ihr fremden Sprache unterhielten, schien etwas in ihr zu triggern.

Sie sagte intuitiv: „In meinem letzten Leben habe ich auf einer Schaffarm in Australien gelebt. Ich kann auch englisch sprechen. Ich fühle es. Es sitzt nur unter der Oberfläche meines Unterbewusstseins."

Hans und ich staunten nicht schlecht, als sie plötzlich anfing den Taxifahrer auf Englisch anzusprechen. Erst waren es nur ein paar Worte, dann Sätze, dann sprach sie auf einmal flüssig. Sie sprach eine ganze Weile, dann stockte sie und verlor die Worte. Ich glaube, sie selbst war am meisten über sich erstaunt.

Am nächsten Tag machten wir uns auf, um Babaji zu treffen.

Das Happening fand in einem Zelt statt. Wir reihten uns in die lange Schlange der erwartungsvoll wartenden Menschen ein. Babaji saß im Garten des Schülers vor dem Zelt und gab Darshan im Gras unter blühenden Blumen. Meine Mutter machte eine tiefe Verbeugung vor ihm, es war ihr körperlich nicht möglich, seine Füße zu berühren.

Er gab ihr ein spezielles Mantra, das sie praktizieren sollte.

„Om namo hari", was bedeutete: „I bow down to the divine."[19]

Als ich vor ihm kniete und er seine Hand auf meinen Kopf legte, hatte ich eine Vision. Ich sah, wie er mich aus meinem Körper heraus in seinen Schoß zog. Innerlich sagte ich ihm: „Lass mich hierbleiben, ich will nicht mehr zurück."

Er aber schüttelte verneinend den Kopf. Das machte er jeden Morgen mit mir, die ganze Woche lang. Meiner Mutter gab er alles zweimal. Jede Orange, die er ihr zuwarf. Jedes Bonbon. Sie wusste, die extra Portion war für meinen Vater.

Das Zelt war längst zu klein für all die Menschen, die kamen – es platzte aus allen Nähten. Unter all den vielen Menschen war auch eine deutsche Familie, die ein kleines indisches Mädchen adoptiert hatte. Der fünfjährige Sohn wurde von Babaji liebevoll in den Arm genommen.

Meine Mutter saß auf einem Klappstuhl an einer Seite des Zeltes. Hinter der Rückwand hatte sich ein Schlangenbeschwörer mit einem großen Korb voller Kobras niedergelassen. Ein junger Inder wich ihr nicht von der Seite. Er war überzeugt davon, dass sie in seinem letzten Leben seine Mutter gewesen sei. Er war der Sohn eines Textilherstellers.

---

[19] Ich verneige mich vor dem Göttlichen.

Meine Mutter sah ihm geradewegs in die Augen und sagte: „Nein, du warst nicht mein Sohn."

Während wir Bhajans, die typischen religiösen Lieder, sangen, kamen mir andauernd die Tränen. Ich konnte gar nicht aufhören zu weinen. Alles, was sich wohl mit den Jahren in mir angestaut hatte, schien sich zu lösen. Nach einer Weile zeigte mir Babaji mit einer Handbewegung, dass ich aufhören sollte zu weinen.

Der Abend, an dem wir uns von ihm verabschiedeten, um zurückzufliegen, war auch der letzte Abend für Babaji in Delhi.

Den ganzen Tag über hatten sich Menschen durch das Zelt gewälzt. Hunderte Girlanden waren über ihn gehangen worden. Tausende Male hatte man seine Füße berührt. Er war immer liebevoll und gütig, zeigte eine schier unendliche Geduld. Berge von Blumen lagen vor ihm.

Es war schon gegen 21:00 Uhr, als wir aufstanden, um uns von ihm zu verabschieden.

Johanna und Manu Singh beim Darshan

Als meine Mutter vor dem Podest stand, rutschte er in Windeseile von hinten ganz nach vorn. Sie verbeugte sich tief vor ihm. Er nahm sie bei den Händen, segnete sie und sprach einige liebevolle Worte, die man übersetzte.

Sie antwortete ihm: „Danke, dass ich das erfahren durfte. Diese große Gnade, hierherzukommen. Das war mein Lebenstraum."

Bis zu ihrem Tode widmete sie Babaji ihr Leben. Als sie alt und wacklig war, ging sie jede Treppe und jeden Weg zusammen mit ihm, er war ihr ständiger Begleiter.

Einige Wochen später hatte ich einen sehr schönen Traum. Babaji war mit mir in einem Wald. Riesige grüne Tannen wuchsen dort. Der Boden war moosig und dunkelgrün. Hellgrüne Gräser säumten einen Weg. Blumen wehten im Wind. Wir kamen zu einem Bergvorsprung. Darunter befand sich eine Höhle. Babaji sammelte Moos und Gräser und platzierte alles auf dem Boden der Höhle, bis ein weiches Bett entstand. Dann sagte er: „Das Bett ist für deine Mutter, hier kann sie gut schlafen. Ich kümmere mich um sie."

Meiner Mutter kamen vor Glück die Tränen, als ich ihr den Traum erzählte.

Babaji sagte einmal zu uns, er steige in die Träume seiner Schüler hinein, um ihnen zu helfen, sie zu begleiten und zu lehren. Wenn man von ihm träume, dann sei das eine wahre Begegnung und kein Traum.

„Ihr dürft im Sommer wiederkommen", waren seine letzten Worte an uns.

Unsere Tochter war jetzt zwölf Jahre alt und hatte sich eines Tages ein hübsches Foto von sich ausgesucht. Sie gab es mir und sagte: „Mami, das möchte ich dem Babaji schicken. Ich will ihn fragen, ob ich auch kommen darf."

So schrieb sie ihm einen Brief mit der Forderung, sie würde nur kommen, wenn er keinen „Mundan" mit ihr machen würde. Sie hatte von uns gehört, dass vielen in Haidakhan aus Gründen der inneren spirituellen Reinigung das Haar abgeschoren würde.

Babaji ließ ihr durch seine Schülerin und rechte Hand Gora Devi zurückschreiben: „Du kannst kommen. Ich liebe dich sehr."

Gora hatte das auch noch rot unterstrichen und die Bemerkung gemacht, dass er das nicht oft sagen würde.

Seit ihrem dritten Lebensjahr litt meine Tochter unter schwerem Asthma, dem Familienübel väterlicherseits. Dazu war sie eine starke Allergikerin und hatte Neurodermitis – das am gesamten Körper. Wir hatten zahllose Ärzte konsultiert, doch niemand konnte ihr helfen. Sie bekam Kortison. Tierhaare führten zu starken Atembeschwerden, Fisch und Nüsse waren lebensgefährlich.

„Ich bin überall.
Ich bin in jedem deiner Atemzüge.
Ich bin der Spiegel, in dem du dich selbst sehen kannst.
Ich bin Bhole Baba, der einfache Vater.
Ich bin gekommen, dir zu helfen, dich zu führen.
Gib mir deine Last. Ich trage sie.“

Die Entlarvung

Der Sommer kam und wir planten bereits unsere nächste Indienreise. Doch dieses Mal stellte sich mein Mann Walther quer. Es komme überhaupt nicht in Frage, dass wir wieder nach Indien fliegen.

Hans hatte ihm angeboten, für die Kinder zu zahlen. Doch es war kein Durchdringen zu ihm.

Er entschied: „Nein, die Kinder bleiben da. Schluss, Ende. Niemand fährt. Hans, wenn du dorthin willst, dann fahr allein."

Insgeheim hatten wir natürlich damit gerechnet, dass so etwas irgendwann einmal passieren würde. Also schrieb ich einen Brief an Babaji und erklärte ihm den Sachverhalt. Ich bekam keine Antwort, dafür passierte etwas anderes.

Walther stand eines morgens in der Küche und verkündete lautstark: „So, ich habe mich anders entschieden. Ich werde mit nach Indien kommen und diesen Scharlatan im Himalaya entlarven! Ihr werdet schon sehen, was passiert, wenn ich mit dem Klartext gesprochen habe."

Hans räusperte sich mehrmals, um etwas zu sagen, schluckte dann aber nur und sparte sich den Kommentar. Gesagt, getan. Wenige Wochen später flogen wir mit Sack und Pack nach Indien. Bei uns waren Sommerferien, dort Regenzeit.

Als wir in Delhi ankamen, war die Luft schwer und feucht, wie in einer dampfenden Waschküche.

Walthers erste Bemerkung war: „Ich muss wohl komplett verrückt gewesen sein, hierherzukommen. Was will ich denn hier überhaupt?"

Wir erinnerten ihn an sein „Vorhaben". Er schüttelte nur verständnislos den Kopf.

Ein Bus sollte uns von Delhi nach Haldwani bringen. Das war gar nicht so einfach. Alle Schilder waren in Hindi. Als wir einen Soldaten sahen, baten wir ihn, uns weiterzuhelfen.

„Kommt mit, ich nehme auch den Bus", sagte er.

So zogen wir bis zum „Kashmiri Gate“ durch die Straßen und stiegen dann in den Bus ein. Eingequetscht zwischen Indern, großen Gepäckstücken, Hühnern in Käfigen, schnatternden Enten in Körben, schreienden Kindern. Selbst das Dach des Busses war bepackt mit Leuten und Gepäck. Für die Kinder war es ein Kulturschock. Unser Sohn war hocherfreut, dass sich eine kleine Ziege zu ihm gesellte und sich auf seinen Füßen niedergelassen hatte.

Die Straße war gespickt mit Schlaglöchern und dicht befahren. Man sah einen Tata-Lastwagen nach dem anderen, oft auch mit gebrochener Achse am Straßenrand liegend. Die Laster waren über und über mit silbernen und goldenen Stanniolpapier-Girlanden und Heiligenbildern geschmückt. Wenn man auf diesen Straßen unterwegs war, hatte man auch wirklich das Gefühl, dass gar nicht genug Heilige mitfahren konnten.

Im Bus trafen wir einen Deutschen, den wir wiedererkannten. Wir hatten ihn in Delhi bei Babaji getroffen.

Die Reise in das 200 km entfernte Haldwani dauerte einen ganzen Tag.

Die Nacht verbrachten wir im „Kailash Hotel“, der Name klang vielversprechend. Es gehörte einem Babaji-Schüler, der eine Hühnerfarm betrieb. Im Schlaf waren die Flöhe über uns hergefallen. In der Früh servierte man uns das Frühstück an einem großen Holztisch, der eindeutig ein Relikt aus der Kolonialzeit war.

Wir waren zu fünft und teilten uns 2½ Messer, eines war durchgebrochen, wurde aber trotzdem noch benutzt.

Es war eine andere Welt.

Frühstück indisch v.r.n.l. Ganga Singh, Yoga Mal, Walther, Chandra mit Dabhu und Hans

Yoga Mal, der Hausherr, hatte für uns Pferde bestellt. Die sollten um 7:00 Uhr morgens an der Damsite auf uns warten.

Hans war Beamter und extrem pünktlich. Wir trieben die Kinder an, damit wir uns ja rechtzeitig am verabredeten Treffpunkt einfinden würden. Wir trafen noch weit vor der vereinbarten Zeit dort ein und warteten und warteten. Eine Stunde verging, dann eine weitere.

Wir standen und standen. Kein Mensch war in Sicht.

Hans wurde langsam etwas hysterisch. Er konnte partout nicht verstehen, warum sich die Inder nicht an einen Zeitplan halten konnten.

Lange Rede, kurzer Sinn. Wir mussten wieder zurück ins Hotel. Bald stellte sich heraus, dass die Pferde, die wir in Haidakhan bestellt hatten, nicht gekommen waren und wir auch nicht den geplanten Weg am Fluss entlang nehmen konnten. Aufgrund des Monsuns hatte die Gautama Ganga einen zu hohen Wasserpegel, sie war damit nicht passierbar. Wir mussten also den langen Weg über Ogadunga gehen.

Yoga Mal konnte gottlob noch ein paar Träger für uns organisieren. Inzwischen war es bereits Mittag und die Sonne brannte unbarmherzig von einem wolkenlosen blauen Himmel.

Erst liefen wir noch kilometerweit auf flachem Gelände. Dann wurde es langsam hügeliger. Nun ging es immer bergauf. Kleine Wasserfälle und große Steine machten ein schnelles Vorankommen nahezu unmöglich.

Walther kippte plötzlich mit einem Kreislaufkollaps um. Noch vor wenigen Minuten hatte er laut getönt, was er alles tun würde, wenn er erst in Haidakhan wäre. Jetzt war er auf einmal ganz ruhig. Wir legten eine Pause ein, päppelten ihn wieder auf und gingen weiter. Von nun an ging es im Schneckentempo weiter. Walther musste sich ständig setzen, dann mussten wir ihn beim Gehen stützen. Als wir schon vollkommen verzweifelt waren, kam uns ein kleiner Mann entgegen. Er kam aus Haidakhan und führte genügend Pferde für uns alle mit sich. Wir überzeugten ihn mit Geld und guten Worten, doch wieder nach Haidakhan zurückzukehren und setzten Walther auf eines seiner Pferde.

War vorher kein Wölkchen am Himmel zu sehen gewesen, war da jetzt eine große dunkle Wolke, die das Sonnenlicht blockte. Es war seltsam. Eigentlich ziehen die Wolken ja weiter, aber diese schien sich nicht von der Stelle zu bewegen. Uns war das natürlich recht und wir beobachteten das Phänomen.

Wir zogen weiter, doch wir bekamen es jetzt etwas mit der Angst zu tun, denn unsere Tochter war hochgradig allergisch auf Pferde, sie konnte sich nicht einmal in der Nähe eines Stalls aufhalten, schon bekam sie Atemprobleme. Doch es passierte nichts, sie musste nicht einmal eine Allergietablette einnehmen.

Die Wolke blieb uns treu – bis Haidakhan. In Ogadunga machten wir bei einem kleinen Teashop halt. Inzwischen war es schon spät. Wir tranken einen Chai. Bald würde die Sonne untergehen und in der Dunkelheit würden die Pferde nicht mehr weitergehen. Doch etwas trieb uns innerlich an, wir legten das letzte Stück des Weges in rasanter Geschwindigkeit zurück.

Kurz vor Anbruch der Dunkelheit hatten wir unser Ziel erreicht. Wir standen vor den 108 Stufen zum Ashram. Babaji erwartete uns bereits auf der untersten Stufe.

Unsere Tochter kniete vor ihm nieder und berührte seine Füße. Sie erzählte mir später, dass sie sich nicht sicher gewesen sei, ob sie sich vor ihm niederknien würde.

Sie habe da auch so ihre Zweifel gehabt, ob wir nicht alle etwas übertreiben würden, und sie habe ihren Vater auch verstehen können. Auf der einen Seite sei sie ja mit diesen ganzen spirituellen Erlebnissen der

Familie aufgewachsen, aber sie sei auch ein sehr logischer Mensch. Sie habe sich gesagt, der Moment werde darüber entscheiden, ob sie sich verbeugen würde oder nicht.

Genau in dem Augenblick, als sie Babaji gegenüberstand, wurde ihr die Entscheidung abgenommen. Eine unglaubliche Macht habe sie in die Knie gezwungen.

Sie hätte gar nichts anderes tun können, als sich zu verbeugen. Und als sie seine Füße berührte, waren diese wie Feuer, es war ein gleißendes Licht, das von ihnen ausging, und sie waren sengend heiß. Sie war fassungslos gewesen und wusste augenblicklich, dass all dies hier nicht mit dem Verstand zu begreifen war und sie einer höheren Macht begegnete.

Als sie wieder aufstand, hatte Baba sie nach ihrem Alter gefragt.

„Ich bin 13."

Baba schaute sie an und sagte zu ihr: „Baby, I give you a new skin."[20]

Sie trug einen langärmeligen Overall aus hauchdünner Baumwolle, die Neurodermitis war damit nicht sichtbar.

Babaji hatte in der Zwischenzeit oben im Ashramgarten Platz genommen. Hans und unser Sohn waren vor Walther die Treppe hinaufgestiegen. Hans erzählte später, dass der Bub den letzten Abschnitt der Treppe förmlich „hinaufgeflogen" sei, direkt in Babas weit geöffnete Arme.

„Dabhu, Dabhu", habe Baba immer wieder gerufen. Beide hätten sich angeschaut und gestrahlt.

Walther hingegen ließ sich Zeit. Er deutete eine leichte Verbeugung mit dem Kopf an, beugte aber kein Knie. Dann setzte er sich weit entfernt von der Gruppe auf den Boden.

Auch in den folgenden Tagen sollte sich daran nichts ändern. Er ging nicht in die Kirtanhalle und vermied jeglichen Kontakt.

Baba hatte inzwischen über Karma Yoga gesprochen. All seine Schüler arbeiteten am Flussbett. Hier ließ er sie aus den Steinen Mauern bauen.

---

[20] Baby, ich gebe dir eine neue Haut.

Die Arbeit war hart, dazu kam die Hitze.

Obwohl Walther die Andachten und den Tempel mied, beteiligte er sich an der Arbeit. Er wollte keinen Kontakt zu Babaji und beobachtete ihn argwöhnisch. Er schlief mit Hans in einem Zimmer, während die Kinder und ich in einem anderen Raum untergebracht waren.

Nach knapp einer Woche erzählte mir Hans am Morgen, dass es Walther nicht gut gehe. Er habe die ganze Nacht Schüttelfrost und hohes Fieber gehabt. Nachdem ein Arzt ihn untersucht hatte, diagnostizierte er Malaria – trotz Prophylaxe. Damals war die Medizin noch nicht so weit, es gab kein Medikament, das gegen alle Erreger wirkte.

Malaria war generell ein Problem, auch für die Einheimischen. Ein enger Schüler Babajis war ein Schweizer Arzt, der für ihn eine Klinik aufbaute. Dieser kümmerte sich um Walther und gab ihm Medikamente.

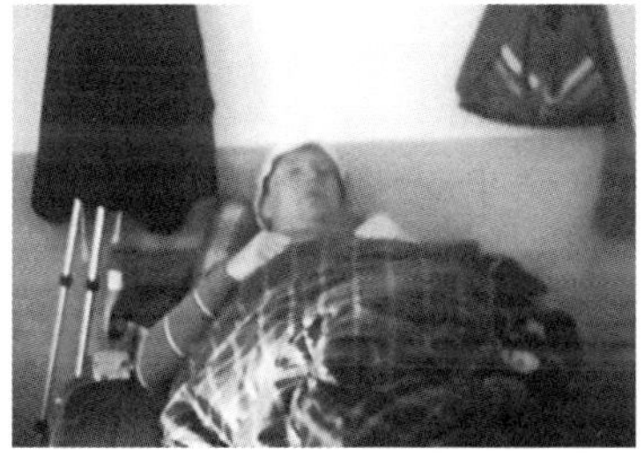

Fast eine Woche lang war er schwer krank. Er hatte hohes Fieber, war leichenblass und verlor eine Menge Gewicht.

Eines Abends, als die Glocken für das Aarti läuteten, sah ich Walther vor mir. Er schleppte sich in die Kirtanhalle, unrasiert mit einem 6-Tage-Bart und bewegte sich langsam auf Babaji zu. Dann beugte er die Knie und berührte stillschweigend Babajis Füße. Mir blieb förmlich die Spucke weg.

Babaji schaute ihn lange ernst an und sagte dann zu ihm: „Du bist hier durch meine Gnade. Dein Name ist Shyam Singh. Das bedeutete der Blaue. Shyam ist ein Name Krishnas."

Von diesem Tag an verbesserte sich sein Gesundheitszustand schlagartig. Einmal machte Babaji Chimta mit ihm.

Polaroid von Babaji und Walther

„Der Weg der Gottverwirklichung ist schwierig.

Wenige sind es,
die ihn gehen können.
Er ist ein Balanceakt
auf Messers Schneide.
Die Gnade des Meisters ist alles.
Kein Wissen ist ohne den Meister mög-
lich."

Chimtas sind Zangen, die für das Brennholz verwendet werden, aber auch ein Instrument der Feuer-Yogis. Babaji sagte, wer gesundheitliche Probleme habe, der solle zu ihm kommen. Walther zeigte Babaji eine bestimmte Stelle auf seiner Wirbelsäule. Er nahm die lange im Feuer erhitzte Zange und drückte das glühende Eisen kurz auf die Stelle. Es habe gezischt, sagte er, aber er habe keinen Schmerz gespürt.

Die Stelle am Rücken war hinterher feuerrot, aber es gab keine Brandblase.

Mit der Zeit beteiligte sich Walther immer mehr am Ashramleben. Als er wieder vollkommen genesen war, gab Babaji ihm die Aufgabe, die Kühe und Wasserbüffel zu schrubben. Er verrichtete alles zu seiner Zufriedenheit. Nein, im Gegenteil, er versuchte sogar, alles besonders gut zu machen.

Mir fiel auf, dass dieser Aufenthalt bei Babaji ganz anders verlief. Dieses Mal ging es nicht mehr um „Äußerlichkeiten", sondern es konzentrierte sich alles mehr auf das Innere.

Ich war ständig in einem inneren Dialog mit ihm. Mir wurde klar, dass er die spirituelle Führung meines Lebens übernommen hatte – und dass diese nicht mit diesem oder dem nächsten Besuch enden würde, sondern sich dies auf mein ganzes Leben auswirken würde. Wer sich auf Babaji einlässt, wird niemals verloren, sondern immer behütet sein.

Ziemlich am Anfang unserer Begegnungen in Haidakhan fragte ich ihn einmal: „Werde ich dieses Gefühl der Einheit, von dem du immer sprichst, in diesem Leben erfahren?"

Er stand einige Schritte entfernt von mir, drehte sich dann zu mir um und sagte laut: „Yes.“

Es kam so einfach über seine Lippen, als wäre es das Selbstverständlichste auf dieser Welt.

Wenn wir lange unten am Flussbett gearbeitet hatten, kam er oft vorbei, trank einen Tee mit uns oder rief einzelne Menschen zu sich. Manchmal saß er einfach neben uns auf den großen Steinen und verteilte Bonbons. Mir schob er mal ein großes Stück Kandiszucker in den Mund. Ich konnte den Mund gar nicht mehr schließen, so voll war er. Ich erkannte die Symbolik dahinter. Er würde für mich da sein, sich um all die weltlichen Schwierigkeiten und Probleme kümmern, ich müsste ihm nur vertrauen und daran glauben.

„Be happy – in the grace by Bhole Baba.“[21]

Meinem Sohn hatte er ja bereits bei unserer Ankunft den Namen „Dabhu“ gegeben. Als ich ihn fragte, was dieser bedeutete, erklärte er: „Ein Paket voller Süßigkeiten.“

Unsere Tochter benannte er nach dem Mond: „Chandra“.

Wir waren schon ein paar Tage im Ashram, als Dabhu eines Tages mit einem indischen Jungen gleichen Alters Fußball spielte. Baba stand kopfschüttelnd dabei und sagte immer wieder zu dem indischen Jungen: „Du bist doch viel zu alt, um Fußball zu spielen.“

Doch die Jungs lachten nur und spielten unbeirrt weiter. Nach einer Weile wurde das Spiel jäh unterbrochen.

Der indische Junge schaute hinauf in den gegenüberstehenden Baum und rief: „Schaut doch – dort oben, die große, gefiederte Schlange mit den vielen Diamanten!“

[21] Sei glücklich durch Bhole Babas Gnade

Er sah Baba an und fragte: „Siehst du sie auch?“

Baba fragte uns alle: „Seht ihr sie auch?“ Keiner von uns sah sie.

Dann kam der Vater des Jungen und erzählte uns, dass seine Frau gerne noch ein Kind gehabt hätte. Doch sie sei bereits nicht mehr in dem Alter gewesen, in dem dies möglich gewesen wäre. Also sei sie zu Babaji gegangen und habe ihn gebeten, es doch möglich zu machen.

Kurz darauf sei sie schwanger geworden. Das Kind sei auch gar nicht so lange in ihrem Bauch gewesen, es habe seine Mutter nicht lange belasten wollen. Es war der Junge, der die Schlange gesehen hatte.

Babaji verbrachte viel Zeit mit den Kindern.

Einmal hatte eine Schülerin einen Traum von Dabhu. Baba meinte, sie sei in einem früheren Leben seine Schwester gewesen. Sie träumte, dass er mit dem Kopf im Eingang eines Fuchsbaus stecken geblieben sei, keine Luft mehr bekommen habe und zu ersticken drohte.

Zu dem Zeitpunkt litt Dabhu sehr unter dem Gebrüll und der Behandlung seines Vaters. Babaji rief Hans und mich zu sich und bat das Mädchen, den Traum noch einmal vor allen zu erzählen. Daraufhin „übergab“ er Hans Dabhu. Er sollte sich die Vaterrolle mit Walther teilen.

Unsere Tage im Ashram waren weiterhin von harter Arbeit gekennzeichnet. Jeden Tag praktizierten wir das Karma Yoga, das Baba lehrte, und bauten die Mauern für den Company Garden.

In diesem Garten sollte Obst und Gemüse angebaut werden. Jetzt war dort nur Geröll. Es war Schwemmgebiet.

„All diese Steine hier im Flussbett der Gautama Ganga sind erlöste Seelen. Indem ihr diese Steine bewegt, tut ihr nicht nur etwas Sinnvolles, ihr arbeitet auch an eurem Bewusstsein“, erklärte uns Babaji.

„No one who does a good work will ever come to a bad end,
either here or in the world to come.“
Mahabharata[22]

---

[22] Niemand, der gute Arbeit verrichtet, wird böse enden, weder hier noch in der kommenden Welt.

Wenn der Monsun kam, wurde der Fluss entfesselt, das Wasser bahnte sich seinen Weg und riss alles mit sich. Deshalb konnten die Mauern nicht stark genug sein.

An manchen Tagen regnete es jetzt ununterbrochen. Man wurde gar nicht mehr trocken. Die Nässe hinterließ sogar ihre Spuren in den Betonwänden, die sich zum Teil mit Wasser vollsogen. Doch der Regen hatte auch seine Vorteile. Aufgrund des Monsuns zog es zu dieser Jahreszeit nicht so viele Menschen nach Haidakhan. Man hatte mehr Zeit mit Babaji.

Im Tempel standen eine Alabaster-Murti[23] in Form des „alten Haidakhan Babas“ und ein großer Lingam[24].

Es hieß, wenn man sehr still und in sich gekehrt sei, könne man den Herzschlag der Murti hören.

Ich ging gerne in der Früh zu dieser Murti und erzählte ihr die Dinge, die mich im Moment bewegten.

An einem dieser Tage kam Baba auf mich zu und gab mir die Antwort auf die Frage, die ich gerade eben der Murti gestellt hatte.

Wenn es draußen stark regnete, hielten wir uns oft in der Kirtanhalle auf. Wir sangen, er lachte und scherzte.

---

[23] Eine Murti ist eine Statue einer Gottheit.

[24] Phallus, Sinnbild für die Erschaffung der Schöpfung

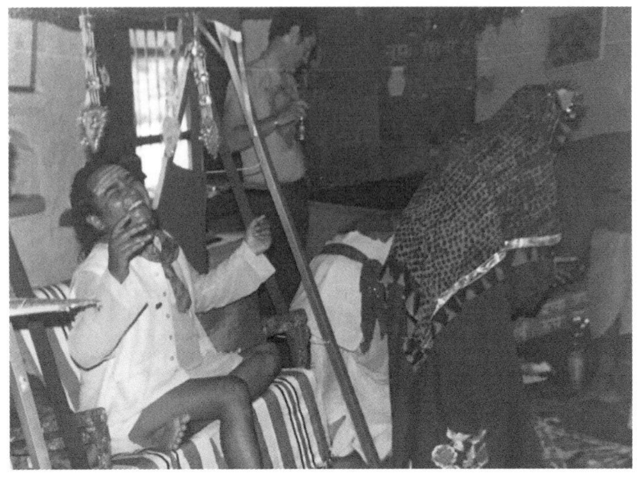

Dann war er wieder ernst. Sein Mienenspiel veränderte sich oft in Sekunden.

Dabhu hatte Babaji gefragt, ob wir am nächsten Morgen zum Chandan kommen dürften. Er bekam als Antwort: „Tomorrow morning night.“[25] Das konnte jetzt mehrere Bedeutungen haben. Wir suchten uns die praktischste aus und beschlossen einfach zwei Tage hintereinander zum Chandan zu gehen.

Er hatte mehrere so originelle Aussprüche. Manchmal sagte er: „Twomorrow“[26], ein anderes Mal: „Three-morrow.“[27]

Manchmal gab er den Schülern auch seltsame Namen wie „Shop-Yogi“ oder „Phillipine Nr. Four“ oder „Philli-paint“.

Einmal ging ich noch spät am Abend hinunter ans Flussbett. Damals gab es noch keine Toiletten im Ashram, es blieb nur der Weg in die Büsche und Steine unten am Fluss. Nachdem ich meinen Gang beendet hatte, blieb ich unter einem großen Baum stehen. Es war dunkel. Babaji war mit einer ganzen Gruppe Männer unten am Fluss. Dort standen Flutlichter, damit man noch spät am Abend arbeiten konnte. Ich setzte mich auf einen Baumstamm und schloss meine Augen.

Der Wind raschelte in den Blättern, der Fluss rauschte. Vor meinem inneren Auge sah ich das Flussbett. Ich sah Babaji mit den Männern stehen. Er leitete sie an und sie liefen hintereinander auf Linien aus goldenem Licht. Die Linien mündeten in einem Tor.

---

[25] Morgen früh Nacht.

[26] Zwei Morgen.

[27] Drei Morgen.

Das Tor gehörte zu einem anderen Haidakhan, das sich über dem Irdischen in lichten Höhen befand.

Jedes Mal, wenn die Männer von den Linien abwichen, rief Baba ihnen zu, sie sollen auf ihre Bahnen achten. Sie durften nicht abweichen. Das Ziel war das Tor. Über mir rauschte der Baum. Als ich hinaufsah, hatten die gerade noch dunklen Blätter die Farbe von purem Silber angenommen. Wenn sie aneinanderschlugen, ertönte ein metallischer Ton – so als würde Metall melodisch aneinanderschlagen.

Verzaubert hörte ich dem Baum noch eine ganze Weile lang zu.

„Ich bin gekommen, um zu geben.
Seid ihr bereit zu empfangen?
Ich gebe alles,
doch wenige sind es,
die wirklich nach
dem Eigentlichen fragen.
Warum ich gekommen bin?"

Am nächsten Tag saß Baba oben im Garten und malte. Ich saß unmittelbar neben ihm und schaute ihm zu.

Er gebot mir, Distanz zu halten. Wir hatten ihm Ölfarben mitgebracht. Er malte wunderschöne Bilder und holte so viele unterschiedliche Nuancen aus den Farben heraus. Auch die Kinder wollten ihm etwas schenken. Ich hatte ein Patchworkkissen genäht. Als sie es übergaben, saß er gerade in Goras Zimmer und hatte seine Füße auf eine Fußbank gelegt. Auf dieser platzierte er das Kissen. Es passte genau. Er hatte es mich praktisch passend für diese Bank anfertigen lassen.

Am darauffolgenden Tag ließ Babaji uns rufen, um uns mitzuteilen, dass er nun mit der Heilung unserer Tochter beginnen würde.

Babaji hatte eine Schülerin beauftragt, eine spezielle Flüssigkeit auf Chandras Haut aufzutragen. Er hatte ihr hierzu einen kleinen Kupferbehälter, eine sogenannte Lota gegeben. Diese wurde mit Jogurt befüllt und tagelang draußen stehengelassen, so lange, bis der Joghurt einen Teil des Kupfers absorbiert hatte und sich langsam grün verfärbte.

Chandra wurde angewiesen, in der Gautama Ganga zu baden, dann wurde die Joghurt-Tinktur aufgetragen. Vorher hatte er zu ihr gesagt, dass dieser Heilungsprozess sehr lange dauern und er ihn jedes Mal, wenn sie nach Haidakhan käme, fortsetzen würde.

Nach einer Woche bekam Chandra sehr hohes Fieber und auf ihrer Haut zeigten sich überall Blasen und eitrige Abszesse. Ich denke, wenn sie jemand in diesem Zustand in Deutschland gesehen hätte, wäre sie sofort ins Krankenhaus eingeliefert worden.

Als wir nach Hause fliegen wollten, ging es ihr zwar besser, aber es war nicht daran zu denken, dass sie den langen Weg mit uns hätte zurücklegen können.

Sechs Tage später – und genau einen Tag vor der geplanten Abreise war Chandra fieberfrei. Dafür hatte Babaji jetzt Fieber.

Wie durch ein Wunder hatten sich ihre Wunden quasi über Nacht geschlossen und auch später waren keine Narben zu sehen.

Chandra blieb noch ein paar Tage in Delhi bei einer sehr reichen Familie. Dort hatte sie sogar ihren eigenen Diener, was ihr natürlich sehr imponierte.

Zu Hause bemerkten wir bald, dass sich der Zustand ihrer Haut wesentlich verbessert hatte.

Wir benötigten nur noch die Hälfte an Kortison und beschlossen fortan, zwei Mal im Jahr nach Haidakhan zu fliegen.

„Ich bin gekommen, das Licht zu bringen,
euch über alle Begrenzungen und Verhaftungen hinaus in
die Freiheit des Einsseins zu führen.
Damit ihr eins werdet mit allem, was ist."
„Ich bin gekommen, um euch zur Einheit jenseits
der Dualität zu führen.
Es gibt nur eine Menschheit, seid menschlich!
Sucht die Bewusstseinserfahrung, dass wir alle eins sind.
Ich möchte euch eine Freiheit zeigen,
über eure Vorstellungen hinaus,
wo Löwe und Ziege aus einer Wasserquelle trinken."
„Ich will die Erhöhung der gesamten Menschheit.
In euch allen muss sich das Höhere Selbst entwickeln.
Die Abhängigkeit von niederen Kräften muss enden.
Dies wird durch Wandlung der Menschenherzen
in aller Welt geschehen.
Lebt in Einfachheit und Liebe und tragt
diese Botschaft hinaus in die Welt!"

Shivas Tanz

Es wurde Frühling und wir wollten Shivaratri, die „Nacht des Shiva", das höchste Fest zu Ehren Shivas, zusammen mit Babaji erleben. In Delhi angekommen, beschlossen wir wieder den Bus nach Haldwani zu nehmen. Doch an diesem Tag ging alles schief – wir verpassten den Bus und mussten eine weitere Nacht in Delhi verbringen.

Am nächsten Morgen lief alles nach Plan, wir kauften die Tickets und erwischten den Bus. Die Fahrt verlief reibungslos. Doch als wir kurz in Moradabad, einer Kleinstadt auf halbem Wege nach Haldwani, halten wollten, ertönten auf einmal Schüsse. Der Busfahrer reagierte panisch, er stieg sofort wieder ein und fuhr so schnell er nur konnte.

Unter den Passagieren brach Chaos aus, manche schrien, andere legten sich auf den Boden. Wir schauten entgeistert zum Fenster hinaus, ob wir verfolgt würden, doch man hörte die Schüsse jetzt nur noch aus weiter Entfernung. Im Laufe der Fahrt erfuhren wir, dass der Bus, den wir verpasst hatten am Tag zuvor in Moradabad von einer Gruppe aufständischer Moslems überfallen worden war. Sie hatten ein Massaker veranstaltet und alle Passagiere getötet. Unvorstellbar, was für ein Glück wir hatten – doch dafür war wohl eher Babaji verantwortlich. Wir waren uns einig, dass wir in Zukunft ein Taxi nehmen würden.

Kaum waren wir in Haidakhan angekommen, ging die Reise weiter. Wir begleiteten Babaji nach Chiliyanaula, einem kleinen Ort in der Nähe der Stadt Ranikhet im Bundesstaat Uttarakhand.

Dies war der Ort, an dessen Stelle Babaji für seinen Schüler Lahiri Mahashaya einen Palast materialisiert hatte, um ihn dort in den Kriya Yoga einzuweihen.[28]

Auf diesem Grund stand kein Palast mehr, aber Babaji hatte dort einen Tempel errichten lassen, der dem des legendären Palasts der Einweihung nahekommt.

Bald kam auch ein Ashram dazu.

---

28 Siehe „Autobiographie eines Yogi", Paramahansa Yogananda

Die Fahrt führte durch eine fantastische Bergwelt und dichten Urwald. Man erzählte uns, dass die Hänge jetzt nicht mehr so dicht von Bäumen besiedelt waren wie früher – so viel sei abgeholzt worden. Der Raubbau an der Natur hatte schwerwiegende Folgen und führte zu zahllosen Überschwemmungen.

Prächtig blühende Rhododendron-Bäume zierten ganze Berghaine und verzauberten sie mit ihrem magischen Farbspiel. Einmal hielten wir an und spazierten ein Stück den Hang hinauf.

Zwischen mächtigen exotischen Bäumen wuchsen Heilkräuter wie Arnika und Datura. Dazwischen tummelten sich Rehe mit weißen Punkten.

Chiliyanaula liegt etwa 1 800 Meter über dem Meeresspiegel und eröffnet eine unglaubliche Aussicht auf die ganze Himalayakette – vom Nanga Parbat bis zum Mount Everest.

Wir beobachteten den unbeschreiblichen Sonnenaufgang über dem Dach der Welt. Der Himmel erstrahlte in allen Facetten vom tiefsten Purpur hin bis zum sanftesten Rosé.

Im Ashram angekommen wies man uns ein Zimmer zu, in dem es keine Betten gab. Wir mussten die Nacht also am Boden auf einer Schilfmatte in unseren Schlafsäcken verbringen. Nachdem wir uns umgesehen hatten, gingen alle außer Chandra in Richtung Tempel. Babaji war angekommen.

Es war ein surreales Bild. Eine große Blaskapelle begrüßte ihn und spielte in ohrenbetäubender Lautstärke den Schlager „Rosen aus Athen". Die Kapelle musizierte lange und begeistert. Selbst im Tempel spielten sie weiter. Dazwischen fand die Aarti-Zeremonie statt. Während alle sangen, riss ein Unwetter mit einem ordentlichen Getöse immer wieder die Tempeltür auf. Mehrere Männer mussten alle Kraft aufwenden, um diese wieder zu schließen.

Die Bläser schien das weder zu stören noch zu verwundern, sie spielten unbeirrt weiter. Die Musik war so laut, dass wir gar nicht wahrnahmen, was draußen vor sich ging.

Als wir gegen 22:00 Uhr den Tempel verließen, schien es, als wären die Elemente vollkommen entfesselt. Ein schwerer Sturm tobte und eisiger Regen peitschte uns ins Gesicht. Blitze zogen über den Himmel, die Atmosphäre war gespenstisch. Es war Nachmittag gewesen, als wir den Tempel betreten hatten, der Himmel noch blau und sonnig. Die Luft warm. Jetzt war es eiskalt.

Wir suchten vergeblich nach unseren Schuhen – der Sturm hatte alles weggeweht.

In einer stockdunklen Nacht, die nur von gleißenden Blitzen spontan erhellt wurde, kämpften wir uns zurück zum Ashram. Unsere Zimmertür hatte der Orkan halb aus den Angeln gerissen. Die Schlafsäcke, die ich zum Lüften über die Fenster gehängt hatte, waren buchstäblich vom Winde verweht. Der Strom war ausgefallen.

Wir hatten mit Baba im Tempel wie in Abrahams Schoss gesessen, während riesige Bäume entwurzelt worden waren.

Chandra war als Einzige in unserem Raum geblieben, denn sie hatte sich auf einmal krank gefühlt. Als wir zurückkamen erwartete sie uns, als wenn nichts gewesen wäre. Wir blickten sie fassungslos an. Die Hälfte des Bodens war mit Wasser bedeckt, doch dort, wo sich ihr Schlafsack befand, war alles trocken.

Sie fragte nur, ob wir die Glocken auch gehört hätten? Wir sahen uns erstaunt an: „Welche Glocken? Draußen tobt ein Orkan!"

Sie erzählte uns, dass sie die ganze Zeit über Glöckchen läuten gehört habe. Der Klang hatte sie an die indischen Fußketten der Tänzerinnen erinnert. Sie hätten rhythmisch geschlagen wie bei einem wilden Tanz, immer wieder anders. Es sei so schön gewesen. Sie habe nichts anderes als diesen Klang vernommen.

Der Mond habe hell durch das Zimmer geschienen, die Sterne gefunkelt, manchmal habe sie einen leichten Windhauch verspürt, der durch die Bäume zog. Von einem Sturm hatte sie rein gar nichts mitbekommen.

Der Zyklon, der in jener Nacht wütete, zog über das ganze Ganges-Tal bis nach Kashmir – und fast überall hatte er enorme Schäden angerichtet.

Hatte man sonst schon das Gefühl, dass in Haidakhan nichts wie von dieser Welt war – diese Nacht war ein magisches Erlebnis. In diesen Stunden hatte wohl jeder die „Nacht des Shivas" auf seine eigene, ganz und gar unglaubliche Weise erlebt.

Am nächsten Morgen war der Himmel strahlendblau und ich erinnerte mich sehr klar an einen Traum, den ich hatte. Ich stand an eine Hausmauer gelehnt und blickte auf einen ganzen Straßenzug von Holzhäusern. Sie alle hatten verschmutzte Fenster. Ganz so, wie man es in Indien oft sieht. Neben mir standen mehrere Frauen, die einen Sari trugen. Die Frauen befanden sich in der Nähe eines riesigen Backsteinbaus, der einer Kaserne ähnelte. Ich konnte durch einen leeren Fensterrahmen nach innen blicken. Der Innenraum glich dem einer Grube. Es gab weder Zwischenwände noch Böden. In der Mitte befand sich ein einziges, tiefes Loch. Ringsherum positioniert waren vier Mauern mit Fensterrahmen ohne Fenster in der Höhe eines dreistöckigen Hauses. Als ich näher hinsah, war der Boden übersät mit Leichen von Kämpfern. Sie waren hoch übereinander getürmt.

Viele trugen ein Tuch um den Kopf und eines um die Hüften, keiner jedoch eine Uniform. Es musste eine ganze Garnison gewesen sein. Je länger ich hinschaute, umso mehr sah ich. Die Toten waren bereits halb verwest. Ich war so entsetzt, als ich aufwachte, dass ich erst einige Zeit brauchte, um mich wieder zu fangen. Der Traum war so realistisch gewesen, das Grauen so lebendig. Er hinterließ eine düstere Stimmung in mir und es fiel mir den ganzen Tag über schwer, ihn zu verdrängen.

Wir begannen, unsere Sachen zusammenzusuchen und zu trocknen. Alle Gegenstände, die der Wind fortgetragen hatte, fand man nun zwischen umgestürzten Bäumen oder im Gestrüpp. Bald darauf entschied Babaji, dass wir wieder zurückkehren sollten.

Er fuhr mit einigen Schülern im Auto. Wir nahmen den Bus, mit dem wir gekommen waren. Nach einer Weile hielt der Bus plötzlich an.

Riesige Baumstämme versperrten die gut ausgebaute Straße. Sie waren einfach abgeknickt wie Streichhölzer.

Wohin man auch sah – die Hänge waren übersät mit den gebrochenen Stämmen gigantischer Bäume. Es war, als ob Urgewalten gewütet hätten. Also fuhren wir wieder ein Stück zurück.

Jetzt erreichten wir einen Schlagbaum. Sperrgebiet. Das ganze Gebiet war vom indischen Militär besetzt. Aus diesem Grund waren auch die Straßen in solch gutem Zustand.

Wir nahmen einen anderen Weg, doch auch hier kamen wir nicht weiter – gleich mehrere riesige Baumstämme blockierten die Straße.

Alle im Bus waren ratlos. Mein Schwager mokierte sich: „Da stehen die Inder mit ihren Sägen einzeln herum, um diese Kolosse von Bäumen aus dem Weg zu räumen, statt ein bisschen strategisch zu denken und große Gruppen zu bilden, die zielorientiert arbeiten. Das kann doch nicht wahr sein! Die Chinesen brauchen nur ein paar Bäume zu fällen, schon ist das gesamte indische Militär hier oben manövrierunfähig."

Der Busfahrer machte keine Anstalten weiterzufahren, es war offensichtlich, dass er Angst vor dem Militär hatte.

Auf einmal stand Walther auf und stieg aus.

Inzwischen hatten sich bereits mehrere Soldaten um unseren Bus herum versammelt. Walther forderte sie auf, die Straße freizuräumen. Die Inder sahen ihn ungläubig an, sie sprachen ein paar Brocken Englisch. Ein Soldat fing an, mit seiner Handsäge einen Baum zu bearbeiten, die anderen standen unentschlossen herum.

Nach einer Zeit wurde Walther das zu dumm. Er wurde ungeduldig und brüllte die Soldaten an: „Jetzt holt gefälligst die anderen Männer, ihr zersägt jetzt alle zusammen die Bäume, damit wir sie wegschleppen können und nicht ewig hier herumstehen müssen!"

Nicht nur die Soldaten sahen Walther jetzt äußerst irritiert an.

Nach einer Weile trudelten mehr und mehr von ihnen ein und alle waren nun eifrig damit beschäftigt, die Straße passierbar zu machen. Und tatsächlich – zwei Stunden später waren wir wieder auf dem Weg. Leider nicht lange.

Der Fahrer blieb erneut stehen. Erst kratzte er sich nur am Kopf, dann blickte er sich um und sprach mit ein paar anderen Indern. Sie diskutierten und gestikulierten wild. Offensichtlich wusste keiner den richtigen Weg.

Doch mein Mann war bereits wieder in seinem Element. Er klopfte dem Fahrer auf die Schulter. Mit lauter Stimme erklärte er ihm, er solle jetzt weiterfahren, bis die erste Abbiegung kommt, dann solle er erst rechts und danach gleich wieder links abbiegen.

Vor und hinter uns lag nichts als dichter Wald, es war keine einzige Weggabelung zu sehen. Doch der Fahrer folgte Walthers Anweisungen.

Kurz darauf sagte mein Mann: „Langsam, da vorne kommt die erste Abzweigung, dann rechts und an der alten englischen Kirche vorbei, dann sind wir richtig."

Jetzt ging ich zu meinem Mann und fragte ihn: „Walther, wo soll denn hier eine alte Kirche sein, woher weißt du das denn?"

Er schaute mich verständnislos an und erwiderte: „Sei still, ich kenne die Gegend hier wie meine Westentasche."

Tatsächlich kamen die entsprechenden Abzweigungen. Wir folgten Walthers Beschreibung und nach einer Weile erblickten wir ein altes aus Natursteinen errichtetes Kirchlein mit spitzem Turm.

Ich sah ihn fassungslos an, während er nur mit den Schultern zuckte und sagte: „Frag mich nicht. Ich bin schon hier gewesen."

Die Freude währte nicht lang und wir kamen wieder an einen Schlagbaum. Dieses Mal schien die Fahrt wirklich zu einem Ende gekommen zu sein.

Walther stieg aus, während wir alle im Bus sitzen blieben. Er wurde von mehreren indischen Soldaten aufgehalten, doch er ging unbeirrt weiter und sagte: „Ich will den Kommandanten sprechen."

Die Soldaten waren wohl viel zu erstaunt, vielleicht war es aber auch seine autoritäre Art, jedenfalls parierten sie auf der Stelle. Walther folgte ihnen, wir warteten.

Nach ca. 10 Minuten erschien er mit einigen Offizieren und dem vermeintlichen Oberbefehlshaber im Schlepptau. Für Walther hatte man einen Stuhl gebracht. Es war der des Kommandanten erzählte uns Walther später.

Der Kommandant wies Walther an, sich zu setzen. Die Soldaten salutierten vor meinem Mann.

Die Szene war wie aus einem Film. Walther sprach mit dem Kommandanten und bat ihn, den Schlagbaum zu öffnen und uns passieren zu lassen, dann wollte er noch eine Karte, damit wir den Weg durch das militärische Gebiet zurückfanden.

Der Mann sträubte sich kurz, überlegte ein paar Minuten, doch dann nickte er Walther zustimmend zu. Man brachte die Karte und zeichnete den Weg ein. Wir wurden verwarnt, weder anzuhalten noch auszusteigen, bis wir uns wieder auf der regulären Staatsstraße befinden würden.

Als wir letztendlich dort ankamen, lagen auch dort allerlei umgestürzte Bäume, doch dieses Mal konnten wir geschickt um sie herummanövrieren.

Nachdem wir Walther noch einmal genau befragt hatten, wieso er sich hier so gut auskannte, dachte er eine Weile nach und sagte dann: „Ich muss hier wohl mal selbst der Kommandant gewesen sein, zu Zeiten der Engländer."

Sri Muniraj[29] hatte Walther in Chiliyanaula immer wieder lachend gefragt: „Na, wie gefällt es dir hier?"

„Oh, sehr gut, ich liebe diese Gegend. Wenn ich im Ruhestand bin, dann baue ich mir hier vielleicht ein Haus", hatte seine Antwort gelautet.

Haidakhan wurde verschont. Der Zyklon hatte dort keinen Schaden angerichtet, nicht ein Baumstamm wurde gekrümmt, erzählte mir die Tochter von Prem Lall, einer sehr wohlhabenden Inderin. Sie war während in der Zeit, als wir in Chiliyanaula waren, mit ihrer Mutter dort eingetroffen. Es sei ein unglaublicher Orkan gewesen, aber neben dem Heulen des Windes habe sie vor allem den Klang von Tausenden Glöckchen vernommen. Ihre Mutter habe zu ihr gesagt: „Hörst du es? Shiva tanzt. Es sind die Glöckchen an seinen Füßen."

Es sei die ganze Nacht zu hören gewesen.

---

[29] Schüler Babajis, der nach Babajis Hinscheiden auf sein Geheiß die spirituelle Führung übernahm.

Wie alles zusammenhängt – Leben für Leben

In der folgenden Nacht träumte ich die Fortsetzung des Traumes der letzten Nacht. Wieder waren da die vielen toten Inder und Menschen aus den Bergregionen. Sie hatten ihr Leben bei einem Aufstand verloren. Ich sah einen langen, langen Zug mit flachen, großen Wagen. Auf ihnen lagen unendlich viele tote Soldaten. Sie lagen dicht nebeneinandergedrängt. Ein Wagen war besonders geschmückt.

Er barg einen einzigen Toten, der mit vielen Ehrungen versehen aufgebahrt lag. Der offene Sarg wurde von einer britischen Flagge geschmückt, darauf lag ein Kranz, darüber befand sich ein weiterer, kleiner Lorbeerkranz und dann sah ich noch eine Zahl.

Aufgrund des schnell an mir vorbeifahrenden Zuges konnte ich sie nicht genau erkennen, aber ich war mir sicher, dass es die Zahl 1857 war.

In diesem Moment wusste ich, dass der Tote Walther war. Ich wusste, dass sich das Geschehen zur Zeit der Aufstände ereignet hatte, als die Engländer die Sepoys bekämpften.

Walther hielt eine hohe Position beim Militär inne.

In einer riskanten Situation hatte er die Lage falsch eingeschätzt, das mussten viele Menschen mit ihrem Leben bezahlen. Auch er war gestorben, ich wusste allerdings nicht wie.

Das Jahr 1857 markierte den indischen Aufstand, der nicht nur das Ende der Britischen Ostindien-Kompanie, sondern auch das der Mogul-Dynastie bedeutete.

Walther hatte genau zu der Zeit, als die Bundeswehr sich gerade erst wieder neu formierte, Wehrdienst geleistet. Bei einem Manöver musste er bei Eiseskälte durch die Iller marschieren, das harte Training hinterließ seine Spuren. Er und einige andere seiner Kameraden kamen mit schweren Erfrierungen zurück. Kurz nachdem Walther Offizier war, kehrte er dem Militär den Rücken. Er stand nicht mehr hinter dem Kriegsapparat.

Er fing an, jegliche Form von Gewalt zu verurteilen, und wurde Pazifist. Vielleicht auch, weil er spürte, dass er selbst so viel von dieser destruktiven Energie in sich trug.

Mein Schwager Hans hingegen war immer noch erklärter Militarist. Der Grund hierfür lag wohl in seiner Kindheit. Er hatte nur glückliche Erinnerungen an die Kriegszeit und assoziierte sie nicht mit Tod, Schrecken, Hunger und all dem Grauen, das der Krieg mit sich brachte.

Schon in jungen Jahren war er mit seinem Vater nach Frankreich gefahren, um dort Soldatenfriedhöfe zu besichtigen. Ich kann mich erinnern, dass er in Indien immer eine Art Safari-Look trug, der stark an die Uniformen der Soldaten erinnerte.

Auch salutierte er gerne als Form einer Begrüßung.

Das mag jetzt alles sehr negativ und gar nicht nach Spiritualität klingen, aber auf der anderen Seite war Hans ein herzensguter Mensch, der keiner Fliege etwas zuleide hätte tun können – dennoch war dieser militaristische Zug ein Teil seiner Persönlichkeit.

Auch träumte er oft, dass er in seinem letzten Leben als englischer Offizier in Indien gewesen und auch schon damals mit meiner Schwester verheiratet war. Sie war als Britin bei einem Attentat auf einen englischen Offiziersclub ums Leben gekommen. Sie befand sich gerade auf der Tanzfläche, als eine Bombe detonierte, die Decke zum Einstürzen brachte und die Trümmer sie begruben.

Als wir dieses Mal in Haidakhan waren, kamen viele Erlebnisse aus verschiedenen früheren Leben in unser Bewusstsein. Viele Fragmente fügten sich zusammen. Es war, als ob man ein Puzzle zusammenbaute.

Doch hierzu muss ich wieder etwas in der Zeit zurückreisen – genau gesagt zu dem ersten Tag, bevor wir von Haldwani nach Haidakhan aufbrachen.

Es war unser erster Tag im Kailash Hotel in Haldwani. Wir beschlossen, mit den Kindern auf den Markt zu gehen. Es war schon gegen Nachmittag und wir machten uns zu Fuß auf den Weg. Bald zweifelten wir, ob dies die richtige Entscheidung gewesen war, denn die Menschen starrten uns an, als hätten sie noch niemals solch exotische Kreaturen gesehen. Die Kinder war sehr hellhäutig und blond. Sie fühlten sich ein bisschen wie im Zoo.

Unser Weg führte am Bahnhof vorbei, dessen Anblick einen direkt in die Kolonialzeit zurückbeamte. Auf den Gleisen standen noch die alten englischen Lokomotiven. Antike, schnaubende Ungeheuer, die mit Kohle gefüttert wurden.

Als wir ankamen, fuhr gerade mit großem Getöse und schrillem Pfeifen ein Zug ein. Es war inzwischen fast dunkel geworden. Plötzlich bekam unsere Tochter eine Panikattacke: „Nein, nein!", schrie sie immer wieder.

Wir konnten sie gar nicht beruhigen.

Sie lief in geduckter Haltung zu einem der Verkaufsstände. Am Straßenrand waren Arbeiter mit Schweißarbeiten beschäftigt, die weißen Funken stoben in die Dunkelheit. Unsere Tochter kauerte am Boden und weinte bitterlich. Sie schrie immer nur: „Meine Füße, meine Füße!"

Der Zug war schon lange wieder weg, als sie sich langsam wieder beruhigte.

Sie erzählte, dass sie in dem Moment, als die schnaubende Lokomotive aufgetaucht sei, in eine andere Zeit versetzt worden sei. Der Bahnsteig habe auf einmal ganz anders ausgesehen.

Um sie herum hätten Feuer gebrannt, Explosionen hätten die Erde erschüttert, der Rauch sei so dick gewesen, dass man nichts mehr habe sehen können. Gebäude seien eingestürzt und sie sei in dem einfahrenden Zug gewesen, als dieser plötzlich explodiert sei.

Sie habe versucht, durch das Fenster zu entkommen, aber dann sei da nur noch weißes Licht gewesen und sie habe an sich heruntergesehen und ihre Füße seien nicht mehr da gewesen. Dann sei alles dunkel geworden und sie habe nichts mehr gespürt.

Einige Tage später sollte sich der Kreis schließen.

In Haidakhan stand ein großes Fest bevor und zu diesem Zweck wurde ein Zelt am Flussufer aufgestellt. Chandra stolperte über eine Eisenstange, die als Arretierung diente, und verletzte sich an einem der Zehen. Obwohl wir sie gleich verarztet hatten, infizierte sich die Wunde.

Am nächsten Morgen erschien eine deutsche Frau vor unserem Schlafraum. Sie hatte in der Nacht geträumt, sie sei in Indien gewesen. Dort sei sie Zeuge eines Attentats geworden. Ein junges Mädchen habe schwer verletzt am Boden gelegen. Sie sei aus Angst einfach weitergelaufen und habe ihr nicht geholfen. Erschüttert hatte sie diesen Traum Babaji erzählt. Dieser hatte genickt und sie zu Chandra geschickt.

Jeden Tag kam sie mit einem Fläschchen Johanniskrautöl vorbei und betupfte ihren Zeh, bis die Wunde wieder verheilt war.

Im Hintergund: Munirajis Mutter

Kurz darauf sollte ein weiterer Schleier fallen. Ich begegnete Munirajs Mutter. Es war ein herzerschütterndes Wiedersehen.

Als ich sie sah, breitete sie ihre Arme aus und lief mir entgegen. Sie war eine sehr kleine Frau mit einer sehr großen Brille.

Und genau in diesem Moment lief die Erinnerung wie ein Kino-Trailer vor mir ab.

Wir lebten in einem Gebiet am Rande des Urwaldes. Eine Frau rieb mich und Hans mit einem Öl ein, das unsere Gesichter braun färbte. Wir waren Briten und die Frau hatte uns als Kinder einer indischen Familie großgezogen. Muniraj stand lachend neben mir, und ich wusste, dass sie damals nicht seine Mutter, sondern seine Frau gewesen war. Als er den deutschen Ashram in Rieferath besuchte, sagte er zu mir: „You were once my child."[30]

Ich drückte daraufhin seine Hand und entgegnete: „I know!"[31]

---

[30] Einstmals warst du mein Kind.

[31] Ich weiß.

Dann war da noch eine Italienerin, auch sie hatte uns erzählt, dass sie seit Jahren Alpträume von Indien zur Zeit der Aufstände hatte. Sie wusste, dass sie darin verwickelt gewesen war.

Einmal in der Früh beim Darshan gab mir Babaji eine Mango. Als ich in den Family-Room zurückkam, saß die Italienerin auf ihrer Liege und stöhnte. Sie hatte Magenkrämpfe. Intuitiv wusste ich, für wen die Mango bestimmt war. Ich gab sie ihr, sie aß sie und es ging ihr besser.

Jeder Besuch bei Babaji weckte andere Erinnerungen an frühere Leben, und instinktiv wussten alle, die diesen einzigartigen, allwissenden Mahavatar kennenlernten, dass er die Fäden in der Hand hielt und es eine Gnade war, miterleben zu dürfen, wie er unser karmisches Drama entwirrte, offenlegte und so vieles von uns nahm.

Babaji ist keine Religion, sondern Wahrheit, Einfachheit und Liebe

Im Beisein meines Schwagers hatte ich Babaji gleich bei unserem ersten Besuch in Haidakhan gefragt, ob er der Babaji sei, von dem Yogananda in seiner Autobiografie berichtete.

Er hatte uns ernst ins Gesicht geschaut und nickend gesagt: „Genau der bin ich."

Ich fragte ihn daraufhin: „Yogananda behauptet, du hättest noch eine Schwester, ist das wahr?"

Als Antwort hatte er den Kopf geschüttelt und gemeint: „Nein, der menschliche Geist ist begrenzt, es gibt vieles, das er nicht fassen kann."

Es ist immer das Gleiche. Self-Realization Fellowship verehrt Mahavatar Babaji, glaubt aber zu wissen, dass er nie einen Körper angenommen hat, sondern nur in Visionen oder kurzen Materialisationen sichtbar wird.

Tatsache ist, dass man der „Autobiographie eines Yogi" entnehmen kann, Yogananda hätte Babaji nie in einem physischen Körper erlebt, obwohl sich dieser bis 1922 als Haidakhan Baba in einem irdischen Körper befand.

Immer noch lehnt Yoganandas Organisation Babaji ab, weil man an keine physische Inkarnation von ihm glaubt. Dennoch hatte die SRF in den 1980er Jahren eine Delegation nach Haidakhan geschickt.

Die Präsidentin Sri Daya Mata kam nicht persönlich, aber sie schickte einige Mönche mit dem Auftrag festzustellen, ob Babaji „der wahre Mahavatar Babaji" sei.

Ich frage mich, warum hat Sri Daya Mata diese Gelegenheit nicht wahrgenommen, warum hat sie sich niemals selbst ein Bild gemacht? Sollte man sich nicht eine gewisse Offenheit bewahren? Als ich damals davon erfuhr, dass Babaji einen menschlichen Körper angenommen haben sollte, hätte mich nichts und niemand davon abhalten können, mich selbst zu überzeugen. Sri Daya Mata hatte keine Anstalten gemacht, Babaji jemals selbst zu begegnen. Dies, obwohl sie während einer Meditation eine wunderbare Begebenheit mit Babaji hatte.

Ein langjähriger Schüler Babajis, der vor Ort war, als die Delegation der SRF eintraf, um ihn zu prüfen, schilderte mir, was damals geschah.

Die SRF-Mönche kamen gerade in die Kirtanhalle, als Babaji auf einer Gitarre spielte. Er hatte schon seit geraumer Zeit wunderschön gespielt. Zahllose Schüler bestätigten, dass Babaji ein begnadeter Musiker war. Er beherrschte jedes Instrument.

Doch in dem Moment, als er die Mönche erblickte, begann er einen schrecklichen Katzenjammer anzustimmen, und ein groteskes Mienenspiel lief auf seinem Gesicht ab. Die disharmonischen Töne und sein seltsames Gebärden endeten abrupt, als die Männer sich anschickten zu gehen. Man gewann den Eindruck, dass er keinerlei Wert auf das Urteil der Delegation legte. Wie leicht hätte er sie eines Besseren belehren können. Wir waren der beste Beweis. Schließlich hatte Babaji uns alle mit einem Blick zu Überzeugungstätern gemacht ... all die Akademiker, Wissenschaftler, Christen, Juden, Moslems, Hindus und Intellektuellen ...

Mir fallen hierzu noch folgende Worte der SRF ein:

„Babajis überragender Geisteszustand entzieht sich jeder menschlichen Vorstellungskraft, erklärte Sri Yukteswar.

„Sein transzendentes Wesen kann vom beschränkten Verstand der Menschen nicht erfasst werden. Jeder Versuch, sich auch nur ein ungefähres Bild von den hohen Errungenschaften des Avatars zu machen, wäre vergeblich, denn sie sind unvorstellbar."

Dennoch hatte Sri Daya Mata eine Delegation geschickt. Ich kann nur mit den Worten Babajis antworten:

„Kommst du mit Zweifeln, dann werde ich dir Zweifel geben, kommst du mit Liebe, so werde ich dir eine Liebe zeigen, wie du sie noch nie erlebt hast."

Da ich Sri Daya Mata sehr gut kannte, blieb eine gewisse Traurigkeit in mir. Es war so schade, dass sie nicht die Gelegenheit hatte, diesen einzigartigen Mahavatar in seinem Körper zu erleben und zu seinen Füßen zu sitzen. Was für eine Ironie.

Noch dazu vor folgendem Hintergrund:

Im Jahr 1963/64 war Sri Daya Mata auf einer Pilgerreise, wie man ihrem Buch „Nur die Liebe“ entnehmen kann. Als sie zurückkehrte, erzählte sie uns von diesem wunderbaren Erlebnis, das sie in Kathgodam und Dwarahat hatte.

Sie wollte nach Badrinath zu der Höhle, wo sich die Begegnung von Lahiri Mahasaya und Babaji ereignete. Viele Menschen aus der Bergregion hatten sich ihrer Gruppe angeschlossen. Vielen davon war Babaji begegnet, alle kannten seinen Namen.

Wenn Babaji nur in einsamen Höhlen, abgekehrt von den Menschen in astralen Gefilden gelebt hätte und sich nur hin und wieder vor ein paar ausgewählten Schülern materialisiert hätte, dann wäre er wohl kaum jedem kleinen Bauern bekannt gewesen.

Mein alter Counselor war damals sehr überrascht, dass die Menschen dort oben im Himalaya alle wussten, wer Babaji war. Sie war eigentlich davon ausgegangen, dass nur Yogananda und seine Gefolgschaft ihn kennen würden.

Yogananda schreibt in seiner Autobiografie über Babaji: „Jeder, der den Namen Babajis ehrfürchtig ausspricht, zieht augenblicklich seinen Segen auf sich.“

Zahllose Menschen aus allen Teilen der Welt kamen aufgrund dieses einen Satzes nach Haidakhan.

„Hingabe und Glaube sind grundlegend. Durch Hingabe allein kann man alles erreichen.

Totaler Glaube, Hingabe und Gehorsam sind notwendig. Doch ihr könnt mich nur durch Liebe erkennen, durch Liebe zu Gott ohne selbstsüchtige Absichten.“

Sadhus, Dämonen und ein Weltenwandler

Es war Frühjahr und kurz vor Shivaratri, als wir dieses Mal nach Haidakhan reisten. Große Feierlichkeiten waren im Gange. Babaji spielte seine Lila[32] und machte Haidakhan zur Kulisse für ein Schauspiel. Man gab die Ramayana. Das hinduistische Nationalepos umfasst sieben Bücher mit ca. 24 000 Versen.

Die Geschichte spielt im Königreich Kosala und handelt von Prinz Rama, der von seinem Vater König Dasharatha verbannt wird und dann in den Kampf gegen einen Dämonenfürsten zieht. Schon öfter fanden in Haidakhan Theatervorführungen statt. Zu diesem Anlass trat eine professionelle Theatergruppe auf.

Alle Dorfbewohner waren eingeladen. Alle waren begeistert. Die Inder lieben die Geschichten über ihre Götter. Es war ein fantastisches Spektakel, zu dem Babaji auch viele Shiva Sadhus eingeladen hatte.

Wilde Typen. Der rote Strich, der das Stadium der spirituellen Verwirklichung anzeigen soll, reichte bei vielen bis ans Ende der Stirn. Die Sadhus hatten sich drüben auf der Gufa-Side[33] bei den Tempeln eingefunden, und sie sangen neun Tage lang berühmte Verse und Lieder der Ramayana.

Einer der Sadhus nannte sich Ghanto Das. Er hatte einen süßlichen Kartoffelbrei für die Sadhus gekocht, den Hans, Dabhu und Walther probieren durften.

Babaji hatte meinen Sohn Dabhu zu Ghanto Das geschickt. Er wollte, dass er sich bei ihm vorstellte. Doch Dabhu machte einen großen Bogen um den Sadhu, er hatte eine starke Abneigung gegen ihn. Daraufhin erzählte ihm Babaji, dass dieser einstmals sein Meister gewesen sei.

Ghanto Das und ein weiterer Sadhu namens Sundar betreuten eine Gruppe von Sadhus, die außerhalb von Vrindavan lebten. Man hätte dort gerne einen Brunnen gebohrt, weil es kein Wasser in der Umgebung gab, aber hierzu fehlten die Mittel.

---

32 Spiele

33 Platz auf der anderen Seite des Flusstals, wo Babaji in der Höhle gefunden wurde

Da war Hans als führender Hydrologe beim Bayerischen Landesamt für Wasserwirtschaft natürlich der richtige Ansprechpartner. Er versprach, die Sadhus bei ihrem Brunnenbauprojekt zu unterstützen.

In der Zwischenzeit sah Dabhu trotz mehrfacher Aufforderungen immer noch keinen Anlass, Ghanto Das aufzusuchen. Im Gegenteil, er machte uns klar, dass er auf gar keinen Fall etwas mit ihm zu tun haben wollte und wir ihm seine Ruhe lassen und ja nicht mehr auf dieses Thema ansprechen sollten.

Sobald der Sadhu auch nur in seine Nähe kam, war Dabhu blitzschnell verschwunden. Wir versuchten es geduldig weiter, redeten auf ihn ein. Vergebens. Prompt fragte ihn Baba, ob er denn nun schon bei Ghanto Das gewesen sei? Dabhu schüttelte stur den Kopf und verneinte.

Kurz drauf bekam er starke Bauchschmerzen und Durchfall. Da es zu dieser Zeit oben im Ashram noch keine Toiletten gab, musste er gefühlte tausend Mal die 108 Stufen hinunter zum Fluss laufen – und jedes Mal begegnete ihm dabei Ghanto Das.

Das Ganze dauerte so lange, bis sich Dabhu ein Herz fasste und Ghanto Das ansprach, sich mit ihm unterhielt und offensichtlich Frieden mit ihm schloss.

Ein halbes Jahr später fand man Ghanto Das eines morgens tot auf seinem Lager in Vrindavan. Er trug ein breites Lächeln auf seinem Gesicht.

Die Idee, einen Brunnen zu bauen, war damit aber nicht gestorben. An die Stelle von Ghantho Das rückte nun sein Freund Sundar. Hans blieb mit ihm in Kontakt, auch während der Zeit, in der wir wieder in Deutschland waren. Er gab ihm alle notwendigen Anleitungen und unterstützte ihn auch finanziell.

Dabhu, Gantho Das und Freund

Mein Schwager liebt es, Jobs in Auftrag zu geben – auch solche, die sein spirituelles Wohl zur Aussicht hatten. Schon immer hatte er meine Mutter gebeten, für ihn zu beten. Ihm fehlte hierfür die Geduld und, ich denke, auch die notwendige Hingabe, die meine Mutter in rauen Mengen besaß. Dass nun auch ein großer, heiliger Sadhu auf der Bühne erschien, kam ihm diesbezüglich sehr entgegen. Prompt wurde auch dieser angestellt, für Hans zu beten.

Ich betrachtete die Angelegenheit etwas skeptisch.

Es dauerte nicht lange, da rief Baba meinen Schwager Hans zu sich. Er solle runter auf seine kleine Terrasse kommen. Und wer wartete dort bereits? Ein gewisser Sundar.

Er saß zu Babajis Füßen, und als er Hans erblickte, bedankte er sich sofort für das Geld und bestätigte ihm, dass er fleißig für ihn bete. Hans war nun nicht mehr so wohl zumute, vor allem, als sich Babajis Gesichtsfarbe schlagartig veränderte.

Babas Stimme wurde sehr laut und er sagte: „Ist es denn nicht genug, was ich für dich tue, musst du noch jemand anderen für dein Seelenheil beauftragen?"

Unglaublicherweise kamen diese Worte weder in Englisch noch in Hindi, sondern in einem waschechten hessischen Dialekt. Hans traute seinen Ohren nicht, als er die hessische Schimpftirade über sich ergehen lassen musste.

Danach fiel er in ein tiefes Loch, aus dem er gar nicht mehr herauszukommen schien.

So rief ihn Babaji erneut zu sich und schenkte ihm ein sehr schönes Hemd, das er vom Schneider extra für ihn hatte nähen lassen. Hans sagte daraufhin nur: „Ja, ich habe meine Lektion gelernt. Ich muss nicht für mich beten lassen, sondern glauben und vertrauen."

Auch ich kann mich an eine Begebenheit erinnern, bei der mich Babaji belehrte. Oft kamen Minister und Politiker, um Babaji ihre Aufwartung zu machen. Eines Tages kam wieder so eine Delegation mit Elefanten über die Berge.

Babaji lud viele seiner Schüler zu einem Ausflug auf den Elefanten ein. Mir kam es so vor, als dürften alle mit ihm reiten, nur ich nicht. Es war fast schon so, als ob er mich absichtlich ignorierte. Mein Ego führte schwere Kämpfe mit sich aus.

Ausritt mit Babaji, Hargovind, Gora Devi und andere

Einmal beobachtete ich mit traurigem Gesicht, wie meine Familie auf dem Elefanten mit Baba an mir vorbeiritt. Baba sah mich, blickte mich intensiv an, runzelte die Stirn und dann kam ein lautes: „Go!“[34]

Ich erschrak fürchterlich. Das „Go“ wirkte wie ein Schlag in die Magengrube. Erst fühlte ich mich innerlich verletzt, dann versuchte ich, die Situation zu analysieren, und kam zu dem Schluss, dass es wohl mein Selbstmitleid gewesen sein musste, das Babaji zu dieser Reaktion bewogen hatte. Dieses ständige Gefühl, zu kurz zu kommen, nicht gut genug zu sein, mich beweisen zu müssen.

Beim abendlichen Darshan entschuldigte ich mich für mein Verhalten, und während ich das tat, merkte ich, wie kindisch es eigentlich war.

Natürlich machte Babaji keine Unterschiede. Er bevorzugte niemanden. Jedem gab er das gleiche Maß an Aufmerksamkeit und Liebe, aber er spielte auch mit uns, um uns einen Spiegel vorzuhalten und unsere Eitelkeiten aufzuzeigen.

Baba sah mich unglaublich mitfühlend an und sagte: „Now you grow.“[35]

Das Gleiche galt wohl auch für Walther. Er musste sich jetzt um Chandras Heilungsprozess kümmern. Babaji hatte ihn angewiesen, Heilkräuter zu pflücken. So musste er nach der Datura oder auch Himmelstrompete Ausschau halten, die überall auf dem Ashramgelände wuchs. Er musste ihre Blätter pflücken und sie dann mit einem großen Stein so lange zerreiben, bis ein giftgrüner Brei entstand. Die Pflanze ist hochgiftig. Im Anschluss wurde der grüne Pflanzensaft auf Chandras Haut aufgetragen. Er verblieb dort, bis er zu einer Schicht getrocknet

---

[34] Geh!

[35] Jetzt wächst du.

war, die von alleine abfiel. Dann wurde die Haut abgewaschen. Es bildeten sich daraufhin immer nässende Stellen und Abszesse.

Dazu muss man sich die Hitze vorstellen, die Fliegen, den Dreck. Dennoch hatten wir Vertrauen – wir ließen Baba walten. Die Neurodermitis verschwand nicht einfach so. Es war eher ein stufenweiser Prozess – mit jedem Mal wurde sie ein bisschen besser. Die Krankheit hat ja bekanntlich auch seelische Hintergründe – Babaji behandelte die Ursache, nicht die Symptome. Ergänzend dazu konsultierte er einen seiner engen Schüler, den Schweizer Arzt Hargovind.

Jeden Tag praktizierte er „Jhara“ – eine indische Heilweise, bei der ein Besen aus Pfauenfedern zum Einsatz kommt. Mit diesem Besen wird der Körper abgestrichen – und von kranken Energien befreit.

Wenige Tage später hatte sich wieder ein Prominenter angekündigt. Dieses Mal war es der Gouverneur von Uttar Pradesh. Der Besuch war ein Ereignis.

Babaji empfing ihn standesgemäß. Er war ein alter Schüler von ihm. Als er zusammen mit ihm und seinem Gefolge im Garten saß, ließ er ein langes Tuch kommen.

V.l.n r. Schauspieler Shami Kapur, Dhabu, Minister von Uttar Pradesh, Hans und der Mann mit den sechs Fingern und Zehen

Der Minister musste Dabhu daraus einen Turban wickeln, dabei erklärte Baba ihm, dass Dabhu einstmals ein großer König gewesen sei. Dabhu musste den Turban den ganzen Tag tragen.

Unser Sohn hatte gerade die Schule gewechselt und musste die Aufnahmeprüfung für das Gymnasium bestehen. Er war zu dieser Zeit nicht so lernfreudig. Das lag auch am Verhalten seines Lehrers, der den Kindern gern mal das Lineal auf die Finger schlug oder sie richtig fest an den Ohren zog.

Kurz vor unserer Abreise hatte ich eines frühen Morgens im Haus Aarti vor Babajis Bild gemacht und ihn um Hilfe gebeten. Ich stand lange vor seinem Bild und sah ihn an. Da bemerkte ich auf einmal, wie sich seine Augen bewegten und mir zuzwinkerten.

Dabhu bestand die Aufnahmeprüfung mit Bravour, und als wir ein paar Monate später nach Haidakhan kamen, sagte Baba gleich mal mit einem schelmischen Blick zu ihm: „Na, wie ging das mit der Prüfung?"

Dabhu legte den Kopf in seinen Schoß und bedankte sich für seine Hilfe.

Unser Sohn schlafwandelte. Oft wachte er mitten in der Nacht auf, lief durchs Zimmer und wusste nicht, wo er war. Das passierte auch in Haidakhan. Walther wollte deshalb schon einen Neurologen konsultieren.

Dabhu schlief zusammen mit Hans und Walther in einem Zimmer. Eines Nachts stand er auf, lief schnurstracks zur Tür in den Gang hinaus. Hans, der neben ihm schlief, wachte genau in dem Moment auf, als er bereits vor der Außentreppe stand, die kein Geländer hatte. Geistesgegenwärtig griff er nach ihm und konnte ihn gerade noch davor bewahren, in die Tiefe zu stürzen.

In Haidakhan wurde es ganz deutlich, wie Babaji Tag und Nacht und in jedem Moment unseres Lebens über uns wachte.

Einmal hatte Babaji Dabhu zu Shastriji[36] geschickt, damit er ihm etwas über seine Zukunft erzählte. Shastriji erklärte ihm, dass Babaji Dabhu nachts mitnehme und zusammen mit ihm durch die Galaxien reise. Wenn Dabhu wieder in seinen kleinen Körper zurückkomme, dauere es lange, bis er wieder richtig wach sei und oft könne er nicht lokalisieren, wo er gerade sei.

Shastriji wusste nichts von der Problematik des Schlafwandelns. Seltsamerweise hörte das Nachtwandeln nach diesem Vorfall auf und kam nie wieder.

---

[36] Priester in Haidakhan

Zu Chandra sagte Shastriji, sie solle später schreiben. Er sehe viele, viele Bücher. Auch würde sie einmal viele Juwelen haben und fünf Kinder. Chandra machte das Schreiben zu ihrem Beruf, bekam nur eine Tochter, hatte davor aber vier Abgänge.

Dabhu wollte von Baba wissen, welchen Beruf er ergreifen sollte. In der Nacht träumte er, dass er mit Babaji auf einem großen Teppich durch die Lüfte reiste. Er wurde Pilot.

Ich kann mich noch erinnern, dass Shastriji ein Armband mit einem kleinen Amulett am Handgelenk trug. Dieses Amulett enthielt einen kleinen Spiegel. Durch diesen Spiegel zeigte ihm Babaji das Geschick der Menschen.

Karma Yoga

Heute begrüßte uns Baba mit den Worten: „You don't speak my language."[37]

Wir waren bestürzt, hatten wir doch nicht gemerkt, dass wir so nach außen gekehrt waren.

Am nächsten Tag sagte er dann zu uns: „Ja, ja, eure Mutter, die war konzentriert, als sie kam." Eine Bemerkung, die meiner Mutter natürlich wahnsinnig schmeichelte, als wir ihr das später erzählten. Wir mussten die Worte immer wieder wiederholen.

Wir arbeiteten wieder am Company Garden. Tag für Tag schleppten wir Steine und arbeiteten bei sengender Hitze an den Mauern für den Garten. Babaji reiste inzwischen mit einigen Schülern für eine Woche nach Bombay.

In dieser Zeit verschüttete ein Erdrutsch die halbe Treppe. Hans und Walther organisierten Schaufeln und machten sich an die Arbeit. Die

[37] Ihr sprecht nicht meine Sprache.

Inder machten keine Anstalten zu helfen. Sie speisten uns einfach mit folgender Begründung ab: „Wenn wir jetzt alles wegräumen, dann sieht Babaji ja gar nicht, wie schwer wir gearbeitet haben, dann ist bei seiner Ankunft wieder alles so, also ob gar nichts passiert wäre.“

Als sie jedoch bemerkten, wie sehr sich alle bemühten, die Treppe wieder freizuschaufeln, plagte sie wohl das schlechte Gewissen und sie halfen mit.

Am nächsten Tag fiel mir ein Inder mit seiner Frau auf.

Die beiden hielten sich unten am Flussbett auf. Der Mann kümmerte sich darum, dass die kleineren Steine mit Körben zusammengetragen wurden. Beim Mauerbau dienten diese als Füllmaterial zwischen den großen Steinen. Er schimpfte, wenn die Steine nicht genau an den Platz gelangten, den er für sie vorgesehen hatte.

Er führte ein strenges Regime und kommandierte alle herum, insbesondere mich. Nichts ging ihm schnell genug. Manchmal riss er mir die Körbe förmlich aus der Hand.

Seine Frau arbeitete nicht mit, sie hielt sich oben im Ashram auf. Wenn ich ihr dort begegnete, dann roch sie immer nach altem Käse. Als ich mich mal mit jemandem unterhielt, machte ich die Bemerkung, dass ich es gar nicht verstünde, warum eine Frau, die so teuer angezogen sei, so nach altem Käse rieche.

Die Bekannte, der ich das erzählte, sah mich verblüfft an und meinte: „Ich weiß gar nicht, was du meinst, die Frau riecht doch gut, sehr gut sogar.“

Ich konnte erst gar nicht glauben, dass das ihr Ernst war.

Jedes Mal, wenn sich die Frau mir näherte, stieg mir dieser penetrante Geruch in die Nase.

Auch am darauffolgenden Tag änderte sich nichts am Verhalten des Mannes. Im Gegenteil, der Alte hatte es regelrecht auf mich abgesehen. Sobald er mich erblickte, begann die Herumkommandiererei. Erst schickte er mich hierhin, dann dahin, nein dorthin, mach schneller, mach das so. Als ich ihm wieder einen vollen Korb mit Steinen überreichte, hatte ich ein Bild vor mir: Ich war in einem alten Laden.

Er war lang, schmal, sehr dunkel und vollgestopft mit Holzfässern. Auf der Theke standen Joghurt und Paneer, große Schüsseln und Milch. Es roch ganz furchtbar da drinnen: nach alter ranziger Milch und stinkendem Käse.

Ich war ein armes Waisenmädchen und musste in diesem Laden mein Brot verdienen. Ich musste sehr viel arbeiten – und zwar für die beiden älteren Leute, die mich hier gerade in den Steinen herumschikanierten. Eines Tages hatte ich es nicht mehr ausgehalten und war von dort weggelaufen. Sollte mir dieses Erlebnis etwas zeigen?

Vielleicht hatte ich sie unverhofft im Stich gelassen und ihnen viele Unannehmlichkeiten bereitet, eventuell hatte man mich sogar gesucht?

Es gab einen Grund für das unwirsche Verhalten der beiden Alten, dessen war ich mir absolut sicher. Als wir uns am nächsten Morgen wieder an die Arbeit am Fluss machen wollten, war das Paar nicht mehr da. Es hieß, sie hätten nicht länger auf Babaji warten wollen und waren abgereist.

Sie waren nur drei Tage dagewesen, doch ich fühlte, dass sich das Karma, das mich mit ihnen verband, aufgelöst hatte.

Als Baba wieder im Ashram war, überreichte ich ihm ein Geschenk. Ich hatte ihm eine Weste aus blauem Samt genäht und diese aufwendig bestickt. Leider hatte ich die Taschen nicht tief genug gemacht, so konnte er nicht all die Sachen, die er darin bewahrte (um sie dann wieder zu verteilen) unterbringen. Dennoch trug Babaji sie ein paar Mal an unterschiedlichen Tagen.

Das Blau strahlte himmlisch an ihm. Er verschenkte sie dann an einen jungen Mann, Anil Lal, der diese an seinem Hochzeitstag trug. Dieser junge Mann hatte ein furchtbares Schicksal. An einem ganz normalen Tag änderte sich sein Leben und das seiner Familie in einer Sekunde. Er war schwerer Alkoholiker und erschoss im Delirium seinen Vater in einem Streit. Bis zu seinem Tod wusste er nicht, wie es dazu kommen konnte, denn er liebte seinen Vater.

Anil in Babas Weste mit Frau

Chandra hatte die Familie des jungen Mannes in Delhi besucht. Die Mutter von Anil hieß Vimla, und sie hatte mir ihre Geschichte erzählt. Anil war ein unglaublich feinsinniger Mensch und hat sich die Tat niemals vergeben. Babaji verbrachte viel Zeit mit ihm, er wird sein wahres Wesen am besten gekannt haben und wusste, warum sich dieses schreckliche Karma ereignen musste. Anil wurde nicht alt. Er starb an den Folgen seiner Alkoholsucht.

Zurückgekehrt aus Indien geschah etwas Eigenartiges. Kaum waren wir wieder zu Hause, veränderte sich Dabhu. Er war ein introvertiertes Kind gewesen und hatte die Meridiane im Körper als Lichtpunkte wahrgenommen, er hatte akupunktiert und Aarti gemacht. Jetzt redete er nur noch über Fußball, hatte viele Freunde und seine schulischen Leistungen ließen nach. Er war auf einmal ein ganz normaler Teenager, was ja auch gut und gesund war, dennoch irritierte uns die spontane Wandlung.

Babaji mit Dabhu, Manu Singh und Ganga Singh

Ich erzählte Baba davon, als wir das nächste Mal wieder in Haidakhan waren, doch ich hatte überhaupt keine Chance.

Er ließ keine Kritik zu, er war ein sehr verständnisvoller Vater.

Chandras Heilungsprozedur ging weiter.

Dieses Mal wurde Swamiji mit dem reinigenden „Jhara"-Ritual beauftragt, dazu gab ihr Babaji ein Fläschchen Sandelholzöl, das sie auftragen musste. Erneut hatte sie hohes Fieber.

Baba und Chandra

Als wir Haidakhan verließen, gab er mir zwei Metallfläschchen mit Sandelholzöl für zu Hause mit. Ich solle sie damit einreiben, aber erst, wenn wir wieder zu Hause seien, hatte er mir ausdrücklich erklärt. Zu Hause folgte ich seinen Anweisungen. Am nächsten Morgen sah Chandra schrecklich aus.

Überall, wo ich das Öl aufgetragen hatte, waren dicke Pusteln und Beulen mit Eiter entstanden. Die Haut löste sich und sie bekam hohes Fieber. Tagelang. Eigentlich wäre der erste Weg zum Arzt gewesen, aber ich wusste genau, was dann passieren würde. Man würde ihr Kortison, Antibiotika und fiebersenkende Mittel geben, denn das Ganze sah verdächtig nach einer Superinfektion aus. Doch schon einmal hatte Kortison bei Chandra zu einem Muskelschwund am Oberarm geführt, und ich wusste, dass ein Eingreifen den Heilungsprozess gefährden würde.

Mir war klar, dass auch ich auf die Probe gestellt wurde: Ich musste die angsterregende Situation aushalten und vertrauen.

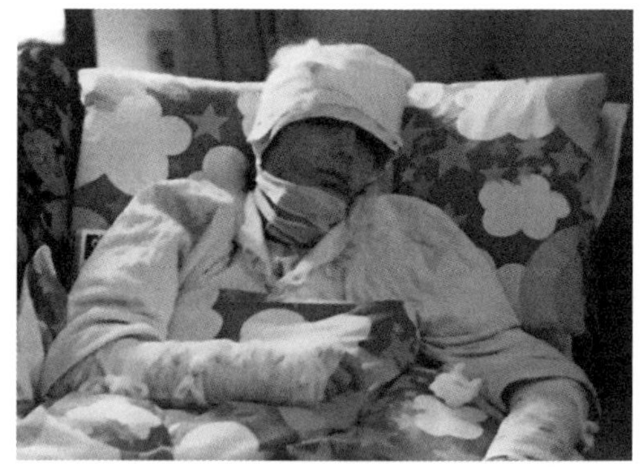

Ich folgte einer Eingebung und holte mir in einem Kräuterbuch von Maria Treben Rat. Ich rührte Heilerde an, strich diese über Chandras Wunden und umwickelte ihre Haut mit Binden.

Ein Heizungsmonteur, der im Keller gearbeitet hatte, kam herein, um eine Unterschrift einzuholen. Er sah Chandra auf der Couch und bekreuzigte sich. Er meinte, hier sei wohl D-Day.

Dann passierte etwas sehr Seltsames, was wieder einmal typisch für Babajis Wirken war.

Seit einem Jahr hatte Hans versucht, Kontakt mit einem Herrn Vogel aufzunehmen. Er war ein sehr alter Schüler von Baba.

Babaji hatte ihm gesagt, er sei schon zu Zeiten Krishnas an seinem Hof gewesen. Der besagte Herr Vogel lebte am Bodensee und war Heiler. Da man als Heiler in Deutschland nicht praktizieren darf, absolvierte er seine Heilpraktikerprüfung. Ursprünglich hatte er in Berlin als Banker gearbeitet.

Im Krieg war er als Sanitäter eingesetzt worden. Zu dieser Gegebenheit hatte man dann festgestellt, dass es den Verwundeten immer schlagartig besserging, wenn sie mit ihm in Berührung kamen. Blutungen stoppten, Schmerzen ließen nach oder der Betroffene erlangte schnell wieder das Bewusstsein. Bald holte man ihn immer, wenn man sich bei schweren Fällen keinen Rat mehr wusste.

Irgendwann sprachen sich seine heilerischen Fähigkeiten herum und er wurde ins Hauptquartier von Hitler einberufen, um dort die Ärzte zu unterstützen.

Alle Versuche, diesen Heiler zu kontaktieren, waren bislang fehlgeschlagen. Chandras Fieber stieg weiter. Ich machte seit Stunden Wadenwickel, aber nichts half.

Ich wusste, Babaji hatte vorher auch mit Fieber gearbeitet.

Ich betete zu ihm. Da klingelte das Telefon. Es war der Heiler, Herr Vogel. Er werde seine Schwiegermutter in Straubing besuchen und dies liege ja auf dem Weg zu uns. Er habe das dringende Gefühl verspürt, dass er vorbeikommen müsse. In einer Stunde sei er da.

Exakt eine Stunde später ließ er sich Chandras Geschichte von ihr persönlich erzählen und behandelte sie. In einer Distanz von ca. 10 cm strich er mit seinen Händen über ihren Körper. Immer und immer wieder. Nach etwa 30 Minuten sank das Fieber und es ging ihr Stück für Stück besser.

Bereits am nächsten Tag fing die Haut an sich zu schließen. Alles ging wahnsinnig schnell. Es war unerklärlich, in welch rasanter Geschwindigkeit der Heilungsprozess voranschritt. Eine neue Haut kam zum Vorschein – mit einer vollkommen anderen Struktur. Es war keine trockene Neurodermitis-Haut und es blieb nicht eine einzige Narbe zurück.

Sehr viel später, nachdem Babajis Heilprogramm abgeschlossen war, traf Chandra zufällig auf ein paar Mädchen, die zusammen mit ihr in Davos gewesen waren. Sie konnten überhaupt nicht fassen, warum sie keine Neurodermitis mehr hatte. Bei ihnen hatte sich die Krankheit weiter verstärkt. Chandras Neurodermitis war für immer verschwunden.

Die Mädchen taten ihr unglaublich leid und sie empfand eine unendliche Dankbarkeit für den Segen, der ihr durch Babaji widerfahren war.

In diesem Herbst hatten wir während eines Italienurlaubs die spontane Idee, den italienischen Ashram in Cisternino besuchen.

Lisetta, die Leiterin, die wir bereits aus Haidakhan kannten, hatte eine kleine Hundezucht. Darunter war auch ein tibetischer Shih Tzu, gekreuzt mit einem Yorkshire Terrier. Die Kinder waren ganz verrückt nach den kleinen Hundebabys. Sie bettelten, dass sie doch eines mitnehmen dürften. Schließlich ließen wir uns erweichen und beschlossen, auf der Heimfahrt noch einmal vorbeizufahren.

Das wurde uns natürlich zum Verhängnis. Wir schmuggelten ein kleines schwarzes Fellknäuel in einer Tasche über die Grenze. Am Anfang ging alles gut. Doch auf einmal bekam Chandra statt einer normalen Erkältung immer gleich eine schwere Bronchitis. Mit jedem Mal wurde es schlimmer. Im Sommer besuchte sie eine Freundin. Als sie nach Hause kam, hatte sie einen schweren Asthmaanfall, der nicht abklingen wollte und immer schlimmer wurde. Sie wollte auf keinen Fall ins Krankenhaus. Der Arzt kam auch ewig nicht. Ich sah schon überall Schatten und hörte flüsternde Stimmen um sie herum. Als dann endlich die Ambulanz erschien, gab man ihr Sauerstoff, doch das brachte kaum noch etwas, sie hatte schon blaue Finger.

Man wusste nicht, ob sie den Anfall überleben würde, und gab ihr eine Höchstdosis an Kortison. Es war ein Spiel auf Zeit, die Ärzte konnten Chandras Leben gerade noch retten.

Auf der Intensivstation hatte sie die ganze Zeit Baba gesehen, er habe über ihr geschwebt. Er war die ganze Nacht bei ihr geblieben, immer wenn sie hinauf an die Decke schaute, sah sie ihn.

In der Zwischenzeit hatte ich Babaji geschrieben und die im Nachhinein betrachtet unsinnige Bitte geäußert, ob er etwas unternehmen könne, damit die Kinder und vor allem Walther den Hund behalten könnten.

Er ließ Gora zurückschreiben: „Gebt den Hund weg!"

Er kam in sehr gute Hände und wir reinigten das ganze Haus.

Chandra hat das Asthma nicht verloren, erlitt aber nie wieder einen lebensbedrohlichen Anfall. Sie hatte Baba später oft auf die Krankheit angesprochen. Er hat sie mit den Worten beruhigt: „Asthma will be okay."[38]

Baba meinte, sie sei eine Devi gewesen und habe lange in hohen Sphären geweilt.

In unserem Haus hatten wir einen Meditationsraum eingerichtet. An den Wänden hingen 108 große Fotos von Babaji. Für den Altar hatte uns Baba eine Murti des alten Haidakhan Babas aus weißem Alabaster geschenkt. Wir machten eine große Einweihungsfeier, zu der unter anderem auch Schüler aus Haidakhan anreisten.

Ich war gerade damit beschäftigt, Prasad[39] herzurichten. Mitten in all dem Trubel rutschte ich auf einem kleinen Läufer aus und brach mir das Handgelenk. Es war ein sehr komplizierter dreifacher Bruch.

Es dauerte über sechs Wochen, bis meine Hand heilte. Zu allem Übel wuchs sie auch noch schief zusammen. Man hätte sie wieder brechen müssen, um sie geradezustellen, man wusste aber nicht, ob dies wirklich zum gewünschten Ergebnis führen würde, also verzichtete ich auf die Operation. Auch nach vielen Wochen Physiotherapie konnte ich die Hand immer noch nicht richtig bewegen.

---

[38] Asthma wird o.k. sein.

[39] Gesegnete Süßigkeiten, Obst und Nüsse zum Verteilen an die Anwesenden

Der Himmel ist in uns und alle Wege führen zu Babaji

Als wir Babaji dieses Mal in Haidakhan begegneten, inspizierte er zuallererst meine Hand und zeigte mir eine Übung, die ich immer wieder machen sollte. Bald stellte sich eine signifikante Besserung ein.

Wir waren ohne die Kinder gekommen. Babaji fragte mich gleich: „Wo ist Dabhu?"

„Er hat Schule", entgegnete ich.

Baba schüttelte den Kopf und sagte: „Das ist nicht gut, die Zeit drängt."

Hans und ich sahen uns erschrocken an. Bei unserem ersten Besuch hatte er davon gesprochen, dass seine Arbeit bereits zu einem Viertel getan sei. Das war 1979.

1981 kaufte Hans eine Super-8-Filmkamera, das war damals state-of-the-art. Dann sagte er zu mir: „So schnell, wie Babaji gekommen ist, so schnell wird er auch wieder gehen. Wir müssen all die Momente mit ihm festhalten."

So baten ihn Hans und Walther um die Erlaubnis, das Leben in Haidakhan filmen zu dürfen.

Nach seinem Maha-Samadhi stellten wir den italienischen Schülern unser Filmmaterial zur Verfügung.

Ein Großteil dieses Materials ist heute auf YouTube zu sehen.

1982 sagte Babaji, seine Arbeit sei bereits zur Hälfte getan. Als wir dieses Mal bei ihm weilten, erzählte er uns, dass seine Arbeit fast getan sei.

In den Jahren, in denen Babaji unter uns war, hat er unendlich viel Karma auf sich genommen. Sein Körper schlief kaum.

Mit Shastriji, einem seiner engsten Vertrauten, hatte er ein ganzes Jahr lang sein kleines Zimmer geteilt. Shastriji hatte dort meditiert und die alten heiligen Schriften studiert. Einmal war er mitten in der Nacht aufgewacht und hatte sich allein in dem Raum wiedergefunden. Er hatte nach Babaji gerufen und sofort seine Stimme vernommen, die rief: „Ich bin hier!“

Er machte das Licht an und in diesem Augenblick materialisierte sich Baba vor seinen Augen auf seinem Bett.

Als seine Zeit gekommen war, musste Babajis Körper durch das angenommene Karma hindurchgehen und es auflösen. Er sagte einmal darüber:

„Mein Herz ist gebrochen, verwundet von tausend Messern. Ich habe nur ein Herz, um das Leid der ganzen Welt zu tragen. Mein Körper hat tausend Wunden und niemand ist da, um mich zu heilen. Warum – o – warum? Mond, Sonne und Sterne sind alle in mir und ich trage die Last des ganzen Universums?“

Sein irdischer Körper starb, und wie bei vielen anderen großen Heiligen blieb nur dieses leere Behältnis zurück.

Es ist mir ein Rätsel, warum die SRF den Tod von Babaji als Beweis dafür sieht, dass er nicht der echte Babaji sei. Selbst Jesus Christus ist gestorben, um dann am dritten Tag zum Himmel aufzufahren.

Sollen wir ihn deshalb auch anzweifeln?

Ich hatte von jeher ein tiefes Verständnis für die indische Kultur. Hans nicht. Er war so von Yogananda geprägt, der den Yoga quasi in einer Nussschale, wie er es oft selbst formuliert hatte, in den Westen gebracht hatte, ganz ohne die indischen Traditionen und Regeln.

Das kam Hans als Wissenschaftler natürlich sehr entgegen. Er hatte seine Probleme mit den Murtis, und dass sie in Kleider gesteckt wurden, das erinnerte ihn an Götzenbilder.

Ich versuchte, ihm die Symbolik dahinter zu erklären, dass die Murti ein Abbild der göttlichen Wirklichkeit ist. Indem man sich täglich um sie kümmert, steigt das Göttliche zu einem herab. Es sind Rituale, die einen durch eine direkte Handlung mit Gott verbinden. Shastriji hatte das einmal sehr gut erklärt: „Hingabe ist die höchste Form der Meditation."

Der Bau der Tempel war beendet. Babaji nahm uns mit auf die andere Flussseite und zeigte sie uns.

Wir sprachen noch eine ganze Weile über diese Thematik. Darüber, dass Haidakhan untrennbar mit der indischen Kultur verbunden ist. Herr Vogel hatte einmal zu Baba gesagt, dass er bald abreisen wolle, damit er sich noch ein bisschen von Indien ansehen könne. Babaji hatte darauf erwiderte: „Indien ist hier!"

Als ich am nächsten Morgen zum Darshan kam, begrüßte mich Babaji laut mit: „Chuhadani." Während er das sagte, klatschte er freudig in die Hände.

Ich fragte verwundert, was das heiße, und erfuhr, dass es „Mausefalle" bedeutete. Mir fiel es wie Schuppen von den Augen. Er hatte auf die Erklärung, die ich Hans gegeben hatte, angespielt. Ich hatte ihm wohl geholfen, den Schüler für ihn „zu fangen".

Als wir wieder einmal auf seiner Terrasse zusammentrafen, fragten wir ihn, ob wir Mundan machen sollten.

„If you like?“, hatte er gesagt.

Dabhu hatte schon zusammen mit einem jungen Mann Mundan gemacht. Auch ich ließ mir die Haarpracht vom Friseur unten am Fluss abscheren.

Der Friseur war gerade fertig, da kam Babaji die Treppe herunter. Wir standen noch relativ weit voneinander entfernt, als ich zu ihm hinüberblickte. Während ich mit offenen Augen schaute, sah ich ein leuchtendes Dreieck auf seiner Stirn, aus dem ein Lichtstrahl kam, der meine eigene Stirn berührte.

Einen kurzen Moment lang wurde mein Kopf so heiß, als ob ich direkt unter einem Heizstrahler stehen würde. Tagelang glühte er.

Als Babaji wieder ein paar Tage auf Reisen war, hatte er mir aufgetragen, den Himmel seiner Hollywoodschaukel, die in einem Nebenraum stand, neu zu gestalten. Der Auftrag sollte vor seiner Rückkehr erledigt sein. Die Zeit, einen neuen Stoff zu besorgen, war eindeutig zu knapp.

So ging ich ein Stück den Berg hinauf, denn dort neben dem Familienraum, in dem auch wir untergebracht waren, hatte ich einen kleinen Laden entdeckt.

Leider fand ich nur einen ganz normalen weißen Betttuchstoff. Ich entschied mich, diesen zu dekorieren, und fand Nadel und Faden, Kordeln, Bänder und sogar kleine Rosetten aus dickem, goldenem Stanniol.

Diese Schätze nahm ich mit und bemühte mich mit viel Herzblut, ein schönes Dach für die Schaukel zu fertigen.

Als wir im darauffolgenden Frühjahr wieder in Haidakhan waren, hatte man der Schaukel erneut ein Update verpasst. Die Seiten und die Kissen waren nun aus einem exklusiven Stoff gefertigt. Das Dach allerdings war immer noch so, wie ich es genäht hatte.

Ich fragte erstaunt, warum man den Himmel bei dieser Gelegenheit nicht auch gleich erneuert hatte? Der habe so bleiben müssen, wie er war, man habe ihn nicht verändern dürfen, erzählte man mir.

Wenn man sein Herz gibt, dann behält es Baba für immer.

Erneut verreiste Baba für ein paar Tage.

Wir hatten es uns in dieser Zeit angewöhnt, hinter Babajis Räumlichkeiten an einer Ausbuchtung des Flusses zum Baden zu gehen. Dort hatte sich durch den Monsun ein kleiner See gebildet. Die Gautama Ganga war während dieser Zeit viel zu gefährlich, das Wasser war hoch und reißend.

Wir verbrachten den ganzen Nachmittag an diesem kleinen See. Hans sagte immer nur: „Ach, ist das herrlich hier."

Dann kam ein alter Sadhu vorbei. Er blieb stehen und wendete sich in gebrochenem Englisch an uns: „Heute Abend kommt Baba wieder, und dann wird aus Hans Hansu Baba. Er macht dich zum Baba."

Hans erhob erfreut den Kopf über die unerwartete Nachricht seiner „Beförderung zum Baba".

Baba kam nicht, dafür wurde Hans krank. Er bekam hohes Fieber, Schüttelfrost und massiven Durchfall. Er glühte förmlich. Walther hatte einen Eimer Wasser geholt, damit wir alles säubern konnten.

In der Früh erschien Herr Vogel und erkundigte sich nach Hans. Doch dieser sagte nur unwirsch: „Der alte Quacksalber soll verschwinden, der kann eh nix."

Herr Vogel schmunzelte, strich Hans über den Körper und das Fieber sank. Als wir Hans später auf den „alten Quacksalber" ansprachen, wusste er von nichts, und es war ihm anzusehen, wie peinlich ihm seine Fieberfantasien waren.

Zwei Tage später kam Baba und machte Hans tatsächlich zum „Hansu Baba".

Wir waren gerade in der Küche damit beschäftigt, Chapatis zu backen. Ein Schüler aus Haldwani, der sehr gut englisch sprach, arbeitete mit mir im Team.

Er meinte: „Babaji muss Gefallen an dir finden. Du hast wohl wenig Ego. Wie heißt du?"

Ich nannte ihm meinen Namen: „Tura Ganthi."

Er fragte daraufhin: „Hat er dir nicht auch noch einen anderen Namen gegeben?“

Ich erzählte ihm, dass er ganz am Anfang „Pindi“ zu mir gesagt hatte. Begeistert gab er von sich: „Wie schön, das ist ein Kosename.“

Allerdings hat er ihn nur einmal zu mir gesagt, und ich musste all die Jahre warten, bis ich seine Bedeutung verstehen durfte. Vielleicht war das auch ganz gut für mein Ego. Er rief mich ja nie bei meinem Namen. Entweder sagte er „Hey“ oder „Dabhus Mother“ zu mir.

Ich bat ihn, mir doch innerlich zu zeigen, was ich falsch machte? Gleichzeitig stellte ich aber fest, dass meine Verbindung zu ihm immer stärker wurde.

Er überschüttete mich mit wunderbaren Erlebnissen. In meinem Inneren spielten sich große Dinge ab.

Ich sah ihn im All meditierend als die unendlich große Weltenmutter. Er hatte tausend Brüste, an denen er Tausende seiner Kinder gleichzeitig nährte und sie liebevoll in seinem Schoß hielt.

Dazu hatte ich fantastische Erlebnisse mit ihm als Shiva. Ich erfuhr dabei nicht nur Ekstase, sondern auch ein Gefühl der Einheit. Ich wurde in ein anderes Bewusstsein hineingezogen, dessen Tiefe ich nur durch seine Gnade erleben konnte.

Einmal saß ich neben Baba auf seiner kleinen Terrasse.

Die Schwingung, die von ihm ausging, war so stark, dass ich glaubte, an einem Punkt angelangt zu sein, an dem ich mich langsam auflösen würde.

Also bat ich ihn innerlich wie so oft darum, für immer in diesem Bewusstseinszustand verweilen zu dürfen. Er sprang auf, ging an die Wand, wo ein Besen stand, und drückte ihn mir in die Hand. Ich solle die Blätter wegkehren.

Ich wusste, was er damit meinte. Ich sollte nicht in irgendwelchen Höhen schweben, sondern Karma Yoga machen.

Ein anderes Mal dankte ich ihm für alles, was er für uns getan hatte. Ich bedankte mich für die Dinge, die ich sah und die ich noch nicht sehen konnte. Er schaute mich an und sagte: „Oh, bedanke dich lieber nicht. Du weißt nicht, was ich noch alles mit dir vorhabe."

Es gibt viele Beispiele, wie Baba Karma von uns nahm.

Bei einem unserer Besuche hatte er Chandra während der Ramayana eine angezündete Laterne auf den Kopf gesetzt.

Als der Company Garden fertiggestellt war, sagte er, dass alle, die daran mitgearbeitet hätten, jetzt befreit seien. Frei von allem Karma.

An einem anderen Tag gab es ein Festessen, danach wurden Pakoras[40] verteilt. Es hieß, sie wäre mit „Bang", einer psychedelischen Pflanze zubereitet. Nichtsahnend aßen wir alle davon.

Als ich mich zum Schlafen niederlegte und die Augen schloss, kam Babaji aus großen Höhen durch den blauen Äther zu mir herunter. Er trug ein blaues Gewand, das mit goldenen Sternen durchwirkt war. Er nahm meine Hand und eilte mit mir hinauf in ätherische Höhen.

Am nächsten Tag stellte ich fest, dass der italienische Künstler, der an Babas Statue arbeitete, gerade dabei war, dieser das gleiche blaue Gewand zu malen, in dem ich Baba in meiner Vision gesehen hatte.

---

[40] In Fett gebratene Gemüsestücke.

Herr der Elemente

Einmal saßen wir auf der anderen Talseite auf den Stufen, die zu den Tempeln hinaufführen. Baba hielt eine dicke, lange Sandelholzkette in der Hand. Er drückte meine Schulter herunter, setzte mich neben sich und während er mir die Kette gab, zeigte er sich mir als Shiva. Ich sah ihn mit offenen Augen.

Seine Haut schimmerte blau. Er war muskulös und kraftvoll. Sein Haar war aufgetürmt und ein wenig heller als das von Babaji. Es waren die gleichen Augen, aber mandelförmig.

Ich berührte schweigend seine Füße und war sehr dankbar für diese Offenbarung. Babaji wird oft als der Herr der Fünf Elemente dargestellt: Äther, Luft, Feuer, Wasser und Erde.

Shiva vereint in sich selbst die absolute Stille sowie die dynamische Energie, die sich in unendlichen Variationen des Lebens manifestiert. Er gilt als kosmisches Wesen:

Seine Stirn ist das Feuer. Sonne und Mond sind seine Augen.

Die vier Richtungen des Raumes sind seine Ohren, die Vedas seine Stimme und der Wind, der in die Welt geblasen wird, sein Atem. Seine Füße symbolisieren die Erde.

Er ist das innere Wesen eines jeden Geschöpfes.

Shiva, der Prototyp eines Yogi, wird jenseits von Zeit und Raum, in unberührbarer Einsamkeit dargestellt. Er sitzt auf den verschneiten Bergspitzen des Kailash, versunken in die unendliche Tiefe seines eigenen Wesens.

Babaji hat unendlich viele Gesichter. Er wird als Swayambhu, selbsterschaffenes göttliches Wesen, in der Yogastellung dargestellt. In Richtung Kailash meditierend ist er das Zentrum der Welt und der Übergang zu den höheren göttlichen Welten. Er ist der Herr der drei Gunas:

Rajas, Tamas und Sattvas, die Grundelemente, die allen Dingen ihre Form geben. Symbolisch werden sie als drei konzentrische Kreise dargestellt.

In der indischen Mythologie wird die Kumaon-Region, am Fuße des Himalaya gelegen, zu Beginn des Satya-Yuga, dem Zeitalter der Wahrheit, erwähnt. Es ist die Zeit der zweiten Inkarnation Vishnus als Schildkröte.

In der Utta Manas Skanda Purana erfährt man in einem Dialog zwischen Shiva und seinem Sohn Kartikeya von diesem geheimen Ort, der damals unter Schnee und Eis begraben lag.

Der indische Subkontinent war damals bis in die Region Vindhyachal im Staate Rajasthan von Gletschern bedeckt.

Shiva befahl Virabhadra, einer feurigen Schöpfung seiner Stimme, die mit gigantischen Kräften versehen war, den Mittelpunkt einer enormen Landmasse, die vom Ozean umgeben war, zu suchen. Dann sollte er diese in fünf Kontinente aufteilen.

Dieser Umbruch glich der Schöpfung einer neuen Welt.

Er erinnert an die Zeit, als die Berge mit schrecklichem Laut zerbrachen, die Erde erschüttert wurde, die Winde heulten und die Tiefe der See in Aufruhr waren. Nur auf den hohen Bergen hielten sich die Eismassen. Shiva und all die Götter ließen sich auf dem gleichnamigen tibetischen Berg Kailash, nördlich des Sees Manasarovar nieder.

Dieses Zentrum der Welt hat eine mikroskopische Korrespondenz zu dem „Meru Danda" des Spinalkanals in der Wirbelsäule und ist ebenfalls mit den Chakren verbunden.

Es gilt als Zentrum des Wissens oder als der Ort, der einen mit dem Göttlichen verankert.

Als Shiva Sati heiratete, nahm er sie mit zum Kumaon Kailash. Dort befand sich in den alten Zeiten ein See. Die Göttin liebte es, in diesem See zu baden.

So trägt dieser Platz bis heute den Namen Sati Kund, was so viel bedeutet wie „Satis Ort".

Dort pflanzte die Göttin einen kleinen Baum. Dieser Baum steht heute noch in der Mitte des Gautama-Ganga-Flussbettes.

Es ist der einzige Baum, der sich dort befindet. Das kann jeder bezeugen, der an diesen Ort gelangt.

Am Fuße des Berges Kailash liegt eine Höhle, die genau wie der Berg mit der Schöpfungsgeschichte verbunden ist.

Im Shiva Purana wird diese Höhle als „Sitz der Götter" benannt, weil man an diesem Platz Shiva selbst in tiefer Meditation fand, als er seine Tapasya, asketischen Übungen, absolvierte.

In dieser Höhle erschien Mahavatar Babaji 1970.

1840 baute der alte Haidakhan Babaji mit seinen eigenen Händen und der Hilfe der Dorfbewohner gegenüber dem Berg Kailash auf einem Hügel einen kleinen Tempel. Sein Grundriss ist achteckig, die acht Aspekte Shivas symbolisierend. Shiva prophezeite seinem Sohn Kartikeya in uralten Zeiten:

„Wenn die Götter nach Haidakhan zurückkommen zum Kumaon Kailash, wird Haidakhan wieder der heiligste Ort dieser Welt. Die Zeit der Umwälzung wird der Anfang der neuen Welt."

Gott kennt keine Grenzen – er ist wahre Liebe

Eines Abends, als wir wieder in der Kirtanhalle versammelt waren, winkte mich Babaji heran und sagte zu mir: „Ich bin deine Mutter."

Nach einer Weile rief er nach Walther, dann zeigte er auf mich und sagte zu ihm: „Sie ist der Mann."

Dann zeigte er auf Walther und bemerkte: „Er ist die Frau."

Man konnte Walther förmlich ansehen, dass ihm diese neue Aufteilung der Geschlechterrollen gar nicht behagte, war er doch ganz und gar ein Patriarch.

Einmal stand ich am Ende der Treppe ganz dicht vor Babaji, und als er mich ansah, sagte es laut in mir: „You are nothing."[41]

Im gleichen Moment wurde mir klar, dass er wollte, dass ich mich stärker bemühte, den inneren Kontakt mit ihm auszubauen. Ich sollte mich von seiner Gestalt lösen. Er hatte mich schon mehrfach darauf hingewiesen. Spontan fiel mir seine Reaktion ein, als ich zu ihm gesagt hatte:

„Babaji, I want to please you!"[42]

Er hatte beide Arme abwehrend in die Luft gehoben und fluchtartig den Platz verlassen. Jetzt erst, nach so vielen Malen, begriff ich, worum es ihm ging. Als ich am Abend beim Darshan seine Füße berührte, sah er mich mit leuchtenden Augen an.

Ich sprach innerlich zu ihm und er zu mir.

Er nickte und ich erhielt meine Antwort von innen. Ab da lief unsere Konversation fast schon telepathisch. Hatte er mich vorher ignoriert, so rief er mich jetzt ständig zu sich.

Ich hatte meine Menses. In Indien gilt die Frau dann als unrein. Das hieß, ich durfte den Tempel drei Tage lang nicht betreten. So saß ich auf meinem Bett und meditierte.

---

[41] Du bist nichts.

[42] Ich möchte dir alles recht machen!

Während ich so in mich versunken war, stand auf einmal Gora Devi, seine engste Schülerin, vor mir.

„Babaji wants to see you."[43]

Ich erklärte ihr, dass ich meinen Zyklus hätte. Sie schüttelte nur den Kopf und sagte: „Komm!"

Wenige Minuten später kniete ich vor ihm und er bemerkte: „Du kannst gut meditieren."

Dann stand er auf und ging mit mir hinunter in einen kleinen Vorratsraum. Dort gab er mir drei wirklich große Gläser mit eingelegtem Gemüse. „Das nehmt ihr mit."

Am Tag darauf hatte ich von einer Amerikanerin, die wieder nach Hause flog, einen Sari geschenkt bekommen. Die Farben waren ein wenig disharmonisch, aber ich dachte mir, es kommt ja nicht so auf die äußere Erscheinung an.

Als ich dann vor Babaji stand, verzog dieser das Gesicht zu einer Grimasse und schüttelte den Kopf.

Dann stand er auf und sagte, ich solle warten. Kurz darauf kam er mit einem wunderschönen Sari in Zartrosé mit silbernem Rand zurück.

Meine Mutter hatte mich gebeten, ein Foto von einer Freundin mitzunehmen. Ich sollte es ihm geben und ihn um seinen Segen bitten. Er nahm das Bild und segnete es.

Diese Dame lag in München in der Uniklinik. Sie litt an einer nicht erforschten Blutkrankheit. Als die Freundin später zu uns auf Besuch kam, erzählte sie, dass die Krankheit sich entgegen der Erwartung der Ärzte nicht weiter verschlimmert habe. Sie war nun therapierbar und nicht zum Sterben verurteilt.

Ein weiterer Aufenthalt neigte sich dem Ende zu. Wir hatten uns bereits von Babaji verabschiedet und wollten uns gerade auf den Weg machen, als er plötzlich noch mal vor uns stand.

---

[43] Babaji möchte dich sehen.

Er machte eine Gebärde, dass der Jeep stehen bleiben sollte. Dann zog er seine gesamte Kleidung bis auf den Lendenschurz aus und gab sie uns. Nur mit seinem „Dhoti“ bekleidet stand er vor uns. Uns trieb es die Tränen in die Augen angesichts des Ausmaßes an Liebe, die er uns entgegenbrachte.

Er blieb noch lange stehen und wir winkten ihm, tief berührt und voller Dankbarkeit, solange wir ihn sehen konnten.

Ein Koch, ein Schirm und eine Schlange

Dieses Mal reisten wir nicht alleine. Das Ehepaar Vogel und unser Nachbar hatten beschlossen, uns zu begleiten.

Als wir an der Damside angekommen waren, entschieden wir uns für den kürzeren, aber auch steileren Weg nach Haidakhan.

Es war wieder Monsun und die Gautama Ganga war nicht passierbar. Dieses Mal hatten wir auch nur Pferde für unser Gepäck. Herbert Vogel hatte große Schwierigkeiten, den Weg zu bewältigen. Aber irgendwann hatten wir den Weg geschafft.

Als Babaji uns begrüßte, fragte er Dabhu: „Bleibst du bei mir?"

Dabhu umarmte ihn und antwortete: „Yes, Yes."

Sein ganzes Herz lag in diesen zwei Worten.

Baba stellte sich neben ihn und meinte, er sei ja so groß geworden (1,92 m) mit 13 Jahren.

Am ersten Tag dort ging es den Kindern nicht so gut. Sie kamen beide morgens nicht zum Aarti, lagen auf dem Bett und unterhielten sich. Da kam Babaji in ihr Zimmer. Er nahm ein Paar Flip-Flops, die am Boden lagen, und bewarf die zwei mit einem Schuh. Er hatte gut getroffen, denn eine Stunde später war beiden nicht mehr übel, sie hatten wieder Energie und standen auf.

Ein andermal, als er mit Chandra hinunter zum Fluss ging, fragte er sie: „Chandra Boyfriend?" Sie war ja jetzt immerhin schon 15.

Sie antwortete nein, sie habe noch kein Interesse an Boyfriends und deutete auf Baba. Er lachte und sagte: „Yes, Yes, Baba Boyfriend."

Jeden Mittag ließ sich Babaji auf einer Mauer nieder, und jeder, der anwesend war, platzierte sich rund um ihn herum.

Sobald Dabhu erschien, fragte er ihn: „Wer ist dein Vater?"

Das Spiel ging eine ganze Woche lang. Am Anfang sagte Walther immer noch: „Ich.“ Bis Baba den Kopf schüttelte und sagte: „Nein, ich bin der Vater!“

Er ist unser aller Vater. Wenn wir uns in seine Hände begeben und auf ihn vertrauen, dann kann uns nichts mehr passieren. Er wird für uns sorgen und uns nur so viel zu tragen geben, wie wir schultern können.

Einmal fragte mich Babaji vor Anwesenden: „Esst ihr Fleisch?“

Tja, schwindeln ging gar nicht. Ich hätte ihn auch nicht anlügen wollen. So blieb ich bei der Wahrheit: „Ja, hin und wieder.“

Ein Raunen ging durch die Menge. Baba sagte nichts und nickte nur. Ich hatte ausgerechnet noch drei Monate bevor wir nach Indien geflogen waren, eine Eiweißdiät gemacht, bei der ziemlich viel Fleisch auf dem Speiseplan stand.

Nach dem Darshan nahm er mich mit hinunter in den Company Garden, dort wurde inzwischen Obst und Gemüse angebaut.

„Komm, wir kochen jetzt!“, sagte er energiegeladen zu mir.

Dann gingen wir in Richtung Küche und machten an einem Beet halt. Dort pflückte er junge Blätter der Senfpflanze und suchte noch verschiedene Gemüse zusammen. Anschließend machten wir uns auf den Weg zu seinem Patio. Dort stand bereits ein kleiner Petroleumkocher bereit.

Er rieb einen kleinen Kupferkessel mit feuchter Erde ein und stellte ihn auf die Flamme. Nun gab er Gewürze, Ghee, Reis, Wasser und das Gemüse hinzu.

Alles blubberte vor sich hin. Ab und zu rührte er mal. Zwischendurch ließ er mich immer wieder probieren.

Als das Essen fertig war, gab er es mir zum Kosten. Es schmeckte himmlisch. Alles war perfekt abgerundet.

Er fragte mich: „Kannst du das genauso nachkochen?"

„Ja", sagte ich, „ich glaube schon, ich werde es versuchen. Soll ich mir vielleicht noch ein indisches Kochbuch kaufen?"

„Nein, ich bin dein Kochbuch."

Für mich war das eine wundervolle Parabel. Babaji urteilt nicht und kümmert sich um jedes noch so kleine Detail in unserem Leben.

Als er am Nachmittag mit Shastriji von den Tempeln kam und wir gerade in den Steinen arbeiten wollten, kreuzten sich unsere Wege. Baba ließ seine Finger spielerisch über meine Stirn laufen, ähnlich wie beim Klavierspielen.

Shastriji erklärte mir dazu, dass das Fleischessen die Intuition bremse.

Mehrere Tage hintereinander wiederholte sich die Kochstunde mit Babaji. Er füllte dann meinen Teller und legte oft noch eingelegtes, sehr scharfes Gemüse dazu.

Ein paar Tage später kamen sehr viele Menschen in den Ashram. Der Koch ließ Chapatis machen, hatte aber nur ein kleines Säckchen Mehl. Wie so oft halfen viele von uns in der Küche mit. Während wir das Essen zubereiteten, war es uns ein Rätsel, wie wir all die Menschen verkosten sollten.

Als die Chapatis fertig waren, wurde das Essen serviert. Neben mir saß ein Lehrer aus Bayreuth mit seiner Frau. Er stieß mich an: „Schau doch, die Töpfe werden gar nicht leer und die Chapatis werden auch nicht weniger, obwohl alle essen. Das ist ja schon fast wie in der Bibel."

Er konnte es gar nicht fassen, als er Zeuge wurde, wie Babaji die Massen speiste.

Nachdem wir unseren Kochunterricht beendet hatten, schickte mich Babaji hinauf in die Küche, dort sollte ich mit seinem Koch zusammenarbeiten. Das alte Männlein sang Mantren und warf dabei die Gewürze ins heiße Ghee.

Als ich am darauffolgenden Tag wieder vor der Küche stand, um meinen „Dienst anzutreten", traf ich dort neben Baba auch auf Muniraji und Shastriji.

Alle drei riefen: „Wasch deine Hände!"

Dann schauten sie sich an und lachten. Ich hatte bereits saubere Hände und war etwas erstaunt. Dann merkte ich, dass sich dieser Spruch auf eine andere Begebenheit bezog.

Es war ein „Running Gag" aus einem vorhergehenden Leben, in dem ich bereits für die drei gekocht hatte.

Babaji meinte daraufhin: „Wenn du nächstes Mal nach Haidakhan kommst, dann gehst du von Anfang an in die Küche."

Am nächsten Tag gingen wir wieder einmal zusammen mit Baba zu den Tempeln auf der anderen Flussseite. Das Wasser war immer noch sehr reißend, und ich hatte deswegen so ein dummes Gefühl. Ich ging zwischen Walther und Hans. Babaji lief eingehängt mit zwei anderen voraus. Plötzlich ließ Walther abrupt meinen Arm los. Ich verlor die Balance und driftete in Sekundenschnelle ab.

Baba war bereits am anderen Ufer und sah, was geschehen war. Daraufhin eilte mir Prem Baba blitzschnell zur Hilfe und zog mich an den Armen aus der Strömung ans andere Ufer.

Babaji sah mir ernst ins Gesicht. Jedes Mal kostete es mich ein großes Stück Überwindung, den Fluss überhaupt zu überqueren. Ich hatte schon als Kind eine regelrechte Phobie vor dem Wasser, weil ich einmal beinah ertrunken war. Der Schock saß so tief, dass ich es in all den Jahren nicht geschafft hatte, schwimmen zu lernen.

Hans trug seine Kamera um den Hals. Doch er war besorgt, dass sie vielleicht nass werden könnte. Also bat er Baba darum, sie an sich zu nehmen. Doch dieser gab sie ihm postwendend zurück und meinte: „Die trägst du selber, pass selber auf, dass sie nicht nass wird."

Nein, Babaji war keineswegs dafür, dass man die Verantwortung für sein Tun abgab.

Als wir gegen Abend erschöpft von der Arbeit die Treppe zum Ashram erklommen, passierte etwas, was mich an ein Ereignis erinnerte, welches sich vor ein paar Jahren in Haidakhan ereignet hatte. Damals erwiesen einige tibetische Mönche Babaji ihre Ehrerbietung. Sie kamen, weil sie aus alten Schriften und Überlieferungen wussten, dass er vor 500 Jahren der Lama Baba in Tibet gewesen war.

Als wir auf dem obersten Treppenplateau angelangt waren, begrüßten uns Shastriji und Swami mit einem lauten: „Oh, da kommt er ja!"

Wir schauten sie beide erstaunt an. Da lachte Swamiji und erklärte uns, dass Hans vor 500 Jahren, als Babaji als Lama Baba in Tibet gewesen sei, immer die Glocke zum Gebet geschlagen habe.

Unser Nachbar, der uns begleitete, war im Vorstand zahlreicher bayrischer Brauereien. Er hatte vorzeitig einen seiner Verträge gekündigt, damit er mit uns reisen konnte. Er wusste innerlich, dass dies seine letzte Chance sein würde, Babaji zu erleben.

Das war im Sommer 1983.

Als er auf seiner Rückreise mit einem Träger zur Damside marschierte, sah er Babaji ständig neben sich gehen. So auch, als er wieder zu Hause war. Selbst in Vorstandssitzungen sah er Babas Gesicht innerlich immer über sich. Dieser Nachbar kam viele Jahre zu meiner Mutter und ließ sich von ihr all seine Träume deuten. Auch holte er vor wichtigen Entscheidungen immer ihren Rat ein.

Ich traf ihn kürzlich nach langer Zeit auf dem Geburtstag seiner Tochter wieder. Während wir uns über Babaji unterhielten, erzählte er mir eine Begebenheit in Haidakhan.

Babaji hatte ihm zusammen mit Dabhu einen aufgespannten Regenschirm gegeben und sie mussten zu zweit unter dem Schirm ein Stück den Fluss entlanglaufen. Sie hatten sich dann irgendwann beide auf ein Mäuerchen gesetzt. Er meinte, der Witz sei gewesen, dass es gar nicht geregnet habe. Ich erklärte ihm, dass der Schirm wohl eher die Bedeutung des „Beschirmens" gehabt hätte. Ein von Babaji gegebener Schutz", symbolisch angezeigt durch den Schirm.

Er sah mich an und entgegnete aufgeregt: „Das musste jetzt so sein, dass mir das ausgerechnet jetzt, nach so langer Zeit durch dich klar wird.“

Die Erklärung kam gerade zur rechten Zeit, denn er überlegte, ob er eine riskante Operation machen lassen sollte oder nicht.

Er schlug sich an den Kopf und sagte: „Natürlich, was soll denn ein Schirm auch sonst bedeuten? Ich stehe unter seinem Schutz, dann kann ich mich unbesorgt operieren lassen.“

Ja, Babaji hat immer das perfekte Timing. Er lässt uns Sachverhalte, die vor langer Zeit implantiert wurden, genau zu dem uns wichtigen Zeitpunkt erkennen.

Es war Monsun, der Fluss hatte jetzt ein immenses Tempo. Riesige Steine, die am Grunde der Gautama Ganga lagen, wurden umhergewirbelt und stießen mit großem Getöse zusammen.

Das durch den vielen Regen bedingte Hochwasser hatte auch wieder einige unserer errichteten Mauern weggeschwemmt. Als das Wasser zurückging, versuchten wir, den Schaden wieder zu beheben. Damit die Strömung die Steine nicht mehr fortreißen konnte, ummantelten wir sie mit Maschendraht.

Unter großer Anstrengung versuchten wir, das lose Gestein wieder zu befestigen. Alles war mit Schlamm überzogen. Ich griff hinein und da lag zwischen Schlamm und kleineren Steinen ein dicker, übergroßer Regenwurm – allerdings mit schwarzen Punkten. Jaimal aus Haldwani sah das und schrie auf.

Baba war ein paar Schritte entfernt und beobachtete uns.

„Fass es nicht an, geh weg!“, schrie Jaimal, heftig gestikulierend. Ich reagierte instinktiv und tat wie mir geheißen.

„Das ist die giftigste Viper Indiens. Sie ist nur kalt durch das Wasser, deshalb bewegt sie sich nicht“, erklärte er mir.

Er nahm einen Stock und platzierte die Viper sorgfältig in einem sicheren Abstand und ging in schnellem Tempo zum Wasser. Dort warf er sie in den reißenden Fluss.

Obwohl ich eine echte Schlangenphobie habe, fand ich, dass sie eigentlich sehr süß ausgesehen hatte, die kleine Viper. Ich hätte sie wahrscheinlich angefasst.

Dann sollte Baba nach Bhimtal reisen und wir durften ihn begleiten. Die Stadt liegt am Rande des größten Sees der Kumaon-Region, wo sich auch ein gigantischer Staudamm befindet.

Es heißt, Babaji habe dort im letzten Jahrhundert als „alter Haidakhan Baba" an der Gestaltung des Sees mitgewirkt.

Nach dem Darshan hatte sich Babaji zurückgezogen und uns gesagt, wir sollten es ihm gleichtun.

Bhimtal

Die große Reise

Es war der 16. August – mein Geburtstag –, als wir wieder in Haidakhan eintrafen.

Das neue Dhuni wurde eingeweiht. Eine Österreicherin sprach mich an, ich würde den Sari tragen, den sie Babaji gestern geschenkt habe. Ich erwiderte, er habe ihn mir heute Morgen geschenkt. Sie meinte, Babaji habe zu ihr gesagt, dass sie heute abreisen müsse. Sie habe ihn umstimmen wollen, aber er habe darauf bestanden.

Mir fiel in dem Moment eine Geschichte ein, die mir ein junger Mann erzählt hatte. Babaji hatte ihn weggeschickt. Er solle zurück nach Deutschland gehen. Er war aber nur bis nach Haldwani gefahren und hatte sich bei Yoga im Kashmir Hotel eingemietet.

Dort verzog er sich in sein Zimmer, nahm ein Foto von Babaji in die Hand, sah es eindringlich an und bettelte ihn so lange an, wiederkommen zu dürfen, bis er das Gefühl hatte, er hätte ihn erhört. Dann war er wieder nach Haidakhan zurückgekehrt und Baba hatte ihm gestattete zu bleiben.

Diese Geschichte erzählte ich ihr.

Einige Monate später sah ich die Österreicherin in Haidakhan wieder und sie berichtete mir, sie habe es dem jungen Mann gleichgetan. Baba hatte genauso reagiert wie in meiner Geschichte, sie durfte in den Ashram zurückkehren und siehe da – sie war immer noch da.

So arbeitet Babaji. Er schenkte mir diesen Sari, damit ich dieser Frau etwas zurückgeben kann. In diesem Fall eine Hilfestellung durch die Geschichte eines anderen Schülers, aufgrund derer sie erkannte, dass er sie getestet hatte. Er wollte wissen, ob sie es ernst meinte, deshalb ließ er ihr die Wahl, entweder zu gehen, oder sich der Sache mit ganzem Herzen zu widmen.

Die „Sri Sadashiva Charitamrit", das Werk von Shastriji, war vollendet. Jahrelang hatte er daran geschrieben. Baba hatte gesagt, wenn das Buch fertig sei, dann sei auch seine Aufgabe hier beendet. Bis heute arbeitet man an der Übersetzung ins Englische, die durch Spendenaktionen finanziert wird.

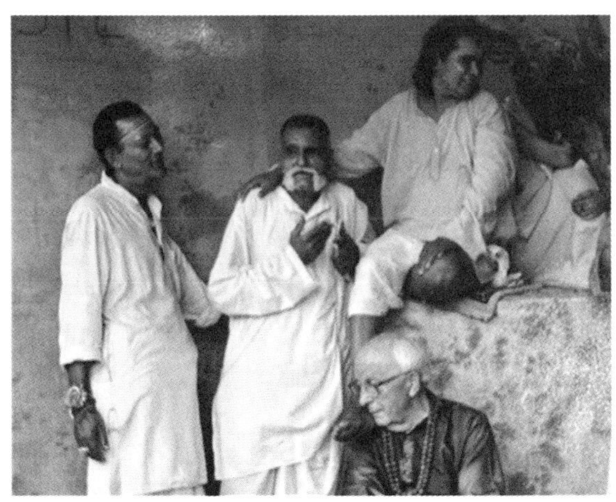

Muniraj, Shastriji, oben Babaji und unten Herr Vogel

Shastriji hatte viele Bücher geschrieben, unter anderem auch die „Sapta Sati" - die „Siebenhundert Verse zum Lobe der Göttlichen Mutter von Haidakhan", die Hans auf seinen Wunsch ins Englische übersetzt hatte.

Düstere Vorahnungen beschlichen uns. Dann würde wohl nicht mehr viel Zeit bleiben, bis Baba diese Welt verlassen wird.

Anlässlich des Geburtstages von Krishna wurde ein Theaterstück geprobt. Verschiedene Schüler waren die Darsteller. Walther war auch mit dabei, er durfte den Shiva spielen.

Radikal und pragmatisch, wie er war, nahm er Babaji, ohne lange zu fragen, schnell mal auf seine Schultern und trug ihn in den Garten. Baba machte den Spaß mit.

Am Abend schenkte ich Baba eine ganze Schachtel mit hübsch dekorierten Herzen, die ich modelliert hatte. Jedes war mit einem Bändchen zum Umhängen versehen. Als er sie weiterverschenkte, sagte er zu mir: „Da sitzt du nun in Deutschland und machst den ganzen Tag so etwas?"

„Nein, das habe ich nur für dich gemacht", erklärte ich mich.

„Weißt du, dass du einmal ein berühmter Maler gewesen bist?", sagte er darauf.

Das Malen lag mir wirklich. Jeder meinte, ich hätte großes Talent. Viel leicht hatte ich es mit in dieses Leben gebracht oder jedes Mal immer wieder ein bisschen davon.

Nach einer kurzen Pause bemerkte Baba: „Ihr dürft euer Haus nicht verkaufen. Es steht gut, wo es ist. Arbeite in dem Haus für deine Familie, deine Arbeit tust du für mich."

Er sprach auch davon, eine Reise zu machen: „Ich komme zu euch in euer Haus nach Deutschland, bald.“

Baba wollte zu uns nach Deutschland kommen? Wo er doch die ganze Welt nach Haidakhan kommen ließ?

Das war irgendwie merkwürdig.

Am nächsten Tag waren wir wieder unten im Flussbett mit dem Mauerbau beschäftigt.

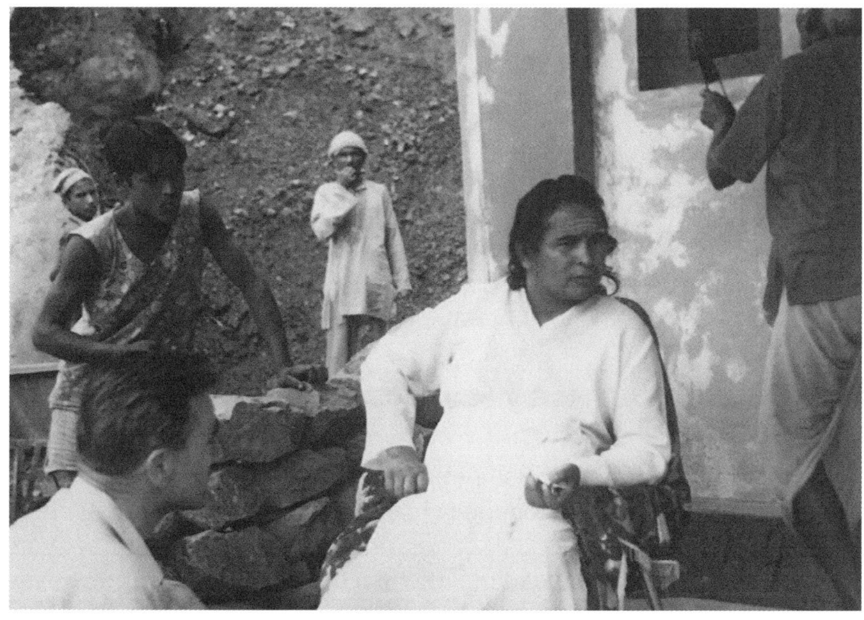

Babaji schickte Hans und mich zu Shastriji. Er sollte uns noch einmal die Hand lesen.

Zu Walther und Hans hatte er gesagt, dass es ihre letzte Inkarnation hier auf Erden wäre. Ich hätte noch drei.

Als wir wieder unten im Flussbett waren, fing Hans an, auf mich einzureden: „Jetzt frag den Baba, ob er nicht die drei Leben in eines zusammenlegen kann?“

Er redete so lange auf mich ein, bis ich zu Baba ging. Ich erzählte ihm, was Shastri gesagt hatte. Er schüttelte verneinend den Kopf. „Keine drei Leben."

Als ich ihn dann fragte, ob er das alles in dieses Leben hineinpacken könne, sah er mich zögernd an. Nachdem ich das wohl drei Mal wiederholt hatte, sagte er laut:

„Yes."

Ich konnte es gar nicht glauben, dass dies Walthers letztes Leben sein sollte. In der Nacht hatte ich einen Traum.

Walther und Hans saßen beide am Flussbett und jeder hatte eine kleine Hütte mit einem Strohdach. Die zwei Hütten waren so niedrig, dass man förmlich hineinkriechen musste. Jeder saß vor seiner Hütte und vor jeder Behausung stand ein alter Baum. Er war ganz schwarz und hatte in sich gewundene dunkle Äste, ohne Blätter. Beide Bäume waren identisch.

Beide saßen vor den Hütten, nickten einander zu und sagten: „Da müssen wir noch durch!"

So wie sich die Dinge später für Hans und Walther entwickelten, bin ich mir sicher, die beiden haben alles abgebüßt, was abzubüßen war. Aber davon später.

Schüler von Guru Nanak waren aus Kashmir angereist, um dessen Geburtstag bei Babaji zu feiern. Sie stellten sein reich verziertes Bett in der Kirtanhalle auf. Darauf lag ein dickes Buch, aus dem vorgelesen wurde.

Jeder sollte eine Kopfbedeckung tragen. Baba hatte eine Ohrenkappe aufgesetzt und stand neben uns. Ich werde diesen Anblick nie vergessen. Er stand da zwischen uns, still und demütig. Der Größte von Allem machte sich so klein und unscheinbar: Er ließ alle anderen schalten und walten – und hörte zu.

Er war wir und wir waren er.

Hans hatte sehr viele Malas für Babaji gekauft. Am Abend schenkte er sie ihm. Baba schaute ihn an und sagte:

„Für mich hast du die jetzt aber nicht gekauft, sondern für euch."

Wie wahr, natürlich brauchte Baba die Malas nicht, aber wir hatten sie dringend nötig. In diesem Sinne steckt hinter manch vermeintlichem Geschenk meist ein gewisses Maß an Selbstsucht.

Handeln wir nicht oft genug nach dem Prinzip: „Wer gibt, dem wird gegeben werden", vergessen dabei aber, dass dies im eigentlichen Sinne bedeutet, dass wir geben sollen, ohne zu fordern. Seinen Nächsten wie sich selbst zu lieben – das ist wahre Einheit und eine der schwersten Aufgaben schlechthin.

Babaji sagte es ganz traurig, er weiß um all unsere menschlichen Schwächen. Also beschloss ich, ihm etwas zurückzugeben und ein Aarti für ihn zu organisieren. Während dem Ritual sagte eine Bekannte zu mir: „Schau, Babas Kleidung hat die gleiche Farbe wie dein Sari. Das ist die Einheit mit dir, die er dir zeigen will."

Ich wäre gar nicht auf den Gedanken gekommen. Er musste sie erst schicken, um es mir zu zeigen.

Es wurde ein wunderschönes Aarti. Als wir vor ihm knieten und ihm die Blumengirlande umhängten, die ich zuvor mit den Kindern gemacht hatte, nahm er das Tuch, das ich ihm vorsichtig über den Kopf gelegt hatte. Er zog es voll über mich, so dass wir uns unter dem Tuch mit der Stirn berührten. Dabei streifte er die kleinen geflochtenen Girlanden, die ich an seinen Handgelenken angebracht hatte, über meine. Dazu murmelte er in einer unsagbar sanften, weichen und liebevollen Stimme etwas auf Hindi. Ich hätte so gern gewusst, was er gesagt hat.

Dieses Erlebnis trug ich wie ein Kleinod in meinem Herzen. Immer wenn ich mich daran erinnere, erfüllt es mich mit einer unsagbaren Freude. Die kleinen „Armreifen" befinden sich immer noch auf unserem Altar.

Es war eines meiner schönsten Erlebnisse mit ihm. Ja, wir sind Bhaktis und leben für die Liebe Gottes.

An einem Nachmittag, als er gerade aus seinem Kutir kam, beobachtete ich ihn. Er nahm einen Stab in die Hand und schickte sich gerade an, sich auf den Weg zu machen. Ich hatte ihn gerade erst am Mittag gesehen, doch jetzt wirkte er ganz anders. Ich sah ihn halb von der Seite, und als er sich drehte, war er flach wie eine Scheibe, wie eine Pappfigur. Sein Gesicht nahm erst langsam wieder die gewohnten Züge an. Als er sich drehte, war sein Körper wieder dreidimensional.

Ich hatte den Eindruck, er hätte sich gerade wieder materialisiert. Als wäre er noch im Prozess des Zusammensetzens gewesen, in den er mir einen Einblick gewährte. Alles geschah blitzschnell. In Sekunden.

Zwei seiner Schüler, die ihn ständig umgaben, waren Ärzte. Sie sagten, dass sie schon viele Menschen untersucht hätten, aber Babas Körper habe eine gänzlich andere Konsistenz.

Als ich am nächsten Tag Babajis Füße berührte, meinte er: „Dein Scheitel wird kahl.

Da mein Haar mit den Jahren dünner geworden war, erschrak ich und sagte spontan: „Ich will nicht kahlköpfig werden. Was kann ich dagegen tun?"

Die Antwort kam prompt: „Nimm Ghee und benetze damit Shastrijis Schnurrbart."

Obwohl ich mich wirklich wunderte, nahm ich ihn beim Wort und Shastrijis Schnurrbart musste dran glauben.

Man opfert das Haar als Akt der Hingabe. Mönche tragen deshalb eine Tonsur. Ich wollte nicht kahl werden, würde ich aber alles für ihn opfern? Vielleicht wollte er das gar nicht? Vielleicht sollte ich mir ein Beispiel an Shastriji nehmen, der seinen Schnurrbart auch nicht abrasierte? Meine Haare wurden automatisch dünner, ich verlor sie von ganz allein.

Babaji ist in allem, in jedem Atemzug, in jedem Gedanken, in jedem noch so feinen Haar. Wenn wir ihm folgen, dann übernimmt er die Führung und nimmt sich allem an. Selbst den unbedeutendsten Problemen.

Eines Tages gab er Hans in meiner Abwesenheit einen sehr schönen türkisfarbenen Seidenstoff. Er sagte ihm, ich solle ihm daraus ein Hemd nähen. Der Schneider sei herzkrank und könne es nicht mehr. Dazu gab er ihm einen Schirm für Dabhu mit. Hans sagte gleich, der Schirm bedeute, dass er unter seinem Schutz stehe. Das tun wir aber alle. Dabhu hat diesen Schutz aber ganz besonders nötig und in diesem Fall beruhigte das Symbol auch mich als Mutter.

In diesem Moment beschlich mich das Gefühl, dass dies bereits Abschiedsgeschenke von ihm waren. Er kündigte seine große Reise an, bald würden wir ihn nicht mehr in menschlicher Form in Haidakhan antreffen. Eine tiefe Trauer hatte mich erfasst. Ich musste immer wieder leise vor mich hin weinen.

Als wir dann in der Kirtanhalle saßen, sah er mich mitfühlend an, sagte aber, ich solle hinausgehen. Er wollte wohl mein schweres Herz nicht sehen.

Ein Abschied, der keiner ist

Wir arbeiteten noch spät unten am Flussbett. Alle waren dort beschäftigt. Da wandte sich Baba an Hans und zeigte auf einen mit Schnur abgegrenzten Bereich. Dort sollte Hans sich hinsetzen.

Die anderen arbeiteten jetzt um ihn herum. Das machte ihn ganz verrückt und er versuchte, Baba immer wieder klarzumachen, dass er lieber arbeiten wollte, als ausgegrenzt zu werden. Doch nichts half, er musste noch weitere zwei Stunden ausharren und sitzenbleiben. Wir konnten uns damals nicht erklären, was Baba mit dieser Aktion verdeutlichen wollte. Aber es gab ja so viele Dinge, die wir erst später begreifen sollten.

Manchmal dauerte es Jahre, bis einem urplötzlich eine Erkenntnis kommt. Heute denke ich, dass er andeuten wollte, dass Hans seine Arbeit in dieser Welt sehr viel früher als gedacht beenden würde.

Chandras Behandlung ging auch dieses Mal den ganzen Aufenthalt über weiter.

Dieses Mal konzentrierte sich Baba auf ihre Füße. Walther musste erneut bestimmte Pflanzenblätter und Datura zu einem grünen Pflanzenbrei zerreiben. Dieser wurde auf die Haut aufgetragen und erst wenn er getrocknet war, wieder abgewaschen.

Inzwischen waren ihre Füße hochinfiziert, überall bildete sich Eiter. Der alte Swami erklärte, dass diese Behandlung das Blut reinigen würde. Kurz vor unserer Abreise fuhr Babaji noch stärkere Waffen auf. Gora Devi musste Chandras Haut mit Kampher abtupfen und teilweise ablösen. Chandra weinte leise vor sich hin, als sie das tat. Danach ordnete er an, Musik zu machen. Es wurde getrommelt, jemand spielte das Harmonium und Gora musste dazu tanzen.

Baba sagte, die Behandlung sei jetzt beendet. Die Krankheit sei vorbei. Tatsächlich hatte sich unter der alten eine neue Haut gebildet, sie war hauchdünn.

An unserem letzten Tag kündigte er an, dass ich zum Mundan kommen solle. Ich dachte mir: „Na, toll in ein paar Tagen sollst du auf der größten Baumesse Europas arbeiten."

Er nahm die Schere und schnitt mir in der Form eines Halbmondes, beginnend an der Stirn das Haar ab. Er rasierte nichts ab, sondern ließ ca. einen Zentimeter stehen. Das andere Haar passte er an.

Auf der Messe sprachen mich ganz viele Leute auf meinen interessanten Haarschnitt an. Leider hatte ich verpasst, ihn zu fragen, was der Halbmond bedeutet. Dann dachte ich kurz darüber nach und mir wurde bewusst, dass Shiva eine Mondsichel trägt.

Hans bekam ein Augenbrauen-Mundan.

Shastriji sagte, es stärke die Intuition.

Einen Tag vor unserer Abreise ließ ich Baba durch Gora ausrichten, dass ich fürchtete, dass Chandras den Rückweg nicht schaffen würde. Er sagte, ich solle zu ihm kommen.

Er kochte. Es sah aber eher so aus, als würde er etwas zusammenbrauen. Ich erzählte ihm, dass ich besorgt sei, dass die feine Haut während des stundenlagen Fußmarsches aufreißen würde.

Er hielt einen Kochlöffel in der Hand und sagte in einem harschen Ton zu mir: „Du bist schuld daran."

Nachdem er sah, dass ich mich nicht verteidigte, sondern seine Bemerkung schuldbewusst entgegennahm, wurde seine Miene freundlich und fürsorglich. Er nickte und sagte: „Es wird in Ordnung sein, mach dir keine Sorgen."

Ich bedankte mich aus ganzem Herzen bei ihm und ging erleichtert wieder nach oben.

Am nächsten Morgen sah die Haut schon viel besser aus und Chandra fühlte keinerlei Berührungsschmerz. Ihre Füße überstanden den ganzen Marsch unverletzt, man sah nicht die kleinste Rötung. Es war wieder eines seiner Wunder. Gora erklärte mir, es sei die einzige „offizielle" Heilung gewesen, die sie jemals gesehen habe.

Wenig später stand Baba mit uns im Family-Room und sagte: „Wo tanzt denn Dabhu schon wieder herum?"

Wir alle hatten gearbeitet, aber mein Sohn hatte sich wohl wieder einmal anderweitig beschäftigt.

Er schlief jetzt oft mit einigen anderen in der Nacht auf dem Flachdach des Family-Rooms. Irgendwann in dieser Nacht hatte er plötzlich Bauchweh bekommen. Die Schmerzen waren so stark gewesen, dass er nicht aufstehen konnte, um den anderen, die in einiger Entfernung von ihm schliefen, Bescheid zu geben. Sie hörten ihn auch nicht, als er verzweifelt jammerte. In der Früh ging es ihm Gott sei Dank besser.

Ich hatte die Schlafsäcke und all die anderen Dinge, die wir seit Jahren im Aufbewahrungsraum neben der Küche deponiert hatten, verschenkt. Ich wusste, dass ich sie nicht mehr benötigen würde.

An Krishnas Geburtstag fand die lang angekündigte Theateraufführung statt, bei der auch Walther und Dabhu mitwirkten.

Am Tag unserer Abreise nahm sich Babaji sehr viel Zeit, um uns zu verabschieden. Dieses Mal sagte er nicht, wann wir wiederkommen sollten. Das hatte er sonst immer getan. Während wir mit ihm sprachen, war Gora damit beschäftigt, sein Zimmer auseinanderzunehmen. Vielleicht um es gründlich zu putzen. Jedenfalls war es unglaublich. Sie trug seine dünne Matratze heraus ins Sonnenlicht und darauf lag die Bettwäsche, die ich ihm gekauft hatte. Ich erkannte auch ein paar Sachen, die ihm die Kinder in den letzten Jahren geschenkt hatten. Sie standen fein säuberlich zusammen mit seinen wenigen Habseligkeiten vor seinem Zimmer.

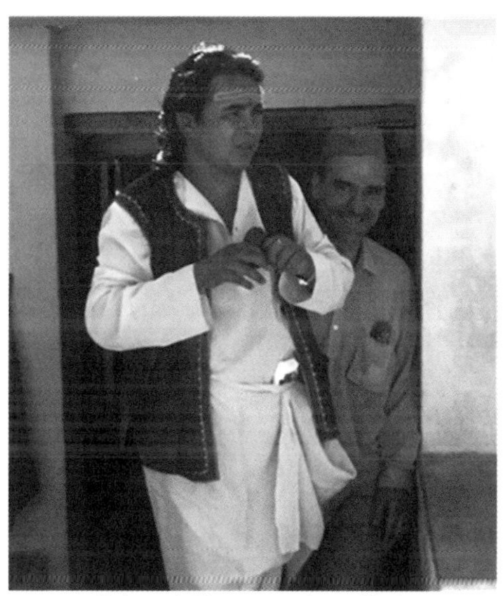

Baba mit Hans vor seinem Kutir

Unglaublich, wie dankbar Gott für ein bisschen Liebe ist. Es war fast so, als wolle er uns zeigen, dass die Liebe, die wir ihm entgegenbringen, niemals vergessen wird.

Baba hatte einen Mann organisiert, der uns begleiten und behilflich sein sollte. Dazu drei Pferde, zwei für Vogels und eins für Chandra. Hans und ich sahen uns an. Das hatte er doch noch nie gemacht. Es war das 10. Mal, dass wir bei ihm waren.

Die Sonne strahlte vom Himmel, die Vögel zwitscherten, es war ein wunderschöner Morgen.

Babaji blieb lange stehen, und wir winkten ihm, bis er ein kleiner Punkt geworden war. Innerlich wussten Hans und ich, dass wir ihn in diesem Leben nicht mehr in dieser physischen Erscheinung sehen würden. Es war das letzte Mal.

Es dauerte nicht lange, da verdunkelte sich der Himmel und die Vögel stellten ihr Gezwitscher ein. Sturm kam auf und es regnete in Strömen. Frau Vogel tat sich schwer. Es goss und goss. Es war das reinste Inferno. Jedes kleine Rinnsal wurde zu einem Bächlein und eine Stunde später zu einem reißenden Bach. Das Wasser stürzte über die Hänge, der Weg wurde immer rutschiger.

Wir liefen jetzt zu Fuß, die Pferde waren wieder nach Haidakhan zurückgekehrt.

Wir rutschten buchstäblich mit den Wassermassen die Hänge hinunter. Es wurde zunehmend schwieriger, die brausenden Bäche, die sich jetzt überall bildeten, zu überqueren.

Hans stütze Herrn Vogel, während Walther seine Frau buchstäblich bis zur Damside trug. Sie sagte immer wieder: „Ach, Ihnen gebührt eine Krone."

Hans und ich dachten beide: „Oh, es wird schon seinen Grund haben, dass er die ältere Dame auf Händen tragen muss."

Chandra ging es gut. Sie hatte keinerlei Probleme. Es war unglaublich. Stunden später kamen wir total verdreckt und durchweicht bis auf die Haut an der Damside an. Dort saß Muniraj mit drei Schülern und lud uns zum Tee ein, er wartete dort auf einen Wagen. Als der kam, überließ er ihn uns.

Sobald wir in Haldwani ankamen, trockneten wir unsere Pässe bei ein paar Einheimischen in der Küche am Herd. Man brachte kaum noch die Seiten auseinander, so aufgeweicht waren sie.

Am nächsten Tag frühstückten wir wie so oft bei Muniraj. Er umarmte Dabhu mehrere Male liebevoll und fragte ihn, ob es ihm jetzt wieder gut gehe.

Am darauffolgenden Tag waren wir in Delhi. Kurz nach Mitternacht, Chandra und ich waren schon eingeschlafen, wachte Dabhu mit hohem Fieber und Bauchkrämpfen auf. Ich verabreichte ihm Medizin und versuchte. Wadenwickel zu machen, aber das Wasser aus dem Hahn war nicht kalt genug.

Ich wollte mich an sein Bett setzen, da sagte er: „Geh da weg, da darfst du dich nicht hinsetzen, da sitzt Baba schon."

Nach einer Weile sagte er: „Oh, siehst du, was da auf uns zukommt? Da sind unglaublich viele Menschen. Sie rennen um ihr Leben. Jetzt kippen sie alle um, alle sind tot. Nein, jetzt kommen noch mehr. So viele Menschen, es kommen immer mehr.

Da ist Land, wo niemand mehr wohnt, viele Flüsse, sie sind alle rot, sie sind aus Blut. Die Menschen drängen sich jetzt dicht aneinander. Sie haben Angst. Es sieht aus, als würden sie sich unter pilzähnlichen Dächern versammeln. Sie halten sich gegenseitig fest. Es ist dunkel und es regnet weiß, es regnet Schnee vom Himmel."

Dann sagte er plötzlich: „Ein Mann kommt zur Tür rein. Sperr die Tür ab."

Ich versicherte ihm: „Keine Sorge, ich habe abgesperrt."

„Nein, die Tür ist offen, geh hin und schau nach!"

Ich wusste genau, dass ich abgesperrt hatte, aber als ich nachschaute, war die Tür offen. Ich sperrte sie noch mal zu. Irgendwann schlief er dann ein. In der Früh war das Fieber besser. Arvind Lal, ein Arzt, dem wir etwas von Babaji übergeben sollten, gab Dabhu einige Tabletten gegen die Erreger, die in dieser Gegend grassieren. Sie wirkten sofort.

Ehepaar Vogel, Gottlinde, Chandra, Muniraji, Walther und Dabhu

Haidakhan ist überall – Jahre der Erkenntnis

Immer wenn wir aus Haidakhan zurückkamen, musste jemand aus der Familie ins Krankenhaus. Walther hatte riesige Steine aus dem Flussbett gehoben. Jetzt hatte er gleich zwei Leistenbrüche.

Dabhu hatte sich den Arm gebrochen und ich hatte mir eine Infektion am Bein zugezogen, die operiert werden musste.

Wir waren dort im Krankenhaus schon langsam bekannt, und man fragte uns, ob wir wieder in Indien gewesen seien. Hans kam zurück mit Malaria, Chandra wurde am Blinddarm operiert, dabei stellte man fest, dass sie ständig Fieber hatte, und kam zu dem Schluss, dass auch sie Malaria hatte.

Weihnachten kam. Freunde von uns reisten wieder zu Baba. Ich hatte ihnen Geschenke für Baba mitgegeben. Zuvor hatte ich ihn innerlich gefragt, was er brauchen könne.

So hatte ich ihm leichte Gore-Tex-Stiefel und eine dicke Daunenjacke gekauft. Meine Freundin berichtete mir dann, dass er erst wissen wollte, von wem die Sachen seien, und als sie „Mother of Dabhu“ sagte, hatte er geantwortet: „Best boots in the world.”[44]

Ich war so glücklich und stellte fest, dass er mit seiner Reaktion unsere Wünsche befriedigt. Ihn warm verpackt in der Kälte zu wissen. Was für ein Witz! Da sah man, wie klein und begrenzt unser Verstand doch war. Er, der Stunden inmitten brennender Feuer sitzen kann, um Buße zu tun. Er, der mit Energien spielte wie ein Kind mit Bällen.

Einmal standen wir unten am Fluss. Baba hatte sich auf einer der gerade erbauten Mauern niedergelassen. Eine Engländerin fühlte sich nicht wohl, sie hatte Fieber und wollte ihn fragen, ob sie auf ihr Zimmer gehen könne.

[44] Die besten Stiefel in der Welt.

Während Baba mit uns sprach, vergaß sie ihre Frage. Als er dann aufstand, bemerkte sie, dass es ihr viel besser ging, und kurze Zeit später war ihr Fieber verschwunden.

Ich kann mich an eine ähnliche Sache erinnern, als ich einmal starke Bauchschmerzen hatte. Jaimal brachte mir extra etwas Kapuzinerkresse. Als Baba das sah, hob er einen Stein auf, hielt ihn eine Weile in der Hand und gab ihn mir.

Es war Mittag, ich legte mich mit dem Stein auf dem Bauch eine Weile hin und alles war gut. Den Stein habe ich gut gehütet und oft benutzt. Er liegt auf unserem Altar.

Beim Darshan sagte Baba zu mir: „Du gibst ja alles weg, was du bekommst. Meine Sachen gibst du aber nicht her, die behältst du."

Erst als er das zur Sprache gebracht hatte, wurde mir klar, dass das tatsächlich der Fall war. Immer wenn jemand etwas schön bei mir fand, schenkte ich es demjenigen prompt, ohne mit der Wimper zu zucken.

Obwohl wir das Gefühl hatten, dass es unser letzter Besuch in Haidakhan war, gaben wir die Hoffnung nicht auf. Anfang Februar schickten wir unsere Pässe nach Bonn zur indischen Botschaft, um ein Visum zu beantragen.

Dann kam der 14. Februar.

Ich wollte meine Freundin besuchen. Walther hatte geschäftlich in Nürnberg zu tun, also fuhren wir zusammen. Auf der Landstraße überholten uns vier Ambulanzen mit Blaulicht. Auf der Autobahn passierte das Gleiche noch mal. Es war eigenartig.

Meine Mutter malte an diesem Tag ein Schiff, das im Sturm zwischen großen Wellen versank. Marco, der kleine Sohn meiner Freundin, der Baba sehr nahestand, hatte in der Schule ein Bild gemalt, wie Engel in den Himmel aufsteigen.

Baba hatte mich wohl an diesem Tag zu ihr geschickt, damit wir uns gegenseitig stützen konnten, als wir telefonisch aus Indien die Nachricht erhielten, dass er seinen Körper verlassen hatte.

Wir machten ein kleines Yagna für ihn im Kamin und tranken ein Glas Prosecco, um uns zu beruhigen. Ihr Mann nahm die Sache sehr souverän.

„Was wollt ihr denn? Er ist doch immer noch da, es ist doch nur seine äußere Form. Er wird immer da sein!“

Walther meinte daraufhin: „Ja, für die Menschen in Haidakhan, die immer um ihn herum waren, die ihn jeden Tag erleben durften, für die ist dieser äußerliche Abschied noch ein größerer Schlag. All den Menschen, die nicht in Haidakhan leben, blieb gar nichts anderes übrig, als sich von der menschlichen Form zu lösen und ihn sich innerlich zu vergegenwärtigen.“

Eigentlich wollten wir noch einmal nach Indien fliegen, aber man konnte unsere Pässe, die wir vorher an das Konsulat geschickt hatten, nicht mehr finden. Es sollte wohl so sein.

Die Zeit verging, und wir versuchten, ihm durch das Rezitieren des Mantras „Om Namah Shivay“ und der Meditation so nahe wie möglich zu sein. Andere fuhren nach Haidakhan.

Wir suchten ihn in uns. Jeder von uns wusste, dass er ihn innerlich finden musste, so wollte er es.

Er hatte gesagt, er käme in unser Haus. Ich denke, er wollte uns damit begreiflich machen, dass er in unser inneres Haus kommt. Um das zu verdeutlichen, hatte er uns auch die Murti gegeben, die bei uns im Wohnzimmer steht – allgegenwärtig und sichtbar für jeden.

Ebenso stand er einmal in Fleisch und Blut vor einer Inderin aus Delhi, als sie in ihrem Zimmer meditierte, und sagte zu ihr: „Du musst nicht mehr nach Haidakhan kommen, ich komme zu dir.“

Sie war schon alt und der Weg wäre eine große Strapaze, die sie aber gern auf sich genommen hätte, um ihm nahe zu sein.

Kurz nach Babas Maha-Samadhi kamen Muniraj und Shastriji nach Deutschland. Sie besuchten uns. Es war ein großer Segen.

Es war fast ein Jahr vergangen, da wachte ich eines Morgens auf und mein altes Problem war auf einmal wieder allgegenwärtig: Ich hatte von Fred geträumt und musste prompt pausenlos an ihn denken. Nein, das kann doch nicht sein. Ich war fest davon überzeugt gewesen, dieses Dilemma gehöre der Vergangenheit an. Doch nun nahm es mein ganzes Denken in Besitz.

Muniraji zu Besuch bei uns in Deutschland

Ich betete: „Baba, ich lege diese Angelegenheit in deine Hände, bitte löse sie für mich."

Walther war in vielerlei Hinsicht in seine alten Muster zurückgefallen. Ich fühlte, dass die Sache mit Fred noch nicht beendet war, und nahm wieder Kontakt zu ihm auf. Ich erzählte ihm von Babaji, besuchte ihn. Das Leben mit ihm schien mir so viel einfacher, es gab kaum Reibungspunkte, alles war friedlich und harmonisch.

Ich erinnerte mich an ein Erlebnis mit Babaji. Als ich das erste Mal in Haidakhan war, hatte er mir tausend Sachen aufgetragen, die ich gleichzeitig erledigen sollte. Er kreierte in Windeseile das reinste Chaos um mich herum, bis ich herausfand, wie dem beizukommen war. Irgendwann blieb ich innerlich ganz ruhig und versuchte, in meiner Mitte zu bleiben. Als das klappte, hörte er mit diesem Spiel auf.

Jetzt fühlte ich mich, als wäre ich genau wieder an diesem Punkt angelangt. Balance war angesagt. Meine Kinder waren Teenager, meine Mutter alt und gebrechlich.

Ich bat Muniraj schriftlich um Rat. Er schrieb zurück: „Bleib bei deinem Mann!"

Schweren Herzens folgte ich seinen Worten, obwohl ich innerlich zweifelte, ob dies die richtige Entscheidung war.

Doch dann wurden die Zweifel so stark, dass ich nach Kalifornien flog und Fred für ein paar Wochen besuchte. Es war Erholung pur. Hans und meine Mutter protegierten mich.

Muniraj machte zu dieser Zeit eine Europa-Tour. Er war in Rieferath, und als alle außer mir dort versammelt waren, sagte er zu Walther: „Weißt du eigentlich, was deine Frau in Amerika macht?"

Meinem Schwager, der auch anwesend war, wurde es ganz anders. Er erzählte es mir und ich zog meine Lehre daraus. Ich flog nicht mehr nach Kalifornien zu meinem alten Freund.

Kurz bevor auch Muniraj ins Maha-Samadhi ging, erschien er mir im Traum. Er segnete mich und gab mir sehr viel Energie. Ich sah ihn immer als orientalischen Prinzen in Brokatgewänder gekleidet mit spitzen Schnabelschuhen und einer fürstlichen Kopfbedeckung. Auch damals, als Hans im Krankenhaus lag, träumte ich fast jede Nacht von ihm. Er saß immer an seinem Bettrand.

Von der Überwindung des Geistes und dem anderen Haidakhan

Die Zeit verging. Ich las das Buch „Der Weg des Schamanen" von Prof. Michael Harner.

Harner war Anthropologe und hatte überall in der Welt indianische Stämme besucht. Sein Ziel war es, den Schamanismus wieder zu beleben. Im Mittelpunkt seines Wirkens stand die Trommel. Die indianischen Schamanen nutzen sie, um einen hypnotischen Zustand zu erreichen. Mit einem großen Paukenschlag wurde auch mir klar, dass die unerklärlichen Erlebnisse in meiner Jugend etwas mit Schamanismus zu tun hatten. Vieles, was in Harners Buch stand, hörte sich verdächtig nach dem an, was ich erlebt hatte.

So besuchte ich zahlreiche Seminare und Workshops mit Harner in den USA.

Die Schamanen bezeichnen den Trommelschlag, diesen 3–7-Hertz-Takt, als Pulsschlag der Erde. Er dient der Heilung physischer und psychischer Erkrankungen. In Messungen soll nachgewiesen worden sein, dass die Schwingung die gleiche sein soll, die ein Yogi nach sechsstündiger tiefer Meditation erreicht. Professor Harner wurde immer wieder dafür kritisiert, dass er mit der Trommel einen Schamanismus „light" praktizieren würde, weil er auf den Einsatz von Drogen verzichtete. Doch Harner wusste aus den Begegnungen mit vielen alten Schamanen, dass diese durchaus in der Lage waren, nur durch die Trommel allein einen anderen Bewusstseinszustand herbeizuführen.

Kurz nach dem Workshop träumte ich von Babaji. Er stand mit langen, geflochtenen Zöpfen und einem indianischen Stirnband vor mir. Unweit von mir entfernt hielten Medizinmänner ihren Rat ab. Sie unterhielten sich in indianischer Sprache darüber, ob ich würdig sei, den „Weg des Schamanen" zu gehen. Ich wusste daraufhin, dass Babaji mich hierhergeführt hatte, um mir Klarheit über ein früheres Leben zu verschaffen.

Mein Schwager, der auch einen Workshop bei Harner absolvierte, träumte ebenfalls in der gleichen Nacht von Baba. Baba erzählte ihm, dass ich früher einmal eine schamanische Heilerin gewesen sei.

Hans hatte noch einen zweiten Traum in dieser Nacht. Er träumte, er solle nach Haidakhan fahren, es sei seine letzte Möglichkeit.

Zu diesem Zeitpunkt war das aber aus beruflichen Gründen vollkommen unmöglich für ihn, also erwog er die Reise zu einem späteren Zeitpunkt.

Ein paar Tage nach diesem Traum hatte er im Garten gearbeitet, und nachdem er einen schweren Karton mit Büchern in den Keller getragen hatte, bekam er furchtbare Kopfschmerzen. In der Nacht träumte er von meiner verstorbenen Schwester. Sie hatte ihn auf einer Brücke erwartet und ging mit ihm auf eine Blumenwiese.

Am folgenden Tag waren die Kopfschmerzen verschwunden, aber gegen Mittag brach Hans bei einer Besprechung zusammen und verlor das Bewusstsein. Erst konnten die Ärzte nichts finden, doch dann diagnostizierte man in der Uniklinik in München ein Aneurysma im Hirnstamm, das geplatzt war.

Zu dieser Zeit waren Operationen im Hirnstamm kaum realisierbar. Man gab die Hoffnung trotzdem nicht auf. Ein amerikanischer Professor versuchte sich daran, das Aneurysma zu ummanteln. Die OP gelang. Doch noch in der gleichen Nacht hatte Hans wohl versucht aufzustehen und war gestürzt, was eine erneute Gehirnblutung verursacht hatte.

Wir besuchten ihn jeden Tag, und jeden Tag war weniger von ihm da. Als ich ihn ein paar Tage später das letzte Mal sah, flüsterte er mir zu, dass er eine große Leere in sich verspüre und jetzt gehen würde. Chandra erzählte, obwohl er bereits nicht mehr reagiert habe, habe er ihre Hand ganz fest gedrückt.

Natürlich träumte meine Mutter das Datum seines Todestages voraus. Ihr Bruder hatte daraufhin bereits den Kranz für das Grab bestellt.

Ich wiederum träumte, Hans hätte einen großen Spiegel zerschlagen und ging einen karstigen Berg hinauf. Ich wollte ihm folgen, doch es war mir nicht möglich. Er sagte: „Bleib, wo du bist, du kannst mir nicht folgen."

Von der anderen Seite des Berges kam meine Schwester und nahm ihn liebevoll in Empfang.

Nachdem er so plötzlich aus dem Leben gerissen worden war, hatten drei Freunde den gleichen Traum von ihm: Er stand hinter einem Gartenzaun und streckte seinen Arm aus. Dabei sagte er: „Siehst du meinen Arm? Fass ihn an, er ist in dieser Welt genauso real für mich wie vorher in meinem irdischen Leben."

Mir wurde nun auch die Handlung Babajis klar, als wir am Fluss arbeiteten und er Hans aus der Gruppe entfernt hatte. Er hatte ihn sprichwörtlich aus dem Kreis seiner Schüler herausgenommen und zeigte uns damit, was passieren würde.

Wir alle litten schwer unter dem Verlust: Hans war Bruder, Freund und Vater in einem.

Dennoch lief die Zeit weiter.

Meine Mutter wurde ein Pflegefall, Walther litt zunehmend unter seinem Asthma, ich bekam ein Melanom am Bein.

Während dieser Zeit stellte ich fest, dass Baba auf einer subtilen Ebene immer erreichbar war. Man musste sich nur tief genug konzentrieren und sich bemühen. Es gibt Zeiten, da muss man sich wirklich anstrengen, dann wieder fällt einem eine tiefe Meditation so leicht. Ich empfinde Letzteres immer als Gnade. In solch einer Meditation erlebte ich Folgendes:

Ich saß auf meiner Bettkante und wollte eigentlich aufstehen, da hörte ich das OM. Dieser Ton war so laut, dass er förmlich durch mich, das Haus und das ganze All dröhnte. Alles erzitterte bei seinem Klang. Mein Bewusstsein durchwanderte die Chakren vom unteren Bereich der Wirbelsäule nach oben. Sie drehten sich wie riesige Zahnräder übereinander langsam in meiner Wirbelsäule. Jeweils in der Mitte jedes Rades tanzten zauberhafte Devis und stimmten mit ihren Instrumenten eine wunderbare Musik an.

Mein Bewusstsein glitt langsam höher und höher durch meine Wirbelsäule hinauf in den Kopf, in dem sich ein riesiger weit geöffneter Lotus befand, dessen Blätter sich leicht bewegten. In der Mitte der Blüte stand Babaji.

Ich kann diesen Zustand nur als „lichtes Sehen" beschreiben, es war keine Vision, sondern bewusstes Erleben. Babajis Bewusstsein drang tief in mich hinein, bis zu einem Grad, bei dem ich ihn in jeder Zelle meines Körpers sah und spürte. Er war tausendfach in mir, stand aber zur gleichen Zeit in der Mitte des Lotus auf meinem Scheitel. Sein Gewand war rosa. Urplötzlich drehte er sich um und lief vor mir her. Ich sah ihn in der Höhe meines geistigen Auges.

Jetzt trug er ein cremefarbenes Hemd mit passendem, um die Hüfte geschlungenem Lungi-Tuch und einen Turban. Er lief wie auf kleinen Wellen, die durch die Vibration des Om-Tons erzeugt wurden. Während er so vor mir lief, rief er:

„So klein musst du werden, so klein!"

Er sagte es und wurde dabei immer kleiner, bis er wie blitzende Diamanten in den Zellen meines Körpers verschwand.

Ich sah meinen Körper durch die unendlich vielen Diamanten erstrahlen. Dann zog mich eine Urkraft hinauf und Hanumanji stand neben mir und sagte: „Ich bin dein Bruder. Das ist der Shiva Himmel, hier bist du zu Hause."

Eine unsagbare Welle von Glück breitete sich in mir aus. Ich erkannte es wieder, es war das unsichtbare Haidakhan, das mir in Indien schon öfter über dem irdischen Haidakhan erschienen war. Vor Freude liefen mir die Tränen in Strömen über das Gesicht.

An goldenen Türmen und Mauern standen Wächter, die in große Muscheln bliesen. Ich wusste, das war mein Zuhause.

Es heißt, Haidakhan ist einer der spirituellsten Orte auf Erden. Dieser Platz ist verbunden mit einer höheren Welt, einer anderen Dimension, und all den Himmeln jeder Religion.

Shastriji hatte früher des Öfteren zu mir gesagt: „Du kennst doch das andere Haidakhan, du warst doch schon dort."

„If you forget about yourself,
you will meet me."
Babaji[45]

Om Namah Shivay.

[45] Wenn du dich selbst vergisst, wirst Du mir begegnen.

Ein Buddha, ein Kind und ein König, der den Kopf verliert

Jahre waren vergangen.

Chandra hatte geheiratet und wollte ein Kind. Fünf Jahre hatte sie es versucht. Sie hatte bereits vier Abgänge hinter sich und war untröstlich darüber.

An einem Tag im Dezember trafen wir uns in einem vegetarischen Restaurant in München und sprachen genau über dieses Thema. Chandra hatte erst gedacht, sie sei schwanger, hatte dann aber doch ihre Periode bekommen.

Da kam eine junge Frau herein und fragte, ob sie sich zu uns an den Tisch setzten könne. Sie hielt einen Säugling im Arm. Als sie so demonstrativ an unserem Tisch Platz nahm, wurde mir bewusst, was mir da gerade gezeigt wurde. Ich sagte spontan zu Chandra: „Natürlich bist du schwanger!"

Sie schaute mich entgeistert an.

Zwei Wochen später stellte sich heraus, dass sie schwanger war.

Dabhu, der nun Pilot war, hatte ihr als Weihnachtsgeschenk einen aus Holz geschnitzten Buddha aus Sri Lanka mitgebracht. Walther und ich fuhren am 24. Dezember nach Zürich, um unseren Sohn dort für ein paar Stunden auf seinem Zwischenstopp zu treffen und die Statue mitzunehmen. Es war ein chinesischer Buddha mit einem dicken großen Bauch, der seinen Platz im Wohnzimmer auf einer Kommode fand.

Am nächsten Morgen hatte sich ein breiter, ca. vier cm starker Riss senkrecht mitten am Bauch gebildet. Der Bauch des Buddha klaffte jetzt weit offen.

„Jetzt ist er kaputt", meinten alle.

Die Feuchtigkeit und die Temperaturschwankungen schienen das Holz förmlich auseinanderzusprengen.

Der Buddha thronte mit offenem Bauch schön dekoriert und mit Ketten behangen auf seinem Platz. Monate später, als Chandras Kind auf die

Welt kam, schloss sich der Riss wieder, bis nichts mehr von ihm zu sehen war.

Als Chandras Tochter ca. drei Jahre alt war, spielte sie mit großer Vorliebe mit Buddhas. Ob groß oder klein, alle im Haus wurden zusammengetragen und sie vertrieb sich stundenlang die Zeit mit ihnen.

Nicht lange danach, als wir alle gerade auf dem Rückweg aus Italien waren, wurde meinem Mann auf der Fahrt schlecht. Wir vermuteten, dass er sich unterwegs eine Lebensmittelvergiftung zugezogen hatte. Es wurde immer schlimmer und Chandra fuhr direkt mit ihm ins Krankenhaus. Nach stundenlanger Wartezeit ging plötzlich alles rasend schnell: Man vermutete eine Gehirnblutung und brachte ihn ins Krankenhaus rechts der Isar.

20 Jahre später hatte auch Walther ein ähnliches Schicksal wie Hans ereilt. Die Ärzte zeigten uns am Computer ein Bild, das mich an meinen Traum erinnerte. Den Traum, als Walther und Hans vor den Hütten saßen, im Hintergrund zwei kahle Bäume mit verästelten Zweigen.

Die Computertomografie zeigte eine durale Fistel, sie sah aus wie ein Baum, die Blutgefäße wirkten wie Zweige. Die haarfeinen Gefäße waren zu fingerdicken Adern aufgeschwollen. Die Ärzte erklärten uns, dass man bislang in ganz Europa nur von fünf Fällen mit solch einem Schwierigkeitsgrad wusste. Man machte zahllose Angiografien und öffnete letztendlich den Kopf. Die Operation fand exakt 20 Jahre später, im gleichen Monat und am gleichen Tag wie die von Hans, statt.

Im ersten Moment erwogen wir aufgrund des schlechten Omens sogar, sie zu verschieben, aber es gab keine andere Möglichkeit.

Walther überstand die Operation. Er verlor den Gleichgewichtssinn, bekam eine künstliche Gehirnhaut, war wochenlang im Koma. Sein Leidensweg dauerte acht Jahre. Er nahm alles still und schweigend hin. Wir pflegten ihn zu Hause – und waren ständig in der Klinik. Das halbe Ärzteteam kannte uns in der Zwischenzeit. Eine große Gnade war, dass er vieles nicht mehr wahrnahm. Jedes Mal, wenn wieder eine entscheidende Operation anstand, bat ich Baba darum, mir zu zeigen, was ich tun sollte.

Er gab mir immer eine Antwort. Ich sah ihn Walthers Pullover anziehen oder er begleitete ihn. Zu einer besonders schweren Zeit nahm er mich einfach Huckepack und trug mich als Shiva auf seinem Rücken.

Die Krankheit erforderte Tag und Nacht unsere volle Aufmerksamkeit. Einmal wachte ich auf und mein Schlafzimmer war in ein blaues Licht eingehüllt. Als ich genau hinsah, stellte ich fest, dass es gar keine Wände mehr hatte und jemand mit dem Rücken zu mir gewandt neben mir lag. Es war Babaji.

Eine warme, weiche Liebe durchströmte mich. Alles war sehr feinstofflich. Ich konnte durch ihn hindurchgreifen. Dann veränderte er sich und stand neben mir, wurde aber so riesengroß, dass ich ihn gar nicht mehr voll sehen konnte. Alles, was vorher blauer Raum gewesen war, wurde jetzt von seinem riesigen Körper ausgefüllt. Er hob seine unendlich große Hand und ich sah, dass ich in ihr saß. Ich fühlte nichts als Geborgenheit, Vertrauen und Liebe.

Außer Chandra erkannte Walther niemanden mehr in der Familie. Die Neurologie war an ihre Grenzen gestoßen. Ich träumte, Babaji hielt einen kleinen Sack in der Hand. Er hatte ihn ausgeschüttet und nun war er leer. Das restliche Karma war wohl beendet.

Kurz vor Weihnachten verließ Walther bei uns zu Hause seinen Körper. Seltsamerweise hatten wir immer von ihm als König geträumt, der viele Menschen köpfen ließ – am Ende hat er selbst seinen Kopf verloren.

Einige Tage bevor er starb, hatte ich einen Traum. Hans stand an einem Bahnhof mit Hut und Regenmantel. Er wartete auf Walther (ich hatte die letzten 20 Jahre sehr wenig von Hans geträumt). Der sollte mit dem Zug eintreffen und beide wollten zusammen Urlaub machen. Walther stieg aus, sie umarmten sich und dann waren sie plötzlich verschwunden. Ich blickte mich noch suchend um, doch da musste ich schon Platz machen, denn die Lokomotive kam kohlschwarz und bedrohlich auf mich zu.

Shastriji hatte mir einmal gesagt, dass ich nicht Walthers richtige Frau wäre, sie würde drüben auf der anderen Seite auf ihn warten.

Babaji hatte ihn mit seiner Krankheit genauso behandelt, wie es Walthers Wesen entsprach: extrem, aber auch sehr gnädig. Wir alle hatten ihm verziehen und mit ihm gelitten – insbesondere Chandra.

Inzwischen war es Anfang Juni. Meine langjährige Freundin war im holländischen Ashram in Loenen gewesen und hatte für mich die letzte dort vorrätige Kopie von „Sansmaran" ergattert. Ein Buch über viele Begebenheiten mit Babaji und seinen Anhängern.

Sie hatte es mir geschickt, und der Postbote übergab es mir gerade in dem Moment, als ich auf dem Weg in die Klinik war, um dort eine größere Operation über mich ergehen zu lassen. Auf dem Weg zum OP wurde mir das obligatorische Beruhigungsmittel verabreicht. In diesem halbwachen Zustand sah ich, wie man mich zum OP fuhr. Erst standen noch zwei Schwestern am Rand, aber dann wurde der Gang sehr eng. Die Decke war auf einmal aus Lehm – und sehr niedrig. Die ganze Umgebung war in ein mattes, schwaches bräunliches Licht getaucht.

Große ägyptische Statuen säumten den Weg, gegenüber von mir nahm ich Anubis, den ägyptischen Totengott wahr.

Ich sah, dass ich in weiße Tücher gehüllt auf einer Art Sänfte lag und mich viele Priester begleiteten.

Am Ende des Ganges befand sich eine Tür. Es war mir, als hätte ich sie geöffnet, um in ein früheres Leben zu treten. Ich war wohl direkt auf dem Weg zu meiner eigenen Bestattung. Dann wusste ich nichts mehr.

Recht makaber, so kurz vor einer OP.

Sobald ich mich wieder auf den „Beinen" befand, was sehr flott ging, vertiefte ich mich in das vorher angesprochene inspirierende Buch über Babaji. Ich spürte seine Nähe sehr intensiv und wusste innerlich, dass ich unsere Geschichte aufschreiben sollte.

Alles in allem überstand ich die schwere Operation in Windeseile, man fragte mich sogar, ob ich im Urlaub gewesen wäre, da ich so erholt aussah.

Mein alter Freund Fred war in der Zwischenzeit gestorben. Ich hatte einige sehr klare Träume von ihm. Ich spürte ihn auch um mich herum, dann ließ er mich wissen, er würde jetzt weitergehen. Er zeigte mir, wo er jetzt tätig war – immer im Dienst der Menschheit, so wie er es auch bei der SRF gewesen war.

Babaji hatte die langjährige Bindung zu ihm gelöst. Es kam mir so vor, als ob die OP für mich symbolisch auch einen Schnitt diesbezüglich darstellte. Und ich wusste jetzt, warum ich Walther damals nicht verlassen durfte: Er hatte mich so viel mehr gebraucht – und nach all den gemeinsamen Jahren stand er mir nun auch näher, als ich es mir jemals hätte vorstellen können.

Jeder von Babajis Schülern weiß einzigartige Geschichten über ihn zu berichten. Jedem zeigt er sich auf eine andere Weise, die genau auf das jeweilige Verständnis zugeschnitten ist.

Es ist wie bei Lord Krishna und seinen 16 000 Gopis, seinen Gespielinnen. Er vervielfältigte sich und ließ jede glauben, er sei der Einzige, der sie am meisten liebte und ihr am Nächsten stand.

So wie Dr. Tewari damals zu mir sagte: „Über welchen Babaji willst du etwas wissen? Über deinen oder über meinen? Ich kann dir nur etwas über meinen Babaji erzählen."

Das Training, das er allen gibt, die sich mit Hingabe an ihn wenden, ist einzigartig.

Er ist der Atman, der göttliche Hauch in unserer Seele. Er ist tief mit uns verbunden, kennt jede Regung unseres Geistes. Leitet und lenkt uns mit den Mitteln, die jeder Einzelne braucht, um sich aus dem Netz des Karmas zu lösen.

Je mehr man sich auf ihn einlässt, umso näher kommt man ihm, umso mehr kann man sein Mysterium erfahren.

Epilog

Ich hatte mir eine dreimonatige Auszeit von der Familie genommen, um mich auf die wunderbaren Begegnungen, die wir alle mit Babaji hatten, besinnen zu können.

Ich schrieb bei all meinen Begegnungen mit ihm kein Tagebuch, vielleicht weil ich so ein brillantes Gedächtnis habe, wie man mir auch heute noch oft nachsagt.

Deshalb habe ich mich einfach darauf verlassen und ihn innerlich gebeten, er solle doch bitte alles, was er mich lehrt, tief in mir verankern. Ich kann nur sagen, dass dieses Buch zuallererst ein Segen für mich selbst war.

Da ich keine Ablenkung durch die Medien hatte, während ich es schrieb, wurde vieles sehr plastisch. Ich erlebte alles noch einmal. Ich sah die Dinge viel klarer, und manches, was vorher nicht so wichtig erschien, bekam erst jetzt eine Bedeutung.

Oft sah ich Baba vor meinem geistigen Auge sitzen und er schrieb für mich.

Wenn man sich ihm öffnet, ihm die Möglichkeit gibt, an uns zu arbeiten, sich ihm bedingungslos und ohne Vorbehalte übergibt und ihn vertrauensvoll walten lässt, dann wird man seine Stärke und Liebe spüren – und auch im größten Chaos die richtige Antwort finden.

Um es mit seinen eigenen Worten zu sagen: „Ein Schüler Babajis muss standhaft sein wie der Berg Meeru. Eher müssen Sonne und Mond ihre Position verlassen, als dass man an ihm zweifelt."

Was wir an Karma zu tragen haben, das trägt er mit uns.

Er wird uns nie mehr geben, als wir ertragen können.

Er ist „Bhole Baba", der gütige Vater.

Babaji zeigt uns, dass Liebe, Wahrheit und Einfachheit am Ende des Weges die einzigen Dinge sind, die zählen.

Keiner von uns kann etwas mitnehmen, doch jeder von uns kann so viel für die Menschheit tun.

„Become ready and I shall give you."

Briefe aus Haidakhan

ॐ

Liebe Omi! S|2 Herakhan den 13.4.81

Om namaha shivaya
Bole, Baba Ki Jai

Uns geht es allen sehr gut. Wir hatten überhaupt keine Schwierigkeiten mit den Tickets und dem Taxi nach Haldwani. Bloss der Jeep, der uns nach Herakhan bringen sollte hatte eine Panne und deshalb konnten wir erst später als gedacht losfahren. Marc hat von Baba einen Lehrer bekommen, der zugleich sein Onkel sein soll, es ist ein Saduh der schon Kosmisches Bewußtsein haben soll.

Nami hat einen neuen Namen bekommen, Tara Gandi
unser liebes Muttelchen nun hat der Brief doch länger gedauert und ich hoffe nur daß Du Dir jetzt keine Sorgen machst

Liebes Muttelchen, die ganze Reise ging nahtlos gut, bei Frau Lal ein neues Taxi nach Haldwani, dann mit Jeep bis zur Treppe, aber sehr holperig. Ich bin dabei, Baba besser zu verstehen und vor allem sein "Spielchen" richtig mit zu machen. Äussen ist er der Herrscher Siva, innen ist er der Krishna. Eidlitz hilft hier ganz stark zum Verständnis. Es ist die Lila mit seinen Bhaktas. Der Avatar ist gekommen, wer es faßt, ist gut dran. Hans Spek wirft den Brief in Deutschland, er würde reich gesegnet! Alles andere dann zu Hause! Herzlichst Dein Hans

Ja, Walther gefällt es auch, es ist Gemüse mit viel Curry dran, und hier war ein großes Fest, da waren gestern 2 ½ Tausend Leute da da hat er mit einem großen Yagya die Tempel eingeweiht. Ich glaube jetzt hören wir auf dem

Samstag, 21.08.82

Liebes Muttelchen,

wir sind gut in Delhi angekommen, mit Taxi zu Frau Lal,
dann Taxi nach Haldwani, das war Montag. Am Dienstag früh
mit Taxi zur damm-site, dann zu Fuß mit Trägern übers Gebirge.
Am frühen Nachmittag sehr herzlicher Empfang bei Baba, der aber
gestern 20.8. mit einer Gruppe nach Hardwar, Rishikesh, Delhi, Brindaban
abreiste und am 28.8. wieder kommt, sodaß wir noch eine Woche
mit ihm zusammen sind. Wir sind an einer zweiten Mauer beschäftigt,
die einen Obstgarten umschließen wird:

Getreidefeld ← alte Mauer vom April

wird Obstgarten ← jetzige neue Mauer

Lieber Waltler, wegen der feuchten Hitze wäre Dir die Arbeit schwer gefallen, obwohl ich Dich hier vermisse ist es besser so!

Während Baba's Abwesenheit sind wir hier vormittags im Büro
beschäftigt und brauchen nur am späten Nachmittag zu arbeiten.
Wir hoffen, noch gesegnete Tage hier zu erleben, Baba war *sehr* freundlich zu uns. Er hat sich besonders Sandra's angenommen, die in
der äusseren Behandlung nicht mehr hinter Marc zu verstecken braucht.

Viele herzliche Grüße
Muttelchen – Waltler – Marc
Euer Hans

Liebe Omi!

Es ist hier wunderschön, leider ist Baba ja
wie Du jetzt weißt verreist.
Aber das ist auch nicht so schlimm, denn
wir wissen ja das Baba, wenn er auch nicht
körperlich da ist, so ist doch auch so immer
bei uns. Ich wollte ursprünglich auch
morgens und nachmittags arbeiten, aber bis
jetzt bin ich noch nie dazugekommen,
weil ich fast immer bei Baba war.
Ich weiß zwar wirklich nicht warum,
es gerade jetzt, wo ich finde, daß ich

Liebe Johanna,

am Dienstag, den 16.12. waren wir um 13^{30} Uhr in Hairakhan. Baba lag auf der Mauer, zu seinen Füßen etwa 15 devotees. Gleich nach der Begrüßung bat ich ihn Deinem Mann den Übergang zu erleichtern. Obwohl ich laut und deutlich auf Englisch gesprochen hatte mußte ich die Bitte nochmals wiederholen, worauf er laut und klar "Yes" antwortete. Als ich ihm Deinen Umschlag gab warf er einen Blick auf die Fotos, deutete mit seiner linken Hand darauf und sagte: "Blessings to you", also: "meinen Segen für Euch." Was könnte schöner sein?

Am Abend beim Singen im Garten übergab ich Baba die Strickjacke mit dem Bild. Er sagte gleich zu mir: "Knöpf sie auf" und "Soll ich die Jacke segnen"? "Nein, antwortete ich, "die Dame". Dann zog er die Jacke über und trug sie die ganze Zeit, selbst noch beim Abendarti.

Wir hörten, daß Baba bis 15.1. in Hairakhan bleibt. Seine Begrüßung uns gegenüber war ausgesprochen liebevoll. Mir kommt es immer noch so vor, als träumte ich. Aber das Leben ist ja so wie so nur ein Traum.

Ich hoffe, Ihr habt keine Schwierigkeiten mit Lalita. Daß ich Euch unendlich dankbar bin, könnt ihr gewiß spüren.

Unsere Reise war anstrengend. Beim Abflug hatten wir nur 30 Min. Verspätung. Da die Maschine vollkommen ausgebucht war, machten wir kein Auge zu. Erst im Taxi nach Haldwani schlief Marco 2 Std. und wir nickten ein. Roland machte Aufnahmen von den Landkarten wie

Hansu Babas Tagebuch

1. Tag Delhi 1979

Babaji hat den kleinen blonden Jungen meiner Freundin auf dem Schoß. Er spielt mit ihm, stellt ihn auf den Kopf, stülpt ihm eine Mütze über die Augen, gibt ihm auch liebevolle Backenstreiche. Das war im Zelt.

2. Tag Delhi 1979

Ich muss mich auf Babas Geheiß neben ihn an die Mauer von Dr. Tewaris Haus setzen.

Er ruft den Sohn meiner Freundin und nimmt ihn auf den Schoß.

Gora Devi fungiert als Dolmetscherin.

Ich muss den Knaben immer wieder fragen: „Wer ist dein Vater?"

Zunächst antwortet er immer: „Roland."

Doch Babaji stellt ihm immer wieder dieselbe Frage.

Endlich sagt das Kind: „Babaji."

Da reißt er voller Freude und mit Tränen in den Augen das Kind hoch und küsst es ab.

Dabei gibt er laute Freudentöne von sich.

Dieses Spielchen wiederholt sich mehrere Male. Sein Verhalten wirkt echt und bewegend.

3. Tag Delhi 1979

Babaji in Dr. Tewaris Tempel im Gespräch mit seinen engeren Schülern: Shastriji, Dr. Rao, Tempelvorstand von Vrindavan.

Letzterer massiert bzw. melkt Babajis Zehen so stark, dass dieser zum Schutz ein Stück Zeitung darüberlegt.

Dr. Rao kassiert diese Zeitung später ein. Im gemeinsamen Gespräch scheint er wieder Ziel liebevollen Spottes zu sein. Babaji bohrt dabei tief in beiden Nasenlöchern.

Ich kann das alles genau beobachten, da ich durch einen seitlichen Zugang eingelassen wurde und mich direkt hinter Dr. Rao setzte. Ich nehme ein frisches Tempotaschentuch und lege es auf Babas Fuß. Dabei berühre ich seinen großen Zeh mit der Stirn und ziehe beglückt ab.

4. Tag Delhi 1979

Ich stehe in einer langen Reihe zum Darshan und bemerke, wie sich einige Inder immer an mir vorbeidrängen. Ich beobachte, dass eine Zeit lang und verspüre einen gewissen Ärger in mir.

Schließlich gebe ich mir einen Ruck und schiebe einen „Vordrängler" demonstrativ vor mich, damit er es auch merkt. Sehe dann seinen leicht runden Rücken und bekomme Mitleid mit ihm. Babaji ist besonders freundlich zu mir.

5. Tag Delhi 1979

Vormittags im Zelt, nachdem die wenigen Anwesenden Darshan hatten, scheint Babaji in der Zeitung zu lesen, die Shastri ihm gab. Bei genauerem Hinsehen merke ich, dass diese verkehrt herum liegt und er die Augen geschlossen hat. Seine Haltung gibt mir unweigerlich das Gefühl, dass er traurig darüber ist, dass seine Kinder nicht zu ihm kommen, er kommt mir etwas verlassen vor.

6. Tag Delhi 1979

Baba tastet nach meiner Brille in der Brusttasche und gibt sie dem kleinen Buben, den er auf seinem Schoß hält.

Dann hält er ein ganz kleines Samenkorn zwischen Daumen und Zeigefinger dicht vor meine Augen, so als ob ich es auch ohne Brille deutlich sehen soll.

7. Tag Vrindavan 1979

Eine Schülerin bringt ein Gemälde zu Baba. Er beachtet sie nicht und winkt ab. Dann tanzt sie unaufgefordert etwas vor.

Er schaut demonstrativ weg. Selbstdarstellung stößt bei ihm auf völlige Nichtbeachtung.

8. Tag Vrindavan 1979

Mit Hilfe eines Übersetzers befragt Gottlinde Babaji eindringlich zu den Themen Kriya und über die Treue zum Guru.

Mir zugewendet sagt er dann: „No Kriya, Om Namah Shivay“, und berührt dabei meine Unterlippe mit seinem rechten Zeigefinger. Dies war eindeutig die Ablegung des Kriya und die Einweihung in das neue Mantra.

9. Tag Haidakhan 1979

Er führt mich den alten Pfad neben der Treppe hoch zum Tempel, so als wolle er mich an etwas erinnern. Vorher macht er mit einem Blatt einen Abdruck meiner Handrücken – wie ein Stempel. Dann führt er Gottlinde und mich in seine Höhle, dort muss ich ihm die geschätzte Höhe an verschiedenen Stellen benennen: 170, 160, 180, 140 usw. Draußen gibt er uns dann neue Namen: Dr., Dr. Ro, dann endlich Tara Singh.

Er fragt, was ich mir wünsche, und wiederholt es auf Englisch: „Inner light, new profession, Kreuzschmerzen (healed).“[46]

Er merkt meine starke Depression in Bezug auf den Tod Gabrieles und sagt: „Mantra, Rhada Govind‘!“

[46] Inneres Licht, neuen Beruf, Kreuzschmerzen geheilt

10. Tag Delhi

Ich filme Babaji, wie er über die Mauer von Dr. Tewaris Hof blickt. Er unterhält sich mit jemandem und zerpflückt eine Blumen-Mala, deren Blüten er scheinbar achtlos über die Mauer nach außen fallen lässt. Gottlinde und ich kommen leider nicht auf die Idee, diese Blüten aufzuheben!

Bei den Orangenschalen vorher waren wir aufmerksamer. Wir müssen achtsam sein, was er uns alles gibt.

11.Tag Delhi

Ich gehe mit reiner Liebe zu Babaji. Als er mich ermunternd anschaut, streichle ich ihm seine linke Hand mit Tränen der Hingabe. Im Weggehen ruft er mich zurück, in seinen Augen leuchtet eine ganz tiefe Liebe. Er gibt mir drei große Sweets[47] und segnet mich mehrfach, als ich weggehe! Hier merke ich, dass sein innerstes Wesen reine Liebe ist und ihn nur das an uns interessiert.

12. Tag Haidakhan

Traum:

Ich sitze in einem Raum vor dem erhöhten Sitz von Babaji. Zuerst gebe ich ihm mein Portemonnaie, er nimmt nur 1 000 Rupien und gibt den größeren Rest zurück. Dann lacht er mich an und sagt: „One night.“[48] Ich nicke und erwidere, dass ich nur noch ihm allein gehören werde.

13. Tag Haidakhan 1980

Baba legt mir vier Mal gekauten Betel und einen angelutschten Bonbon aus seinem Mund auf meine rechte Hand. Die indische Om Shanti erklärt, dass dies eine sehr intime Handlung, nur für „A few selected devotees“[49] sei. Mit seinem heiligen Speichel werden große Reinigungen erzielt.

---

[47] Süßigkeiten

[48] Eine Nacht.

[49] Für ein paar ausgesuchte Schüler

14. Tag Haidakhan 1980

Ich gehe zu Babas Schaukel und will ihm von einem Problem berichten. Als ich ansetze, werde ich gestört und schweige.

Om Shanti übersetzt aber, dass ich Babaji jetzt von diesem Problem erzählen soll. „Babaji, I have a bad Karma with ... please take it away."[50] Er schaut mich an und sagt: „Yes."

15. Tag Haidakhan 1980

An einem anderen Tag sitze ich abends vor der noch leeren Schaukel und denke mit geschlossenen Augen wieder an das Problem. Plötzlich klopft es mir auf den Kopf. Es war Babaji im Vorübergehen, so als ob er sagte: „Lass mich nur machen."

16. Tag Haidakhan 1980

Ich bitte Baba zwei Mal um „innere Erleuchtung". Ich will ihn auch in Deutschland sehen, hören und fühlen. Er sagt: „Yes", und macht „Bum Bum" auf meine Stirn.

An zwei verschiedenen Tagen.

17. Tag Haidakhan 1980

Im Tempel bitte ich ihn, mir den Lotussitz zu ermöglichen, zeige ihm meine steifen Knie. Baba zieht Fratzen. Später frage ich ihn nochmals, ob ich weiter den Lotussitz üben soll und er mir helfen will. Er sagt: „Yes."

18. Tag Haidakhan 1980

Mit Baba, Gottlinde und einer holländischen Professorin drüben bei den neuen Tempeln. Als er die Arbeiten inspiziert, erzählt sie, dass er sie immer mit einem Mann verheiraten wollte. Als sie eine Ehe ablehnte und höchstens eine Freundschaft für möglich hielt, habe er ihr

[50] Ich habe ein schlechtes Karma mit ... Bitte nimm es weg.

eine ganze Zeit lang verschiedene Männer gezeigt und lachend dazu gesagt: „One night!"

19. Tag Haidakhan 1980

Ich sitze zu seinen Füßen und neben mir ein frecher amerikanischer Junge. Baba streckt diesem seinen Fuß hin und widmet sich ihm liebevoll. Der Junge reagiert nicht und schaut in der Gegend herum. Baba sagt daraufhin zu ihm: „Sit there"[51], wobei er auf eine entferntere Stelle deutet.

Dann beschäftigt er sich auffällig mit einem kleinen indischen Jungen. In mir höre ich eine innere Stimme, die sagt: „Ihr seid alle gleich und ich liebe euch alle in gleichem Maße. Immer schenke ich euch meine ganze Aufmerksamkeit, auch wenn ihr das nicht seht."

20. Tag Haidakhan 1980

Wieder bei den neuen Tempeln. Baba spricht von „dangerous work"[52] an dem Hang und schickt mich allein zur Inspektion. Ich schaue mir den Schutthang an, besonders den oberen Rand mit den Bäumen, und denke mir, dass hier – insbesondere weiter oben – noch große Erdmassen abgetragen werden müssen, damit es zu keinem Erdrutsch kommt. Etwas später kommt Swamiji über den Fluss. Baba begeht ohne mich – mit ihm – den Hang und deutet genau auf den oberen Rand, über den ich bei meiner Inspektion nachdachte, und gibt eindeutige Anweisungen. Offenbar hat er meine technischen Überlegungen mental verfolgt und sie an Swamiji weitergegeben.

21. Tag Haidakhan 1980

Großer Rummel mit den Amerikanern im Tempel, sie singen rhythmisch und tanzen. Leonard Orr arbeitet mit seinem Super-Recorder.

---

[51] Setz dich dort hin.

[52] Gefährliche Arbeit

22. Tag Haidakhan 1980

Ich gehe zu Babajis Schaukel und verbeuge mich. Auf einmal zieht er mich herauf, umarmt mich und drückt mich an sein Herz.

23. Tag Haidakhan 1980

Morgens im Tempel sehe ich Baba Fotos signieren. Schnell laufe ich ins Zimmer und hole vier Fotos. Als ich zurückkehre ist Baba nicht mehr da. Ich höre, dass er in Goras Zimmer ist und eile dorthin. Dort liegt er auf einer Bank. Ich nähere mich, berühre seine Füße und gebe ihm die Bilder. Er nimmt sie entgegen und signiert sie. In der Tür drehe ich mich um und sehe, wie er mich mehrfach segnet. Er sagt: „Very good man.“[53] Hoch beglückt gehe ich weg.

24. Tag Haidakhan 1980

Bei einem Spaziergang zum Tempel bitte ich Baba wieder um das innere Licht. Er ruft: „Bum, Bum.“ Abends, als ich gar nicht mehr daran denke, reißt er sich einige Haare aus und gibt sie mir.

25. Tag Haidakhan 1980

Im Freien beim Mondschein. Ich knie zu seinen Füßen. Gora übersetzt seine Worte: „Be happy under the grace of God. Bhole Babas grace is on you!“[54]

26. Tag Haidakhan 1980

Ich sitze zu seinen Füßen drüben bei den Tempeln, wo er die Arbeiten beaufsichtigt. Lange darf ich seinen rechten Fuß, dann beide Füße an mein Herz halten. Ich bin tief bewegt. Die holländische Professorin legt ihm eine kleine Rose auf die Füße, die er dann mir gibt! Ein Zeichen seiner Liebe.

---

[53] Sehr guter Mann

[54] Sei mit Gottes Segen glücklich. Bhole Babas Gnade ist mit dir

27. Tag Haidakhan 1980

Babaji führt mich selbst durch den reißenden Fluss auf die andere Seite zu den Tempeln.

28. Tag Haidakhan 1980

Dabhu fragt Babaji, ob er ihm und seinem Onkel das innere Licht geben will. Er antwortet: „Yes."

29. Tag Haidakhan 1980

Wir sitzen bei den Tempeln am Fluss. Baba beschäftigt sich intensiv mit den Tempelhunden, entfernt die Zecken, reinigt die Augen usw. Ein kleiner weißer Hund knurrt und bellt herum. Er beruhigt ihn und gibt ihn mir in den Schoß, wo ich ihn auf dem Rücken liegend wie ein Baby halte. Der Hund ist wie hypnotisiert, liegt ganz brav längere Zeit bei mir.

30. Tag Haidakhan 1980

Fühle mich krank und möchte die Kirtanhalle nicht besuchen, dort wird das Schauspiel der Ramlila aufgeführt. Frage Baba, der mir aber keine Antwort gibt. Gehe dann doch hin, setze mich auf die Mauer mit Gottlinde und Chandra. Ich friere und bitte Chandra, mir die Jacke und zwei Handtücher zu holen.

Als ich endlich schön warm eingepackt dasitze, winkt mich Baba zu sich herunter und ich darf dann drei bis vier Stunden zu seinen Füßen sitzen, die ich ständig berühre.

Ich schaue ihn fast ständig an und nicht das Schauspiel, denn ich weiß, dass er selbst Rama ist und mit uns seine Lila spielt. Manchmal verweist er mich auf das Spiel, aber bald ist er wieder mein Betrachtungsobjekt. So darf ich drei Abende mit Muniraj, Gantho Das, Frau Lal und anderen unmittelbar in seiner Nähe verbringen.

31. Tag Haidakhan 1980

Am nächsten Morgen trage ich die Bitte an Babaji heran, dass er mir all meine Wünsche und Begierden nehmen soll und mir dafür die reine

Gottesliebe schenken möge. Er bejaht, sagt „Bing Bing“ und klopft leicht auf meine Stirn. Dann schenkt er mir die hölzernen Padukas (Sandalen) von seinem Thron. Schnell gehe ich in mein Zimmer und bringe ihm eine verglaste Rose, denn genau jetzt ist der rechte Moment dafür. Später gibt er sie dem „Onkel“, nachdem er mich fragt, ob ich den „Company-Man“ gut leiden mag: „You like him?“[55]

32. Tag Haidakhan

Wir brechen auf nach nach Ranikhet. Auf der Fahrt verliere ich meine Safari-Jacke, sie sieht auch ein bisschen aus wie eine Military Jacke. Beim Abschied schenkt mir Babaji sein dunkelrotes Hemd. Tausche ich die weltlichen Kämpfe gegen die spirituellen?

33. Tag Haidakhan

Walther und ich hatten einige Tüten mit Limonadenpulver mitgenommen. Am Morgen beim Darshan gibt Walther Babaji eine dieser Tüten.

„Hast du noch mehr davon?“, fragt er Walther.

Als er nickt, soll er alle Päckchen holen, die wir hatten. Baba organisiert einen großen Eimer Wasser und schüttet das gesamte Pulver hinein. So bekommt jeder etwas von dem Getränk. Ich verstehe die Absicht dahinter sofort: Wir sollten lernen zu teilen.

34. Tag Haidakhan

Am letzten Tag sind wir gerade beim Baden, als Baba nach mir ruft. Er sitzt vor seinem Zimmer und er ruft mir zu: „Go!“[56]

Ich knie beharrlich vor ihm, gehe nicht und sage: „You are my father.“[57]

Er antwortet: „No.“

Dann dreht er mir im Sitzen den Rücken zu.

---

[55] Magst du ihn?

[56] Geh!

[57] Du bist mein Vater.

Ich: „You are my mother, my beloved"![58]

Er kehrt mir wieder den Rücken zu und sagt: „No!"

Darauf antworte ich: „You said this with your own words."[59]

Halb weggewandt lächelt er fast schon verschmitzt: „Give me your feet!"[60]

Erst dann darf ich seine Füße berühren und mich verabschieden. Es war sein Spiel, meine Beharrlichkeit zu prüfen.

Letzter Tag:

Baba fragt mich nach unserem Abreisetag. Er sagt Thursday[61], ich Trottel sage Wednesday[62], wegen Sightseeing und Shopping etc.

Reithofen, April 1982

Wieder in Reithofen, fahre mit Dabhu nach Forstern, biege beim Faltermeier auf die Hauptstraße, als von rechts ein BMW kommt, auf den Bürgersteig fährt und sich um 180 Grad dreht. Ich hatte ihn nicht gesehen. Dass nichts passiert ist, grenzt an ein Wunder.

Baba lässt seine Devotees nicht im Stich.

[58] Du bist meine Mutter, meine Geliebte.

[59] Du hast das mit deinen eigenen Worten gesagt.

[60] Gib mir deine Füße.

[61] Donnerstag

[62] Mittwoch

Chandras Tagebuch

Reithofen, Januar 1983

Ich stehe vor einem großen Berg, auf dem ein Schloss thront. Ich weiß, dass ich da rauf musste, um irgendetwas zu holen. Was, weiß ich nicht.

Ich steige die Anhöhe hinauf und sehe, dass das Schloss nur noch eine Ruine ist. Ich quetsche mich durch ein kleines Fenster. In dem Raum brennt ein Licht, und schemenhaft sehe ich auch eine Gestalt. Plötzlich höre ich eine Stimme, die zu mir sagt: „Chandra, lauf weg, ganz schnell!"

Dann kommen lauter dunkle Gestalten, die mich verfolgen. Ich renne in die falsche Richtung, kann nicht mehr umkehren, bewege mich geradewegs auf einen riesigen Abhang zu.

In diesem Moment fällt mir das Buch meiner Freundin Renate über die positive Kraft der Träume ein. Ich muss springen, habe keinen anderen Ausweg. Ich erinnere mich, dass man im Traum fliegen kann. Man muss sich einfach nur fallen lassen. Ich springe – und fliege, ich kann es fantastisch, fliege über die halbe Welt, ich gleite durch die Luft, mache Kunststücke.

In der Nähe sehe ich plötzlich ein seltsames Haus mit einem flachen Dach. Es besteht aus verschiedenen Quadraten, die abwechselnd sichtbar sind. Ich sehe eines und nutze es als Landebahn. Kaum bin ich gelandet, schießt ein riesiger Blitz, ein Feuerschwall aus der Tür des Hauses. Er erhellt die ganze Nacht und das gesamte Universum.

Babas Stimme ertönt und er ruft: „Wer ist auf meinem Dach?"

Das Erlebnis war so wirklich, als ob es sich gerade in meinem Zimmer ereignet hätte, und doch war alles so weit weg.

Ich war so erschrocken über die Macht und die Kraft, die damit verbunden waren, dass ich das Gefühl hatte, die ganze Zeit, während ich träumte, wach gewesen zu sein.

Haidakhan, 16.08.1983

Es war Mamis Geburtstag und wir erreichten Haidakhan erst sehr spät, nach einem sehr anstrengenden Marsch über die Berge. Als wir ankamen, war Babaji im Company Garden, das neue Dhuni wurde eingeweiht. Er gab uns Tee und Kekse und war sehr liebevoll. Nach dem Darshan gingen wir noch mal hinunter. Baba rief laut: „Chandra", und schenkte mir ein Tuch, das er gerade trug, und band es mir so um, dass ich nichts mehr sehen konnte. Draußen wurde ein Feuerwerk veranstaltet. Baba sagte, dass wir alle hart arbeiten sollen und den Menschen draußen in der Welt ein Vorbild sein mögen. Die Menschen sollen für das Gute kämpfen und mutig sein. Sie sollen die Revolution in ihren Herzen tragen, an einer neuen Welt bauen und die Ideale, Wahrheit, Einfachheit und Liebe, die sich so stark in Baba verwirklichen, nicht nur leben, sondern auch bereit sein, für sie zu sterben.

Haidakhan, 17.08.1983

Bin um 8:00 Uhr aufgestanden. Baba kam in die Kirtanhalle und gab Darshan. Er gab mir ein Fläschchen mit Sandelholzöl, das ich jeden Abend auftragen soll. Er sagte auch, ich bekäme noch eine andere Medizin, und Hargovind würde Heilmantras machen. Danach gingen alle hinunter ins Dhuni, wo ein Yagya gemacht wurde. Anschließend gab es Tee. Muniraj war sehr, sehr freundlich zu mir und nickte mir immer wieder zu, ebenso seine Mutter. Babaji sagte uns, dass wir alle vegetarisch essen sollten. Ab morgen muss Mami in der Küche indisches Essen zubereiten lernen. Baba schenkte mir zwei Karten. Von 17:00 Uhr bis 19:00 Uhr haben wir Steine geschleppt, anschließend war Aarti. Nach dem Darshan haben sich Malti, Hansu und Mami über eine Neuverfassung von „Babajis Lehren"[63] unterhalten.

Bam, Bam, Bola Haidakhan, Bola Haidakhandi, Bola

Haidakhan, 18.08.1983

Morgens war Aarti. Es hat die ganze Nacht geregnet. Waren beim Chaitrinken. Prem Baba hat mir ein Mantra gelehrt: „Bam, Bam, Bola Haidakhan, Bola Haidakhandi, Bola."

---

[63] Als E-Book erhältlich im Reichel Verlag

Beim Darshan gab mir Baba ein Päckchen Mandeln und die Pinsel, die ich ihm mitgebracht hatte, und sagte: „I give.“[64]

Er sagte, dass alle Ladys die restliche Wolle, die jemand mitgebracht hatte, verbrauchen sollten. Ich muss so lange stricken, bis er sagt, es ist genug.

Später kam Baba und zeigte mir die Pflanze, die ich als Medizin verwenden soll. Ich bekam noch einen Maiskolben und unterhielt mich mit Ganguli. Den Nachmittag über strickte ich, dann badeten wir und gegen Abend ging ich wieder zum Company Garden, wo ich mit Ganguli große Steine schleppte. Ganguli will ihre Stärke beweisen und schleppt Riesenbrocken. Ich war das nicht gewohnt und bin ganz schlapp. Ich bin mir aber sicher, dass es Absicht war, denn keiner außer uns arbeitete da unten, und so dicke Steine hatte ich noch nie getragen.

Ich hätte nicht einmal vermutet, so was fertigzubringen.

Onkel Hans ist ziemlich krank. Nachts wollte er aufstehen, brach dabei aber zusammen. Unser Nachbar, der aus Deutschland mitgereist ist, bekam eine Einladung zum Aarti im Dhuni, verpasste sie aber, weil man ihm die falsche Zeit gesagt hatte.

Haidakhan, den 19.08.1983

Heute Nacht träumte ich von Schokolade. Ich ging nicht zum Aarti, da ich die Pflanzenmedizin auftragen musste. Hargovind kam zum „Jhara“ und kehrte mich eine Stunde ab. Mir tun alle Knochen weh vom Steineschleppen. Nachmittags wurde die Prozedur wiederholt: Ich trug erneut den Pflanzensaft auf und Martin, Hargovind „kehrte“ mich noch einmal ab, und zwar im Dhuni. Es regnete sehr und ich wurde klitschnass.

Danach bildete sich ein Regenbogen und noch ein schwacher dahinter, es war wunderschön.

Haidakhan, den 19.08.1983

Traum: Ich befinde mich in einem Urwald. Dort gehe ich eine Steintreppe hinunter, die zu einem Fluss führt. Doch auf einmal fällt mir eine

---

[64] Ich gebe.

Stufe auf, die wunderschön mit Edelsteinen verziert ist. Ein Edelstein bricht aus der Stufe heraus und ich nehme ihn mit. Auf dem Rückweg fällt mir auf, dass die Landschaft wie verzaubert wirkt. Es ist Vollmond und die Bäume rauschen leise, man hört von Fern das Plätschern des Wassers. Plötzlich weiß ich, was diese reich geschmückte Stufe in der Wildnis darstellen soll.

Auf dieser Stufe saß und stand Baba immer, wenn er hier war.

So wie der Stein in Haidakhan, auf dem er immer sitzt, wenn er sein Bad nimmt. Ich gehe zurück, um die Stufe wieder zu vervollständigen, indem ich den Stein wieder einsetze.

Haidakhan, 20.08.1983

Dabhu, Papi und Onkel Hans (Hansu Datt Baba – ist heute Baba geworden) bekamen ein neues Hemd.

Baba sagte mir am Morgen, dass ich das Pflanzenzeug abwaschen soll. Dann durfte ich noch ein bisschen bei ihm bleiben. Baba meinte, dass ich nun im Shop arbeiten solle: Er nannte es „Shopping", sehr treffend. Gegen 17:00 Uhr kam er ins Office, das ist der Raum neben unserem. Heute sah ich mein Bild, das ich ihm gemalt hatte, im Office hängen. Baba sagte: „Very good painting."[65]

Haidakhan, 20.08.1983

Ich durfte gegen Abend noch lange bei Baba sitzen, unten am Fluss. Er sagte zu mir: „Chandra, Chandra."

Kurz darauf fragte er mich nach meinem Namen und ich sagte: „Chandra", da nickte er.

Er zwickte mich des Öfteren und lächelte mich an. Ich lächelte zurück und er fragte: „Happy?"[66]

Dann fragte er mich, wo ich überall Neurodermitis hätte, am ganzen Körper? Ich erwiderte, dass ich es inzwischen nach all den Behandlungen bei ihm nur noch an den Händen, Füßen und Kniekehlen hätte. Da meinte er: „Tomorrow it will be okay, finished."[67]

Er streichelte mich und erinnerte mich beim Gehen an meine Schuhe. Ich hatte mir die ganze Zeit vorher Gedanken gemacht, wie ich die Schuhe holen könnte. Er gab mir ein Bonbon aus seinem Mund. Es war alles wunderschön. Vorher hatte mich Martin „abgekehrt", und in mir war eine ganz große Ruhe und Stille, so als wolle ich nie wieder sprechen. Später war ich aber froh, dass ich sprechen konnte.

---

[65] Sehr gutes Gemälde.

[66] Glücklich?

[67] Morgen wird alles in Ordnung sein. Vorbei.

Haidakhan, 21.08.1983

Heute Morgen wachte ich mit zahllosen eitrigen Stellen an Füßen und Händen auf. Es tat weh. Aarti fiel deshalb aus.

Beim Darshan durfte ich hinter Babas Schaukel und bekam Pistazien. Danach mussten wir ein Puja zur Befreiung unserer Ahnen machen. Mit Reis, Körnern und Teigkügelchen, um einige Zutaten zu nennen. Schwarzes Pulver ins Licht werfen, damit Licht in die Dunkelheit kommt. Fünf Väter und fünf Mütter wurden angerufen, Vishnu als Beschützer und viele mehr.

Während des Rituals war mir ziemlich schlecht. Nachher durfte ich noch bei Baba sitzen, er gab mir zwei Mal einen ganz kleinen Klaps. Dann ging ich hinunter, um die Medizin wieder zu holen, aber Baba lag auf der Mauer und rief mich. Er sagte: „Gora Devi, Gora Devi“ und: „Kutu, Kutu“. Das musste ich nachsprechen.

Anschließend ging ich mit Thomas (Ram Das Baba) hinunter und trug die Medizin auf. Kurze Zeit später wurde mir sehr, sehr heiß. Ich ging die Treppe hinauf und das schaffte mich noch mehr. Ich wollte gleich ins Zimmer gehen, mich hinlegen, doch Baba rief mich wieder. Ich blieb und ging erst, als die Glocken und das Horn zum Essen ertönte. Vorher gab mir Baba noch drei Rupien und ich wusste ehrlich nicht wofür? Dann fragte er noch: „Was ist das?“, und zog dabei an meinen Ohrringen.

Jemand sagte zu ihm: „Earrings“, und er nickte und lächelte. Dann fragte er noch mal: „What?“ Da sagte ich noch mal: „Earrings.“

Vielleicht hatte er aber doch meine Ohren gemeint?

Als ich dann später in unserem Family-Room ankam, ging es mir wahnsinnig schlecht, mein Kopf vibrierte und alles war heiß.

Ich bekam eine Massage und Traubenzucker, meine Füße taten sehr weh. Dann schlief ich ziemlich lange.

Abends beim Darshan durfte ich hinter die Schaukel von Baba und bekam ein rotes Stofftaschentuch.

Haidakhan, Nacht vom 21. auf den 22.08.1983

Baba kam abends zum Darshan – ganz in Rot gekleidet. Er wirkte wie ein Blitz, der wahnsinnige Energie entlädt. Als ich ihn ansah, pochte und klopfte es ganz fest in meinem dritten Auge. Er gab mir, wie bereits erwähnt, das rote Taschentuch, mit dem er sein Gesicht abgeputzt hat.

Mami muss in der Küche arbeiten und lernen, wie man Puris macht. Es regnet jetzt fast jeden Nachmittag oder Abend. Baba sagt, dass ich die Pflanzenmedizin jetzt nur noch einmal am Tag auftragen muss und die Haut am Abend mit Sandelholzöl einreiben soll. Allerdings muss ich zwei Mal am Tag das Reinigungsritual machen und mich abkehren lassen und natürlich das Öl auftragen. Nachts schlafe ich nicht gut, da meine Füße wehtun.

Sie eitern und sind entzündet.

Haidakhan, 22.08.1983

Habe lange geschlafen, das Aarti versäumt. Nachher ging ich mit Papi runter zum Fluss, wusch mich und trug den Pflanzensaft auf. Beim Darshan gab ich Baba eine kleine Schildkröte, er gab sie mir zurück.

Beim Bleigießen an Silvester hatte ich eine Landschaft gegossen, die ein bisschen aussah wie Haidakhan. Danach goss ich noch mal etwas Blei und alle sagten, das könne nur eine Schildkröte sein.

Im Flugzeug war eine Freundin von Thomas, die auch eine Schildkröte geschenkt bekam. Sie sagte, sie bedeute Klugheit und Weisheit. In diesem Fall bedeutete sie aber bestimmt auch noch etwas anderes.

Das Tal und Gebirge hier um Haidakhan heißt Kumaon. Übersetzt bedeutet es Schildkröte. Als mich Martin heute behandelte, bekam ich Zahnschmerzen. Er kehrte mich ab, sagte dazu ein Heilmantra. (Baba gab ihm Heilkräfte.) Anschließend gab er ein wenig Vibhuti (heilige Asche) in ein Glas Wasser, meditierte darüber und gab es mir zu trinken.

Bevor er mich mit dem Besen aus Pfauenfedern abkehrt, gibt er mir jedes Mal ein wenig Vibhuti aus der Feuergrube im Dhuni. Ich esse sie und er drückt mir auf das dritte Auge. Als ich später arbeiten gehen wollte, rief mich Baba und sagte, ich solle den Saft abwaschen gehen.

Als ich mein Waschzeug holte, erfuhr ich von Lauren, dass Thomas und sie heute Mittag den Ashram verlassen sollten. Ich war sehr erschrocken und fürchtete, dass ich mit den beiden zurückgehen müsste. Aber Baba rief mich, stützte sich auf mich, ging mit mir die Treppe hinunter und gab mir eine Beere. Sie war rot und rund. Zuvor hatte er sie lange die Mauer entlanggestreift.

Baba ging zum Dhuni und pflückte dort noch mehr von den Beeren von einem Baum und verteilte sie. Dann sagte er zu mir, dass ich mich nun waschen solle.

Im Anschluss wartete ich auf seine weiteren Anweisungen, denn ein paar Tage vorher hatte er gemeint: „You don't work stones. Work in the shop, „shopping".[68]

Baba rief dann nach einiger Zeit und fragte mich: „1 Rupi."

Ich sagte ihm, dass ich kein Geld hätte. Er meinte, ich solle zu Onkel Hans gehen. Der hatte aber auch kein Geld dabei. Das sagte ich Baba und er trug mir auf, ich solle zu meinem Vater gehen. Der hatte auch kein Geld dabei, meinte aber, dass er sich welches von Hargovind leihen wolle. Der war aber nicht da.

Am Schluss lieh uns Shastriji 50 Rupien, die brachte ich Baba.

Er sagte: „Your bag"[69], und im ersten Moment war ich mir nicht sicher, ob er „You bad[70]" gemeint hatte, und hoffte, mich verhört zu haben. Ich erklärte ihm, dass sich mein Vater das Geld von Shastriji geliehen habe. Da meinte er wieder: „Your bag."

Erst jetzt verstand ich und holte meine kleine Tasche. Ich gab sie ihm, doch er winkte ab und sagte: „Come."[71]

Eine Minute später rief er Hans. Mein Onkel kam und wir begleiteten Baba. Unterwegs bückte er sich und hob einen Stein auf, den er wusch und mir gab.

Jetzt war ich sehr froh darüber, dass ich die Tasche dabeihatte, da ich merkte, dass wir auf die andere Flussseite gehen würden.

Baba wurde von einem Inder hinübergetragen. Vorher fragte er Onkel Hans und mich, ob wir den Fluss wirklich überqueren wollten. Wir sagten, wenn Baba das wolle, würden wir das tun.

---

[68] Du arbeitest nicht in den Steinen. Arbeite im Shop.

[69] Deine Tasche.

[70] Du bist schlecht.

[71] Komm.

Zwei Inder halfen Onkel Hans und mir.

Der Fluss war sehr reißend und große, glitschige Steine lagen darin, so dass meine bereits sehr angegriffenen Füße sehr strapaziert wurden. Es tat mir ziemlich weh, da ich barfuß war. Baba nahm einen steinigen, steilen Weg hoch zu den Tempeln, auf dem wir den Fluss ein zweites Mal durchqueren mussten.

Auf der anderen Seite gingen wir mit ihm durch die Gärten und er sah sich alles an. Es ist dort wunderschön. Alles ist mit exotischen Pflanzen und wundervollen Blumen bepflanzt und überall fliegen Schmetterlinge. Es war wie ein Weg durch einen gebändigten Urwald, ein kleines Stück Paradies.

Onkel Hans riet Baba, zwei große Plätze für den Müll anzulegen, damit er dort verbrannt werden könne.

Baba hörte zu, doch man merkte, dass er schon genau wusste, was Hans sagen wollte, bevor dieser seinen Satz überhaupt beendet hatte. Auf der Tempelseite waren die ganzen Hunde. Dukha, die zwei Spitze und noch zwei andere wunderschöne Tiere. Sie waren wie Menschen, ich habe so etwas noch nie erlebt. Sie begrüßten uns mit einer Freude, kaum auszudrücken.

Dukha, die deutsche Dogge, war bereits seit 1 ½ Jahren bei Baba. Er nannte sie Mr. Dukha, und so verrückt es auch für einen Außenseiter klingen mag, der Hund soll in seinem letzten Leben ein Mensch gewesen sein.

Mein Bruder Dabhu Singh musste sich, als wir vor 1 ½ Jahren in Haidakhan waren, die ganze Zeit um Mr. Dukha kümmern, deshalb kannten wir ihn besonders gut. Er erkannte uns sofort wieder und riss mich bei der Begrüßung fast um. Baba nahm den Hunden die Zecken weg, dann gab er Prasad.

Gohari, der junge Priester, hatte erst Malaria gehabt, dann hatte ihn auch noch eine Schlange gebissen.

Es waren nur zwei Europäer da. Der Italiener Lakshman-Singh und ein sehr nettes Mädchen. Als wir uns auf den Rückweg machten, half mir Lakshman, den Fluss zu überqueren. Dieses Mal war er noch aufgewühlter. Einmal dachte ich, dass es mich jetzt gleich umhauen und wegschwemmen würde.

Doch alles ging gut. Angst hatte ich nicht, aber es war ziemlich anstrengend.

Baba zwickte mich noch paar Mal und wir setzten uns und bekamen Prasad (eine kleine Essensgabe). Als wir weitergingen, sagte Baba: „Slowly, slowly."[72]

Kurz darauf stürzte ich fast und er meinte, ich solle mich setzen. Als wir wieder heil angekommen waren, schickte mich Baba gleich nach oben, um mich auszuruhen.

Mami erzählte mir dann, dass die Flussdurchquerung eine spirituelle Bedeutung habe. Das reißende Wasser symbolisiere die Kraft, die man brauche, um die Maya, zu durchschauen, damit ist der Schein und die Illusion dieser Welt gemeint.

Onkel Hans blieb noch bei Baba, er trug seinen Schirm.

Kurz darauf erfuhren wir, dass Thomas und Lauren noch einmal bei Baba gewesen waren und ihn gefragt hätten, ob sie nicht doch noch bleiben könnten. Er habe gelacht und gesagt, dass sie morgen gehen müssten.

Doch da er lachte, waren wir uns alle ziemlich sicher, dass sie bleiben durften. Die beiden bemerkten: „So oder so macht es uns nichts aus – wir lieben ihn."

Ein Meister sieht genau, wie aufnahmefähig ein Schüler ist.

Wenn der Zeitpunkt gekommen ist, an dem er sein Quantum erreicht hat, schickt er ihn weg. Sobald er alles verarbeitet hat, kann er wiederkommen.

Haidakhan, 23.08.1983

Baba sagte, ich solle mitkommen.

Er setzte sich auf die Mauer, doch nahm er einen Platz ganz hinten ein, gleich nach der letzten Strohhütte. Er sagte zu mir, ich solle mich setzen. Ich fragte ihn: „Wohin?"

Da sagte er sehr laut: „Here", und deutete auf einen großen weißen Stein. Nach ein paar Minuten rief er mich wieder, aber ganz leise.

---

[72] Langsam, langsam.

„Chandra!“ Dann gab er mir seinen Maiskolben. Innerlich hatte ich schwer zu kämpfen. Einmal war er furchtbar nett und aufmerksam, das nächste Mal wirkte er eher ärgerlich auf mich. Ich durfte dann noch seinen Schirm halten. Kurz bevor es dunkel wurde, sagte er sehr freundlich und bestimmt: „You go“[73], und ich war ihm sehr dankbar dafür.

Zum einen, weil ich ja noch ins Dhuni musste, zum anderen, weil die Zeit mit ihm immer sehr intensiv und anstrengend war. Ich hatte das Gefühl, dass ständig etwas in mir passierte. Ich wurde intensiv mit meinem Ich konfrontiert – und auch mit meinen negativen Seiten.

Haidakhan, 24.08.1983

War beim Darshan. Es war ein Fest, bei dem die Schwestern ihren Brüdern etwas schenken, für ihre Liebe, Freundschaft usw. Ich kaufte Dabhu einen 5-Star-Schokoladenriegel und schenkte Baba den Bademantel und er behielt ihn.

Dann wurde ein Aarti gemacht, zwischendurch gab mir Baba noch ein buntes Glitzerband, das er mir umband. Bei dieser Feier wurde mir plötzlich ganz schlecht und sehr heiß.

Anschließend ging ich noch mit Thomas zur Quelle hinunter und trug die Medizin auf. Als ich wieder hochkam, hatte ich hohes Fieber. Ich ging dann auch nicht mehr zum Aarti und auch nicht zum Darshan.

Nachts hatte ich einen seltsamen Traum.

Ich war in einem Schloss, fühlte mich aber irgendwie unbeteiligt. Ein Mädchen, das schreckliche Angst hatte, wohnte in diesem Schloss, aber auch der Schlossherr, seine Geliebte und seine Ehefrau. Letztere war sehr hübsch, er bemühte sich immer noch um sie, aber sie zeigte kein Interesse mehr an ihm.

Man traf sich abends in einem Saal mit zwei großen Doppelflügeltüren.

Eines Abends, als alle wieder in diesem Raum versammelt waren, rannte das Mädchen zu den Türen und stieß sie auf, so dass der Wind hereinblies.

Alle waren entsetzt und die Geliebte wurde förmlich hysterisch. Sie stießen das Mädchen weg und schlossen sofort wieder die Türen. Dann

[73] Geh.

brachten sie es auf ihr Zimmer. Dieser Vorfall wiederholte sich später nochmals.

Die Geliebte hatte ein Kind mit dem Schlossherrn. Dieses Kind versteckten sie vor allen anderen und der Welt.

Das Mädchen sah es jedoch einmal in der Wiege, als niemand außer ihr anwesend war. Da verfärbte sich das Kind, es wurde ganz schwarz und wirkte wie glühende Kohle.

Da wusste sie, dass hier etwas Teuflisches vor sich ging.

Manchmal war es mir, als würde ich das Geschehen als Außenstehende beobachten, dann wieder konnte ich mich mit dem Mädchen identifizieren. Sie wollte nur weg von diesem Ort. Sie hatte Angst vor den dunklen Energien, die ihn umgaben.

Plötzlich begann sie zu erzählen, warum sie die Türen aufgestoßen hatte und es nicht mehr in diesem Zimmer aushielt. Sie wäre dort verbrannt, alle Türen und Fenster wären geschlossen gewesen und sie hätte nicht hinausgekonnt.

Seit einiger Zeit war ein junger Mann bei ihr, der ihr immer half, ihr glaubte und sie nicht für verrückt erklärte. Er wollte mit ihr fliehen.

Eines Tages war es so weit, sie hatte schon ihren Koffer gepackt, da stellte sich ihr der Schlossherr in den Weg. Er war sehr freundlich und wollte, dass sie blieb. Das Mädchen aber wusste, es war eine Farce – er würde sie niemals gehen lassen.

Doch dann war es ihr irgendwie gelungen, aus dem Schloss auszubrechen, denn ich spürte Blätter auf meiner Haut.

(Anmerkung: Schon als ich klein war, hatte ich immer furchtbare Angst und wusste nicht wovor.)

Haidakhan, 25.08.1983

Heute ging es mir wieder etwas besser. Ich raffte mich auf und ging zum Darshan. Baba gab mir ein Bonbon aus seinem Mund und später warf er mir noch einen Maiskolben zu. Er war sehr froher Stimmung und sagte, was für eine wunderschöne Schwingung hier doch herrsche. Wie wunderschön das Lied gewesen sei, das gerade gesungen wurde. Er bewegte sich tänzerisch in der Hollywoodschaukel und sang immer wieder laut: „Jai Ram Shri Ram, Jai jai Ram."

Er erzählte eine Geschichte, die so wunderschön wie ein Märchen war.

Nach dem Darshan sollte jeder seiner Arbeit nachgehen, doch ich konnte auf einmal nicht mehr laufen, meine Fußsohlen waren geschwollen, es tat höllisch weh. Ein Stück wurde ich gestützt, dann trug mich Thomas.

Ich wollte gerade schreiben, meine Füße eitern nicht mehr so sehr, doch das Gegenteil ist der Fall, aber ich denke, das ist die Antwort: Es wird jetzt besser werden. Bhole Baba Ki Jai!

Mami hat heute nämlich Gora gebeten, Baba zu sagen, dass mir die Füße so wehtun. Sie war sehr lieb zu mir, sonst wirkt sie eigentlich immer sehr streng und etwas unnahbar.

Baba meinte darauf, dass meine Füße eigentlich nicht so wehtun dürften, da müsse jemand gepfuscht haben.

Er fragte, wie wir die Pflanze aufgetragen hätten, und Mami schilderte es ihm.

Später kam ihr, dass sie meine Wunden ja anfangs ein paar Mal mit Mercurochrom versorgt hatte und damit vielleicht in den Heilungsprozess eingegriffen hatte.

Baba sagte dann aber noch zu Mami: „Don’t worry, she will be alright."

Heute früh erzählte ich Mami meinen Traum und sie meinte, das wäre eine frühere Inkarnation von mir gewesen. Ich glaube es auch, zwecks der Blätter, die sich so wirklich auf meiner Haut angefühlt hatten.

Haidakhan, 26.08.1983

Heute Nacht träumte ich, dass ich zu Besuch bei Tante Lotte und Christine in der DDR wäre. Wir fuhren zu einer Ausstellung in einem Bahnhof. Dort sah man moderne und historische Züge. Diese ratterten auf einem oder mehreren Gleisen sehr schnell an uns vorbei (hintereinander). Es waren aber weder Personen- noch Güterzüge. Die Züge erinnerten mich an mit Waffen bestückte Panzer – sie wirkten äußerst bedrohlich.

Auf meinem Weg zum Bahnhof legte mir jemand ein Kind in die Arme (Vielleicht war es mein eigenes?).

Ich spürte auf jeden Fall sehr viel Liebe auf beiden Seiten und legte das Baby in einen Kindersportwagen. Ich hatte eine so starke Verbindung zu ihm, dass ich es niemals wieder loslassen wollte. Doch auf einmal war es weg. Gott sei Dank berührte mich der Verlust dann aber schon Minuten später nicht mehr.

Als ich am nächsten Morgen aufstand, fühlte ich mich immer noch krank. Die Füße waren stark geschwollen, trotzdem wollte ich schrecklich gern zu Baba gehen.

Mami erzählte mir, dass sie heute Nacht geträumt habe, dass Baba einen großen braunen Topf nahm, der bis zum Rand mit der Pflanzenmedizin gefüllt war, und diesen ausschüttete, bis kein Tropfen mehr übrig blieb.

Papi ist jetzt auch krank: Durchfall, Schwäche, Fieber.

Habe heute Morgen Aarti gesungen und viele indische Mythologie-Comics gelesen.

Baba hat Mami gesagt, sie müsse ihm wieder beim Kochen helfen, damit sie lernt, so zu kochen, wie er es mag. Außerdem erzählte er wieder, dass er nach Deutschland komme, und zwar dieses Jahr noch und in unser Haus.

Papi fragte er: „Wie viele Kilometer Gangha Singh?"

Er wollte auch wissen, wie weit Herr Vogel von uns entfernt wohne und ob Papi ihn fahren könne!?

Vielleicht kommt er ja doch nach Deutschland?

Thomas und Lauren mussten gestern doch gehen. Sie sind nach Almora, wollen dort zwei Wochen Urlaub machen und dann Baba fragen, ob sie wiederkommen dürfen.

„Lass meinen Leib zum Tempel Deines Lichts werden."

Haidakhan, 26.08.1983

Heute Morgen um 9:00 Uhr war Baba beim Telefonieren im Office. Er kam zu mir ins Zimmer, lächelte und war sehr lieb.

Vorher hatten Thomas und Mami meinen Fußballen verarztet, da ich mir einen Dorn eingetreten hatte. Es kam sehr viel Eiter und Lymphe heraus.

Papi und Onkel Hans hatten Krach geschlagen, weil ich nicht viel essen kann, doch dann erklärte Mami, Fasten würde viele Giftstoffe herausziehen.

Baba kam etwas später noch mal zum Telefonieren.

Alle Ausländer müssen einen Tanz zu Ehren Krishnas lernen, da anlässlich seines Geburtstages ein Fest in Haidakhan stattfinden wird. Papi spielt den König Kamsa, Dabhu einen seiner Söhne.

Ich war sehr froh, dass Baba heute zu mir ins Office kam, so sah ich ihn wenigstens. Er kam so gegen 5:00 Uhr dann noch einmal.

Er hat mit dem Gouverneur von Uttar Pradesh telefoniert. Uttar Pradesh ist ungefähr fünfmal so groß wie Deutschland.

Musste gar nicht mehr auf Morgen warten, mit der Hilfe von Papi und Mami konnte ich sogar runter zum Aarti gehen.

Baba sagte beim Darshan etwas auf Hindi zu mir, unglaublich liebevoll. Alle waren so lieb zu mir, es war wirklich ein schönes Gefühl.

Haidakhan, 27.08.1983

Ging zum Darshan. Baba gab mir zwei Bonbons. Später sagte er aus Spaß, wir sollten das kleine Mädchen (Shenti) von der lieben jungen Inderin mit nach Deutschland nehmen.

Er sagte sogar, wir sollten einen Pass anfertigen lassen. Etwas später rief er Mami, sie solle Watte holen.

Kurz darauf erfuhr ich, dass Baba eine neue Medizin für mich machte. Ich musste nach vorne kommen und mich ans Fenster setzen. Dann nahm Gora ein Antiseptikum und rieb meine offenen Füße ab, sie war sehr vorsichtig und auch sehr mitfühlend. Dann musste Mami Kampher darüber tupfen. Es tat höllisch weh.

Morgen die ganze Prozedur noch mal. Anschließend durfte ich noch bei Baba bleiben. Er gab mir einen Maiskolben, und ich durfte mich ganz nah zu ihm setzen.

Eine junge Frau kam hinzu und Baba fragte sie, ob sie Kinder habe, was sie verneinte. Als er wissen wollte, warum das so sei, meinte sie, dass wisse sie selber nicht. Er wollte wissen, ob sie verheiratet sei, was sie verneinte.

Da deutete er auf einen alten Dorfbewohner und fragte, ob sie diesen Mann heiraten könne. Sie sagte nichts darauf, sah ihn nur an. Da meinte er, da würde sie gewiss Kinder bekommen.

Er hakte noch mal nach, ob sie den Mann denn mögen würde.

Sie antwortete: „I like him."[74]

Ein wenig später kam der alte Pujari, und Baba fragte sie, ob sie denn lieber ihn heiraten wolle. Sie antwortete wieder nicht. Darauf folgte die Frage nach ihrem Alter. 26 Jahre alt war die Antwort.

Dann sagte er auf einmal ganz ernst: „Geh zu deiner Freundin und sag ihr, dass sie gehen soll!"

Kurz darauf fragte er Dabhu und mich, wie alt wir denn seien. Wir sagten es ihm. Kurz darauf kam die Freundin. Sie bat Baba, doch bitte bleiben zu dürfen, und wo sie denn hingehen sollte und dass sie Angst hätte, nach Hause zu gehen. Sie wolle bei ihm bleiben.

Doch Baba wurde ärgerlich, er meinte, sie sei zu spät zum Darshan gekommen. Er habe ihr das schon öfter gesagt. Sie solle gehen. Sie weinte entsetzlich. Am Schluss ging sie und Baba rief ihr hinterher, dass sie noch drei Tage länger bleiben dürfe.

Dann kam Gora mit einem Koffer und Baba verteilte Kleidungsstücke. Baba ging im Anschluss zum Fluss und ich nach oben in unser Zimmer, wo Martin bereits wartete, um mich abzukehren. Er war auch sehr, sehr lieb. Schrieb auf einen Zettel, ich solle mir keine Sorgen machen! (Schweigepflicht, deshalb schrieb er).

Danach kam Herr Vogel und legte seine Hände auf meine Füße. Auch Malti besuchte mich und meinte, das sei jetzt der Endspurt.

So, jetzt ruhe ich mich ein bisschen aus.

Ich schlief den ganzen Nachmittag. Kommt wahrscheinlich von dem Togal. Beim Darshan gab mir Baba einen Bleistift.

---

[74] Ich mag ihn.

Nachts konnte ich fast nicht schlafen. Einmal hatte ich auch ganz intensiv das Gefühl, dass Baba hier wäre. Unter Tags träumte ich, dass ich nach England flog und dann nach Kanada, wo ich meine Cousine Susann besuchte. Sie hatte ein wunderschönes Kleid an, doch es hatte einen Fleck. Ich versuchte, ihn zu entfernen.

Auf einmal war auch Mami da und half mir. Dabei bemerkten wir, dass die Nähte des Kleides an vielen Stellen nur bis zur Hälfte zugenäht waren. Es sah aus, als wären sie geplatzt. Dann ging ich in einen Turnsaal. Dort brannten an allen Seiten Kerzen. Dort machte ich mit einer speziellen Kleidung so etwas wie Taekwondo.

Haidakhan, den 28.08.1983

Heute Morgen beim Darshan war Baba sehr gut gelaunt und ich bekam gleich zwei Bonbons. Er sang und tanzte in seiner Schaukel. Dann hatte er Mami wieder so einen Brotaufstrich für Chapatis gegeben. Ich durfte noch etwas länger bleiben und Baba warf mir, genau umgekehrt zu gestern, erst ein kleines Stück Mais, dann ein größeres zu. Als niemand mehr da war, lehrte Baba Shastriji und Gora ein Lied. Später rief er mich vor, zwickte mich und unterhielt sich über die Schule mit mir.

Ich erfahre, dass Baba im September wieder auf eine Reise geht. Dann beginnt wieder das Heilritual. Meine Füße und Hände werden mit Kampher und Kerosin gereinigt. Sie sehen schon viel besser aus, eitern fast gar nicht mehr.

Ich bin sehr dankbar, denn ich weiß, das ist jetzt der Rest.

Ich bin dankbar für all die Liebe, die mir Baba entgegenbringt, und für sein Verständnis.

Der Darshan fiel nur kurz aus, denn es fing an zu regnen. Ich gab Baba die Bonbons, die mir meine Freundin Renate für ihn gegeben hatte, und ließ eine Mala aus rotem Sandelholz für sie segnen. Er lächelte und hing sie mir um.

Haidakhan, den 29.08.1983

Traum: Ich trage eine Krawatte und ein Jackett. Auf einmal ist Baba zugegen. Ich verbeuge mich vor ihm und er reißt mir die Krawatte und das Jackett vom Leib. Er scheint nicht sehr erfreut. Ich will ihm alles

Mögliche erzählen, doch als ich beginne, bemerke ich, dass er bereits alles weiß.

Er sieht mich liebevoll an und meint, ich müsse nichts sagen, er verstehe alles.

Beim Darshan widmete sich Baba einer alten Frau und wirkte sehr gelöst.

Meiner Haut geht es schon viel besser, deshalb wollte ich jetzt auch etwas tun. Ich fand das Strickzeug und strickte den ganzen Nachmittag bis zum Abend. Es sollte ein Schal werden.

Heute war der erste Tag, an dem ich mich nach Hause sehnte. Ich fühlte mich sehr satt, habe sehr viel von Baba bekommen. Auch die Einsicht, dass das Äußerliche nicht wirklich wichtig ist. Abends hatten wir einen wunderschönen Sternenhimmel. Ich unterhielt mich sehr schön mit den Vogels. Nachts verspeiste ich mit Dabhu noch ein paar Kekse mit Käse.

Er hat vor einigen Tagen Konserven im Shop entdeckt, die führt er sich jetzt immer zu Gemüte. Papi machte auch schlapp, er fühlte sich nicht besonders. Baba ließ ihn riesige Steine schleppen. Nachts, wenn der Mond scheint und die Sterne leuchten, die vielen Grillen zirpen und die Urwaldvögel ihre Lieder singen, ist es hier so wundervoll friedvoll, man kann es kaum beschreiben.

Haidakhan, den 30.08.1983

Traum: Ich schwimme mit Baba durch einen großen Fluss. Er redet sehr viel mit mir. Plötzlich fragt er mich nach meinem Namen, und ich antworte ihm: „Chandra." Da meint er: „Inga." Er fragt mich, ob ich wisse, was dieser Name bedeute.

Ich sage: „Nein."

Er meint daraufhin zu mir: „Der, der gegen den Materialismus kämpft."

Er spricht mir einige Worte vor und ich wiederhole sie. Dann erzählt er mir, dass ich öfter tiefe Zustände hätte, und zwar wenn ich schliefe. Ich würde dann plötzlich aufwachen, oder wenn mir schwindelig sei. Wir kommen an ein Ufer, gehen kurz an Land und schwimmen dann weiter. Nach einiger Zeit befinden wir uns vor einem neuen Ufer. Wir gehen wieder an Land und ich habe mein Nachthemd an.

Am Ufer steht eine Hollywoodschaukel, ich sehe Om Shanti.

Ich bitte Babaji, ihm noch eine Frage stellen zu dürfen, und er sagt: „Ja." So erzähle ich ihm, dass ich dieses Jahr im Juli Abschlussprüfungen hätte und ich sehr gute Noten bräuchte, ob er mir helfen würde. Er lächelt und sagt: „Ja."

König Kamsa – Haidakhan, den 30.08.1983

Dabhu spielt jetzt König Kamsa, der alle Neugeborenen töten lässt, weil die Prophezeiung sagt, dass der achte Sohn von Vasudeva und Divali König Kamsa vernichten wird.

In der Geschichte wird das siebte Kind ausgetauscht und überlebt. Es wird zu Rohini, Vasudevas zweiter Frau gebracht.

Als das achte Kind um Mitternacht das Licht der Welt erblickt, fallen Vasudevas Ketten ab, und er macht sich auf, um das Kind zu retten.

Das Schlosstor steht offen und die Wachen schlafen fest, so kann Vasudeva mit dem blauen Kind entfliehen. Der fürchterliche Regen, der die ganze Zeit gewütet hatte, hört auf und Vasudeva kann sogar ein Flussbett durchqueren.

Er geht nach Gohul zu Nandas Haus, tauscht das Kind aus und bringt das falsche Kind an den Hof zurück.

Obwohl es ein Mädchen ist, das ihm eigentlich nicht gefährlich werden kann, will König Kamsa seinen Tod, doch das Kind fällt versehentlich aus dem Fenster – und auch sie entkommt dem Tod.

In Gohul wird bald von einem Kind erzählt, dessen Schönheit unerreicht ist. Da es so dunkel ist, wird es Krishna genannt.

Bald darauf vernimmt König Kamsa eine Stimme, die ihn warnt: „Derjenige, der dich zerstören kann, ist immer noch am Leben", sagt sie ihm.

So gibt er der bösen Putana den Auftrag, jedes Neugeborene im Monat Sarvan zu töten. Sie füllt ihre Brüste mit Gift und stillt die Kinder damit. Doch als Putana Krishna stillen will, stirbt sie selbst an ihrem eigenen Gift.

Als Krishna größer wird, liebt er die Tiere. Er lernt das siebte Kind Rohinis, seinen Bruder, kennen, und sie werden Freunde.

Einmal, als er zur Strafe zwischen zwei Bäume angebunden wird, bricht er diese entzwei. Er zähmt einen Stier und vertreibt die Seeschlange Kaliya aus dem Fluss Yamuna. Er ist so stark, dass er einen ganzen Berg mit dem kleinen Finger bewegen kann.

Als König Kamsa von all dem erfährt, lädt er zu einem großen religiösen Fest ein. Erneut plant er Krishnas Tod, dieses Mal soll ihn ein wilder Elefant herbeiführen.

Doch Krishna tötet den Elefanten. Er erfährt, wer seine richtigen Eltern sind, und will sie besuchen. Unterwegs heilt er eine Frau von einem Buckel. Dann wird er zu einem Yagya eingeladen, in dessen Rahmen ihm ein riesiger Bogen überreicht wird, den er spannen solle. Niemand hatte dies zuvor vollbracht, aber Krishna gelingt es, er spannt den Bogen.

Die Menschen erkennen ihn als ihren Retter.

Doch Krishna steht eine weitere Probe bevor.

Er muss gegen den starken Chanura kämpfen – und siegt abermals. Dann stellt sich König Kamsa selbst zum Kampf und Krishna besiegt auch ihn.

Am Ende krönt er Ugrasena zum König.

Trotz der zahllosen Jahrhunderte, die seit den ruhmreichen Zeiten Krishnas vergangen sind, wird die Erinnerung an ihn und seine Taten niemals verblassen, so steht es geschrieben.

Das ist die Handlung des Theaterstücks, das am 31.08.1983 von den Ausländern inszeniert wird. Nach Babas Wunsch mit möglichst wenig Worten, aber vielen Gesten.

Haidakhan, den 31.08.1983

Heute ist Krishnas Geburtstag. Morgens waren wir schon beim Chandan. Doch es war nicht so schön wie früher, die Streifen wurden nicht von Baba gemacht und alles war kürzer.

Um 8:00 Uhr war ein spezielles Aarti in der Kirtanhalle. Um 9:30 Uhr hielt Baba eine Ansprache im Dhuni, danach gab es ein Havan, bei dem mich Shastriji immer wieder anlächelte.

Für Baba war das Yagya die reinste Tortur, er saß die ganze Zeit in einem unglaublichen Rauch.

Auch Onkel Hans, Papi, Gopal Singh und Thomas nahmen an der Yagya-Grube. Anschließend gab es hinter dem Dhuni Tee. Baba saß auf einem Mauervorsprung mit Gora und dem kleinen Hund von unten. Es war sehr heiß, ziemlich viele Fliegen, also nicht ganz so angenehm, doch trotz allem wunderschön.

Mir taten meine Füße weh, und ich war sehr froh, als ich wieder oben in unserem Raum war. Dort fiel ich wie eine Tote aufs Bett. Außer Onkel Hans, Thomas und mir sind alle bei der Generalprobe für das Krishna Theaterspiel heute Abend, das von 18:00 Uhr bis 24:00 Uhr stattfinden wird. Also viele Stunden lang.

Herr Vogel erzählte heute, dass eine amerikanische Organisation Babaji einen Scheck über zwei Millionen Dollar angeboten hätte, wenn er nach Amerika käme. Baba schickte den Scheck zerrissen zurück. Daraufhin wurde ein Blankoscheck geschickt, auch den schickte er zerrissen zurück mit der Bemerkung: „Ich kann euch kaufen, ihr mich nicht."

Nach dem Aarti kam Baba. Er gab mir ein Bethel-Blatt, von dem mir fast schlecht wurde, doch ich spürte, dass es irgendwie doch gut für mich war.

Die Vorführung war wirklich fantastisch, das halbe Dorf saß in der Kirtanhalle. Es war eine wahnsinnige Stimmung, magisch und aufgeladen. Baba verteilte an die ganzen Dorfkinder Ketten und Malas. Muniraj machte mit einer riesigen mehrstöckigen Aarti-Lampe Aarti.

Haidakhan, den 01.09.1983

Heute Morgen standen wir sehr früh auf, da wir zum Chandan sollten. Wir warteten lange vor Babas Tür, bis zum Morgengrauen. Als das Aarti anfing, warteten wir noch immer, dann fing es an zu regnen. Martin machte uns die Chandan-Streifen und erzählte, dass das Chandan ausfalle, da Baba sich nicht gut fühle. Nach dem Aarti kam Martin, um mich abzukehren, und ich war so müde, dass ich mich überhaupt nicht konzentrieren konnte, sondern fast einschlief.

Anschließend wollten wir zum Darshan, aber auf dem Weg erfuhren wir, dass auch das ausfallen sollte. So trug ich den Pflanzensaft auf und strickte.

In der Zwischenzeit kam Dabhu mit noch einem Töpfchen Essen, das mir Baba geschickt hatte (das dritte).

Dann schaute Malti vorbei und meinte, dass Baba jetzt in der Kirtanhalle sei. Mami und Onkel Hans waren gerade beim Filmen. Ich ging zu Baba, und er wies mich an, mich zu setzen.

Wieder bekam ich einen großen Maiskolben, der aber noch ganz heiß war. Baba zwickte mich und fragte dauernd: „Okay?" Auch fragte er, wie viel Sandelholzöl ich noch hätte.

Etwas später erschien Dabhu und wir mussten dem Baba nachsingen:

„Rama Hari, Rama, Rama."

Mit Onkel Hans und Mami saßen wir dann noch eine ganze Zeit bei ihm. Baba fragte Dabhu: „Wenn ich dein Vater bin, warum bleibst du dann nicht für immer bei mir?"

Dabhu antwortete, er würde bleiben, wenn Baba es wolle. Baba erwiderte dann nichts mehr darauf. Anschließend schickte er uns in die Küche. Dort sollten wir eine Speise probieren und dann wieder zu ihm zurückkommen.

Das Gericht war sehr scharf. Wir sagten ihm, dass es in kleinen Portionen gegessen sehr lecker sei. Er meinte dann, dass man das auch in sehr kleinen Portionen essen müsse. Er warf mir einen großen Beutel Bonbons zu und rief mich, als er zum Tempel ging.

Mami fragte noch, ob wir heute Abend für ihn Aarti machen dürften und ob wir beim Chandan filmen könnten. Er meinte: „Yes."

Etwas später fragte er mich, ob ich einen Freund hätte. Ich antwortete mit Nein, da ich ja ihn hätte. Da meinte er: „You have me. You have me."[75]

Diese Worte wiederholte er mehrmals und mir kamen fast die Tränen, denn ich wusste in diesem Moment, ich würde mir niemals Sorgen machen müssen. Er würde immer an meiner Seite sein, egal was noch passierte.

---

[75] Du hast mich.

Dabhu fragte ihn, ob er sich ein Motorrad kaufen könne. Da wurde er sehr vehement und rief laut: „No, not allowed!“[76]

Später rief er mich wieder, ich solle ganz nah kommen, er zwickte mich wieder ziemlich fest und lächelte mich hinterher an. Er gab mir auch immer wieder seinen Fuß. Nach einiger Zeit meinte er, ich solle jetzt gehen, das grüne Zeug abwaschen.

Danach widmete ich mich wieder meiner Lieblingsbeschäftigung, dem Stricken. Es war überhaupt nicht mein Fall. Ich kam unendlich langsam voran. Am Ende musste mir sogar Pujari helfen und wir beschlossen zusammen, aus dem Schal eine Mütze zu machen.

Wir sprachen über Babajis Ankündigung, nach Deutschland zu kommen, und waren uns beide sicher, dass er dies nicht körperlich, sondern in geistiger Form machen würde.

In dem Moment fiel ein großer Wasserbehälter auf die Erde und es machte „Bum“. Es war wie eine Antwort.

Gora Devi hilft mir viel bei den Strapazen, die das Reinigungsritual meiner Haut mit sich bringt. Ich mag sie sehr gerne, sie hat so etwas Kluges und Reines. Meine Füße nässen jetzt ziemlich und tun immer noch weh, diesbezüglich bin ich froh, wenn ich nach Hause komme. Hoffe bloß, dass es dort abheilt und nicht schlimmer wird. Mami meinte, der Traum mit der Krawatte und dem Jackett bedeute, Baba nähme mir meine Verkleidung ab, auch die draußen in der Welt.

Abends machten wir das Aarti für Baba und es erfreute ihn anscheinend. Mami hängte ihm ein Tuch um, Onkel Hans eine Brahmanenschnur, Gopal Singh die Blumen, ich die Malas usw.

Dann habe ich mich noch sehr lange mit Swami unterhalten. Mami sagte, er frage jeden Tag nach mir.

Heute Abend kam Muniraj. Beim Aarti verteilte ich das Prasad.

Haidakhan, den 02.09.1983

Nach dem Aarti haben wir angefangen, Koffer zu packen.

---

[76] Nein, nicht erlaubt.

Morgen früh fahren wir, ich muss dann meine Füße verbinden und etwas darauf tun. Ich weiß gar nicht, wie ich den langen Marsch in Turnschuhen schaffen soll.

Wir müssen noch Baba fragen. Ich hoffe sehr, dass die Füße nicht wieder zu eitern anfangen. Ich freue mich auf zu Hause, doch andererseits tut es auch weh, von Baba Abschied zu nehmen. Aber ich hoffe, dass ich ihn jetzt in mir finde, da das ja das eigentlich Wichtige ist.

Haidakhan, den 03.09.1983

Wir verabschiedeten uns von Baba, der uns allen auf den Rücken klopfte und uns segnete. Er hatte mir noch zwei Flaschen Sandelholzöl mitgegeben, das er extra für mich bestellt hatte, und ich bekam eine große Rolle Traubenzucker, also Kraft und Energie für den Rückweg, von ihm.

Dann brachen wir auf. Babas Pferde brachten uns die erste Strecke, dann gingen wir zu Fuß. Es goss in Strömen, ununterbrochen, die ganze Zeit. Es war sehr anstrengend, die Wege waren durch den starken Regen zu richtigen Bächen geworden.

Der Marsch über die Berge ging trotz der Füße erstaunlich gut. Herr und Frau Vogel taten sich schwer.

Nach ca. vier Stunden kamen wir in Haldwani an und trafen dort überraschend auf Thomas und Lauren. Sie waren extra von Almora gekommen, um mit uns zurückzufliegen.

Am Teehaus lud uns Muniraj auf einen Chai und zum Frühstück bei ihm zu Hause ein.

Haldwani, den 03.09.1983

Wir nahmen ein normales Taxi von Haldwani nach Delhi, weil die Post-Taxen nicht kamen. Auf dem Weg nach Delhi ereigneten sich ein paar Pannen mit dem Auto, die allerdings schnell behoben waren. In Delhi hatten wir dann Schwierigkeiten, da die Hotelzimmer nicht reserviert waren, aber Papi managte das. Mami hat sich am letzten Tag in Haidakhan irgendwie eine Verletzung am Fuß zugezogen, die sich infizierte, und musste erst mal liegen.

Delhi, den 04.09.1983

Papi und ich gingen in die Apotheke, kauften Verbandszeug und Antibiotikum. Dann badeten wir Mamis Fuß auch noch in Kaliumpermanganat. Herr Vogel behandelte die Verletzung.

Am späten Nachmittag gingen wir einkaufen. Mami konnte nicht mit uns kommen, dafür brachten wir ihr etwas mit. Abends gingen wir ins Kwality Restaurant zum Essen.

Delhi, den 05.09.1983

Heute aßen wir im Hotel. Zu unserem großen Erstaunen war das Essen gar nicht so schlecht. Danach ging ich mit Lauren und Thomas einkaufen. Papi musste sich um die Tickets kümmern, da es hieß, dass unsere Namen zwar in Deutschland im Computer gespeichert seien, wir aber nicht in Delhi auf der Liste stünden. Erst nachdem sich Anil Lal eingeschaltet hatte, ging alles seinen Gang. Wir waren sehr froh darüber, besonders wegen Vogels und Mami, deren Fuß nun langsam besser wird. Meine Füße sehen jetzt wieder ganz gut aus. Auf einmal heilt alles blitzschnell ab.

Delhi, den 06.09.1983

Heute war der letzte Tag in Delhi. Ich unternahm eine Rundfahrt mit Vogels. Wir sahen den Lakshmi Tempel, der aus vielen kleinen Tempeln besteht. Beeindruckend waren auch die aus Stein gehauenen Elefanten, Affen, Tempelwächter und Löwen. Ein sehr schöner friedvoller Ort.

Danach gingen wir zum Qutb Minar, das teilweise eingestürzt ist. Rundherum sind noch Ruinen von den Behausungen der Moslems. Mit wunderschön gefertigten Säulen, wie zum Beispiel der großen Eisensäule, die einen Wunsch erfüllt, wenn man sie von hinten umfassen kann. Habe ich leider nicht geschafft, aber Onkel Hans, alias Hansu Baba konnte es auch nicht. Schlau gemacht.

Danach besichtigten wir das Red Fort, die Perlen Moschee in der einstmals der Pfauenthron stand.

Anschließend ging es zur Gandhi-Gedenkstätte. Das Haus, in dem er seine letzten 144 Tage verbrachte, ist ein großes Museum. Überall findet man Fotos von Begegnungen mit Neru, Rabindranath Tagore usw. Sein ganzer Lebenslauf wurde nachgezeichnet. Von seiner Geburt, dem

20-jährigen Aufenthalt in Afrika, dem Tod seiner Frau und der Salz-Revolution bis hin zu seiner Ermordung frühmorgens am 30.01.1948. Der ganze Weg bis zu seinem Todesplatz ist mit Fußabdrücken ausgelegt. Habe mich nachts noch lange mit Mami über Baba unterhalten.

Delhi, den 07.09.1983

Heute standen wir schon um 3:00 Uhr auf. Papi bleibt wahrscheinlich bis Mittwoch, da wegen des Hadsch alle Flüge nach Bagdad ausgebucht sind, dort hat er ein Bauprojekt. Wir hatten auf dem Weg zum Flughafen mehrere Pannen mit dem Taxi, kamen aber noch pünktlich an. Bis wir in Damaskus zwischenlandeten, lief alles glatt. Doch dort ging es dann auf einmal nicht mehr weiter. Die Maschinen wurden alle nach Dschidda geschickt und wir in den Transit.

Von dort aus fuhren uns Busse in ein Luxushotel, mit großem Swimmingpool. Doch das war überfüllt, kaum jemand außer uns bekam dort ein Zimmer. Gerade habe ich gehört, dass unser Anschlussflug am späten Nachmittag abgehen soll, na mal sehen. Es dauerte noch drei Tage, bis wir weiterflogen, denn unsere Maschine war wie alle anderen der Fluglinie aufgrund des Hadsch unterwegs nach Mekka.

Als wir dann endlich eingecheckt hatten, versuchten ein paar alte Frauen tatsächlich, ganz hinten im Flugzeug auf einem Gaskocher ihr Mittagessen zuzubereiten. Die ganze Crew an Bord war im Einsatz und hatte alle Mühe, die Damen davon zu überzeugen, dass es keine gute Idee ist, in einem Flugzeug ein Feuer zu machen.

Reithofen, den 10.09.1983

Zu Hause packten wir all unsere Erinnerungen an Babaji aus – die vielen Geschenke, die er uns mitgegeben hatte.

Mir hatte er das größte Geschenk gemacht: Er hatte mir eine neue Haut gegeben.

Kurz bevor wir gingen, hatte er mir einen riesengroßen Lutscher in die Hand gedrückt, auf dem stand: „Vergiss mein nicht."

Bis heute habe ich ihn nicht vergessen, und ich weiß, das wird für immer so bleiben. Es gibt so viele Dinge zwischen Himmel und Erde, die wir uns nicht erklären können. Wer das einmal mit eigenen Augen gesehen hat, der weiß, dass alles möglich ist.

Babajis Lehren

„Suche Harmonie in allem, was du tust.
Ich bin Harmonie.
Wenn du in Frieden bist, bin ich es auch.
Wenn du glücklich bist, bin ich es auch.
Sei glücklich!“

„Ich bin Du.
Habe Vertrauen, alles hängt vom Vertrauen ab.
Trage den Namen Gottes immer in dir.“

„Versuche mehr zu tun, als du für möglich hältst.
Sei bereit, jede Arbeit zu tun,
während du arbeitest, habe immer den Namen Gottes in dir.
Arbeite bis zu deinem letzten Atemzug.
Ein fauler Mensch ist ein toter Mensch.“

„Es gibt nur das Gesetz des Lichtes und der Dunkelheit.
Licht ist Wahrheit, Einfachheit und Liebe.
Alles andere ist Dunkelheit, Unwissenheit.
Das Dunkel kann nur dann Macht über dich haben,
wenn du ihm deine Gedanken, deine Aufmerksamkeit,
deine Energie zuwendest.
Wiederhole die Namen Gottes,
25 Stunden am Tag.“

„Lass Licht in dein Herz, lass es deinen Geist erfüllen.
Mache deinen Geist zu einem ergebenen Diener,
lass ihn kein aufsässiger Sklave sein.
So wie man Licht von Kerze zu Kerze in einem Raum entzündet,
so müssen wir die Liebe von Herz zu Herz entzünden.“

„Liebe mich mehr und mehr, so wie ich dich unermesslich liebe,
immer geliebt habe und dich immer lieben werde.
Zweifle nie an meiner Liebe.

Auch nicht, wenn ich dir Prüfungen sende, innere und äußere,
denn alles ist nur zu deinem Besten –
deinem inneren Wachstum.
Immer, wenn du innerlich zu mir kommst, stehe ich schon mit
geöffneten Armen da und warte auf dich,
um dich an mein Herz zu ziehen.
Sei immer zu allem bereit
und mein Segen wird kein Ende haben."

„Auf dem Wege zu Gott sind immer
Hügel und Berge zu überwinden.
Fürchtet euch nicht, wenn der Berg einstürzt.
Es ist des Berges Pflicht einzustürzen.
Es ist die Pflicht des Soldaten, ihn zu bewegen.
Sucht in allem, was ihr tut, nach Harmonie:
Ich bin Harmonie."

„Lebe dein Leben in Wahrheit, Einfachheit und Liebe.
Denke stets an Gott,
indem du ständig seinen Namen wiederholst."

„Verrichte Karma Yoga. Gottgeweihte Arbeit. Arbeite zum Wohl der Menschheit, gib ihr alles, deine ganze Kraft und Energie. Müßiggang ist der Tod auf Erden, die Brutstätte allen Übels. Durch gottgeweihte Arbeit wirst du eins mit dem Schöpfer."
„Gott ist gekommen, um uns wahre Erkenntnis zu bringen,
wahres Erkennen ist jenseits menschlichen Vermögens.
Verfehlungen von Tausenden von Jahren werden ausgelöscht,
wenn wir uns vor Gottes Füßen verbeugen,
wenn er uns segnend berührt."
„Babaji ist der Herr des Universums. Er zieht in die Herzen
der Menschen ein und verändert ihr Bewusstsein.
Die kleinste Bewegung seines Fingers verursacht allen Wandel.
Wo immer er hingeht, gibt er den Menschen ein neues
Bewusstsein und geistige Wandlung. Das ist der einzige Grund für ihn, von
Ort zu Ort zu ziehen."

„Tausend mit Wasser gefüllte Eimer spiegeln die Sonne wider,
wenn man sie ins Freie stellt.
Es gibt nur eine Sonne, aber der Widerspiegelung viele.
So wie die Sonne in allen Eimern widergespiegelt wird, so wird Babaji im
ganzen Universum widergespiegelt."

Babaji ist in die Welt gekommen, um sie zu verändern.
Nicht durch Kampf oder Waffen, sondern mit einem Mantra.
Er wandelt die Herzen der Menschen durch das
ständige Wiederholen des Namen Gottes.
Die Schwingung dieses Namens wird die Welt verwandeln.
Es wird ein allgemeines, weltweites Verstehen geben,
Eine Nation, eine Familie.
Dies ist Babajis Mission,
und sie wird sich bald verwirklichen."

Sri Babaji lehrt uns die Einheit der Schöpfung.
Wir alle bestehen aus fünf Elementen,
wir alle sind aus dem einen Geist.
In jeder Beziehung sind wir eine Menschheit,
eine menschliche Familie.
Grenzen entstehen aus politischen Überzeugungen, und
die mächtigen dieser Welt passen das Denken
der Zeit, dem Ort und der jeweiligen Kultur an.
Damit schaffen sie Differenzen und Trennung.
Das Geburtsrecht der gesamten Menschheit ist,
Gott zu lieben
und ihm nachzufolgen.
Grenzen entstehen durch irrige menschliche Anschauungen.
Sri Babaji ist erschienen, um den Geist
und die Herzen der Menschen zu erleuchten,
so dass wir Einheit und Harmonie erfahren.

„Om Namah Shivay" ist wie Nektar
und es speist jeden mit diesem Nektar.
Shri Mahaprabhuji möchte,
dass alle anderen Worte
von dieser Welt verschwinden.
Nur diese drei Worte

OM NAMAH SHIVAY
sollen bestehen bleiben.
Sie sind das Gebet des Ursprungs.
Als die göttliche Energie sich manifestierte,
tat sie dies, indem sie das Mantra
OM NAMAH SHIVAY
ertönen ließ."

„Ich bin Bhole Baba,
der Vater, der einfach ist.
Ich bin niemand und nichts.
Ich bin nur wie ein Spiegel,
in dem du dich sehen kannst.
Ich bin wie Feuer.
Bleib nicht zu weit weg,
sonst kannst du keine
Wärme verspüren.
Doch komm nicht zu nahe,
um dich zu verbrennen.
Lerne die richtige Distanz.
Mein Name ist Mahaprabhuji." (der große Herr)

Glossar

Aarti	rituelle Andacht, Lichtzeremonie
Adi Shankara	Heiliger und Religionserneuerer des 9. Jahrhunderts
Ashram	klosterähnliches Zentrum
Atman	das universale Selbst
Avatar	göttliche Inkaration
Babaji	respektvolle Anrede für Menschen des religiösen Lebens, verehrter Vater
Bhagwan	der Herr
Bhajans	religiöse indische Gesänge
Bhakti	Hingabe an Gott
Bhole Baba Ki Jai	indischer Ausruf „Es lebe Bhole Baba"
Chai	Nationalgetränk Indiens, Schwarztee mit Milch und Gewürzen
Chandan	Feuerzeremonie, in deren Rahmen drei Streifen mit Sandelholzpaste auf die Stirn gemalt werden
Chapati	indisches Flachbrot
Chimta	Zangen zur Handhabung von Feuerholz, ein Instrument für Feuer-Yogis
Curry	indisches Reisgericht
Dal	Linsen
Darshan	Begegnung mit einem Heiligen
Dhuni	heilige Feuergrube
Devotee	Gläubiger, Gottesverehrer
Dhoti	Beinkleid
Devi	Göttin
Gautama Ganga	heiliger Fluss bei Haidakhan, benannt nach dem Rishi Gautama
Ghee	ausgelassene, geklärte Butter
Gopi	Krishnas Gespielinnen
Gufa	Höhle
Gunas	Eigenschaft, Qualität
Guru Nanak	Begründer der religiösen Glaubensgemeinschaft der Sikhs, 1469–1539
Hadsch	Pilgerreise nach Mekka

Hanuman	ein Affenkönig, ein Unsterblicher, Held des Epos Ramayana
Hari Om	ein Mantra
Havan	rituelle Feuerzeremonie
Himalaya	Land des Schnees
Japa	die Wiederholung von Mantren
Jhara	reinigendes Heilritual
Kailash	heiliger Berg
Kali-Yuga	unser gegenwärtiges Zeitalter
Karma	das Prinzip von Ursache und Wirkung, die Summe unserer Handlungen jetzt und in früheren Leben bestimmt das Schicksal
Karma Yoga	Babajis Lehre: Arbeit als Dienst an der Menschheit
Karttikeya	Sohn des Shiva
Kashmiri Gate	Bushaltestelle in Delhi
Kecap	indonesische Sojasauce
Kirtanhalle	Gesangshalle
Kumbh Mela	größte Pilgerversammlung der Welt (Allahabad)
Kumkum	roter Pflanzenpuder, wird bei hinduistischen Zeremonien verwendet
Kutir	Raum
Lahiri Mahasaya	bedeutender indischer Yogi und Schüler Babajis Anfang des 19. Jahrhunderts; Mahasaya aus dem Sanskrit: „Große Seele“
Lila	göttliches Spiel
Lota	Gefäß
Lungi	Tuch für Männer, ähnlich einem Sarong
Maja	Illusion, Täuschung
Mala	Gebetskette
Maha-Samadhi	den Körper verlassen, sterben
Mantra	heilige Wörter oder Gebete, deren spirituelle Kraft sich durch das Rezitieren manifestiert; ein vergleichbares Beispiel ist der Rosenkranz in der katholischen Kirche
Meru Danda	Wirbelsäule
Meru	der goldene Berg, Sitz der Götter und ein anderer Name für den Berg Kailash
Mundan	Kopfrasur

Muniraj	führte Babajis Arbeit weiter
Murti	göttliche Statue
Om Namah Shivay	„Ich nehme Zuflucht in Gott, Herr, Dein Wille geschehe.“
OM-TAT-SAT	Mantra, dreifache Definition von Brahman, dem Absoluten; kosmischer Klang, alles manifestierte, höchste Wahrheit
OM-Ton	der Klang steht für den Ton der Schöpfung
Pakora	frittiertes Gemüse
Paneer	indischer Frischkäse aus Kuhmilch
Pranam	Verehrungsbezeichnung, Knie- oder Fußfall
Puja	religiöse Zeremonie
Rajas	aus dem Sanskrit: Leidenschaft
Ramayana	indisches Nationalepos
Reinkarnation	Wiedergeburt der Seele nach dem Tod in einem neuen Körper
Rieferath	deutscher Babaji-Ashram
Rishis	Weiser, Heiliger
Rudraksha	Kerne des Rudraksha-Baumes werden zur Herstellung von Gebetsketten genutzt
Rupie	indische Währung
Sadhus	Wandermönche
Samadhi – Maha –	Zustand tiefer Meditation; die Fähigkeit, den Körper bewusst zu verlassen
Satsang	spirituelle Zusammenkunft
Sapta Sati	700 Verse zum Lob der göttlichen Mutter Haidakhans
Satya-Yuga	Wahrheit, Zeitalter der Wahrheit
Shakti	weibliche göttliche Energie
Shiva	einer der Hauptgötter des Hinduismus, der alle Gegensätze in sich vereint
Shivarati	ein wichtiger Feiertag im Hinduismus, heiligste aller Nächte
Sri Sadashiva Chamritamrit	Werk über indische Gottheiten
Swami	respcktvolle Anrede für einen Mönch, Yoga-Meister
Swayambhu	unbefleckte Empfängnis
Tapasya	asketische Übung

Veden	älteste Schriftform Indiens, die Basis aller Hindu-Philosophien
Yogi	jemand, der Yogatechniken praktiziert, um vollkommene Einheit zu erreichen
Vibhuti	Asche aus heiligen Feuerstätten
Yagna	Opferung in einer Grube an die feinstoffliche Welt (Blumen, Kokosnüsse, Weihrauch etc.)

Literaturhinweise

Babaji, *Babaji spricht,* Reichel Verlag, E-Book, Reichel Verlag

Babaji, Gorakhvani, *Das geheime Wissen Guru Gorakhnaths,* Reichel Verlag

Devi, Gora, *Das Abenteuer einer Transformation*, Reichel Verlag

Devi, Gora, *Auf der Suche nach Wahrheit und Liebe,* Reichel Verlag

Goodman, Shedema, *Babaji – Am Quell der Wahrheit,* Reichel Verlag,

Harner, Michael, *Der Weg des Shamanen*, Ansata

Lanphear, Roger, *Erkenne dich und du bist gesund*, Reichel Verlag

Lanphear, Roger, *Der Kurs zum Selbst*, Reichel Verlag

Reichel, Gertraud, *Babaji Pforte zum Licht* – Ein Erlebnisbericht, Reichel Verlag, 3. Auflage

Reichel, Gertraud, Babaji – *Von Herz zu Herz*, Reichel Verlag 4. Auflage

Reichel Gertraud, Babaji – *Unergründlich tief wie das Meer, 108 Begegnungen*, Reichel Verlag, 5. Ausgabe

Shyam, Rade, *Leben aus dem Sein*, Reichel Verlag

Wosien, Maria-Gabriele, *Botschaft vom Himalaya*, Reichel Verlag, 7. Auflage

Wosien, Maria-Gabriele, *Ich bin Du – Botschaften des Meisters vom Himalaya*, Reichel Verlag, 8. Auflage

Yogananda, Paramahansa, *Autobiographie eines Yogi*, Wilhelm Barth Verlag, 1. Deutsche Ausgabe

Alle oben genannten Babaji-Bücher sind auch als E-Book erhältlich.